MW01479561

ANIMAUX
VOYAGE SCIENTIFIQUE AU CŒUR DU RÈGNE ANIMAL

Première publication : Parragon 2012
Parragon Books Ltd
Chartist House
15-17 Trim Street
Bath, BA1 1HA, Royaume-Uni
www.parragon.com



Coordination éditoriale : MATIVOX
Traduction : Éric Mathivet, MATIVOX (Béatrice Pinel-Audoin, Sophie Orzechowski, Pauline Laroche, Julie-Marie Poirrier), Angélique Adagio, Florence Le Sueur, Patrick Pasques

Mise en page : LES RÉCRÉATEURS (Cécile Castillo, Julien Herry-Olivié)



ISBN 978-1-4723-3675-0
Imprimé en Chine

# ANIMAUX

## VOYAGE SCIENTIFIQUE AU CŒUR DU RÈGNE ANIMAL

# SOMMAIRE

# INCROYABLES ANIMAUX

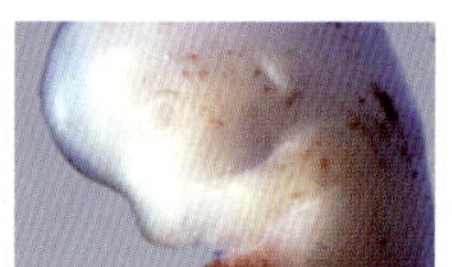
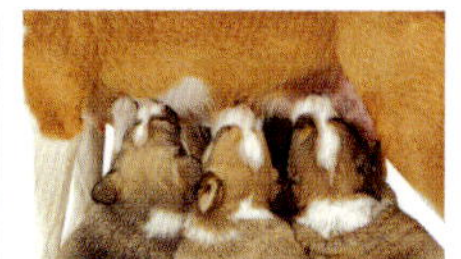
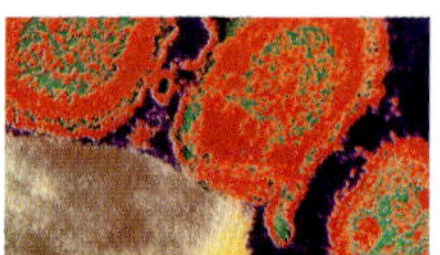

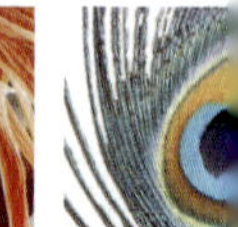

**Pénétrez dans le vaste monde des animaux ! Cette précieuse encyclopédie, avec ses photographies exceptionnelles, vous fera découvrir une multitude d'espèces. Celles que vous croyez connaître vous étonneront encore ! Quant à celles que vous ne connaissez pas, elles vous surprendront par la diversité de leurs formes et par les prouesses qu'elles accomplissent.**

Des régions polaires aux sombres profondeurs des océans, des plus hautes montagnes aux déserts brûlants, il est très peu d'endroits sur la planète où ne vivent pas d'animaux. Les espèces animales vivent en harmonie avec leur environnement et avec les autres espèces. Leurs rôles sont multiples dans les écosystèmes et sans eux les humains ne pourraient survivre. Nous devons mesurer l'importance de relations équilibrées avec les animaux et tout faire pour conserver la diversité des espèces sur Terre.

La diversité des animaux est immense. Dans l'*Encyclopédie animale*, nous avons choisi de les présenter en cinq grands groupes : celui des mammifères, celui des oiseaux, celui des reptiles, celui des poissons et amphibiens et celui des invertébrés. Les mammifères constituent le plus petit groupe, mais c'est le mieux connu et le plus proche de nous (à vrai dire, nous sommes nous-mêmes des mammifères). Les invertébrés sont de loin les plus nombreux.

**Les mammifères**

Bien que le nombre d'espèces de mammifères soit loin d'égaler celui des insectes, leur diversité est remarquable, de même que leur expansion géographique, de la toundra arctique aux forêts tropicales. Leur groupe est devenu important après la disparition des dinosaures, il y a 65 millions d'années. De tous les mammifères, l'homme est indubitablement celui qui a le mieux prospéré : nous avons exploré et colonisé toutes les régions du monde ! La domestication d'autres espèces de mammifères a débuté il y a 10 000 ans, quand les humains se sont sédentarisés, grâce à l'agriculture. Chiens, chèvres, moutons, bovins, chevaux... les mammifères domestiques ont fourni

**COMMUNICATION**
Les cétacés communiquent entre eux au moyen d'une large panoplie de sons. Par exemple, les dauphins stressés émettent des cliquetis caractéristiques, et des sifflements lorsqu'ils sont effrayés ou excités.

de la force de travail, de la nourriture (viande, lait), des matières premières (laine, cuir, etc.). 5400 espèces de mammifères ont été recensées ; la plus petite, une musaraigne, pèse seulement 3 g, tandis que la plus grosse, la baleine bleue, peut dépasser les 120 tonnes. La diversité des mammifères est liée aux adaptations des espèces à une grande variété d'environnements et de modes de vie. Certains courent, sautent ou nagent, d'autres grimpent, fouissent, planent ou volent. Dans les régions à saison froide des espèces comme les hérissons et les marmottes hibernent lorsque la température baisse, limitant leurs dépenses d'énergie jusqu'au printemps. Le pelage des mammifères les aide à conserver leur chaleur, de même qu'une couche de graisse isolante sous la peau (importante chez les mammifères marins).

## Les oiseaux

Ce sont les animaux sauvages qui demeurent les plus proches des citadins que nous sommes pour la plupart devenus. Les oiseaux nous ont toujours intrigués par leurs multiples capacités : vol, bien sûr, mais aussi chants variés, construction de nids et, pour certains, nage, plongée ou course. Les distances que les oiseaux peuvent parcourir en vol sont incroyables. On estime que, tous les ans, plus de 200 millions d'oiseaux migrent à travers le globe. Beaucoup parcourent plusieurs milliers de kilomètres, traversant chaînes de montagnes, déserts et océans.

On estime à 9700 le nombre total d'espèces d'oiseaux, ce qui en fait le deuxième plus vaste groupe de vertébrés, après les poissons. D'un extrême à l'autre, leur poids varie énormément : un colibri fait 1,6 g seulement, alors que l'autruche mâle pèse jusqu'à 150 kg.

Les oiseaux volent plus ou moins bien (les poules par exemple, le font très mal), mais certains ne volent pas du tout, comme les autruches, les manchots, les kiwis, les nandous, etc. D'autres sont adaptés à une vie aquatique, vivant près des océans, rivières ou lacs. La forme des pattes et du bec est révélatrice : certaines espèces aquatiques ont un bec filtrant les particules de l'eau, les oiseaux de proie ont un bec fort et crochu, etc. Mâles et femelles s'occupent souvent ensemble de la construction du nid, de la couvaison et des oisillons.

## Les reptiles

On a dénombré plus de 8500 espèces de reptiles, tels que les serpents, les lézards, les tortues et les crocodiles. Au cours de l'évolution, ils furent les premiers vertébrés à s'affranchir complètement de la vie aquatique. Leurs œufs à coquille étanche et contenant des réserves liquides permettent aux reptiles de pondre à terre. Leur température corporelle n'est pas constante, et elle se trouve en partie dépendante des conditions extérieures.

De nombreuses personnes ont peur des reptiles. Serpents, crocodiles ou monstres reptiliens comme les dragons sont présents dans les légendes du monde entier et souvent associés à la magie. Peu de reptiles sont dangereux, mais tous ont des aptitudes surprenantes, pour creuser, grimper, ou encore se camoufler. Certains lézards marchent sur les murs, d'autres courent sur l'eau ! Les caméléons possèdent des yeux très mobiles qui élargissent leur vision. Bien que les serpents n'aient pas d'oreille visible, ils entendent grâce à leurs oreilles internes, leurs mandibules conduisant les sons. Ils perçoivent des vibrations à basse fréquence et la chaleur, et sentent l'approche de proies.Les serpents sont souvent détestés et persécutés, pourtant une dizaine d'espèces seulement sont potentiellement mortelles. La plupart ne mordent

**ŒUFS DE PERDRIX**
La femelle pond une douzaine d'œufs, un par un, à intervalle d'un ou deux jours, puis les couve.

**DRAGON DE KOMODO**
Ce lézard, le plus grand du monde, vit sur quelques îles d'Indonésie. Il s'agit d'un varan pouvant atteindre 3 m de long. Sa morsure est venimeuse et sa salive contient des bactéries très nocives.

que s'ils sont menacés et prennent des postures d'intimidation avant d'attaquer. Apprendre quelles espèces sont dangereuses est important afin de protéger les serpents inoffensifs et les personnes vivant près d'eux. De nombreuses espèces de serpents, comme d'autres reptiles, sont en voie d'extinction, menacées par la chasse et la destruction de leur habitat. Ces extraordinaires animaux sont présents sur terre depuis des millions d'années.

## Poissons et amphibiens

Les poissons furent les tout premiers animaux vertébrés, dotés d'un squelette interne (à la différence des insectes, par exemple, dont le squelette est externe). Menant une vie exclusivement aquatique, les poissons sont munis de branchies pour respirer sous l'eau, et ils se propulsent par mouvement des nageoires ou par ondulations du corps. Ils ont colonisé tous les milieux aquatiques : mers et océans, estuaires et lagunes, lacs et cours d'eau. Les poissons représentent une importante ressource alimentaire pour les humains, mais la surpêche pose désormais des problèmes pour l'équilibre de la vie dans les océans. Parmi les plus mal connus et les moins aimés, il y a les requins, qui sont probablement aussi les plus menacés.

Les amphibiens représentent le lien entre les poissons et les vertébrés terrestres. Les premiers amphibiens sont apparus il y a plus de 360 millions d'années, à partir de poissons possédant des poumons et des nageoires charnues et très mobiles, préfigurant les quatre pattes des vertébrés terrestres. Cette « sortie des eaux » marque un tournant pour la vie sur Terre. Les amphibiens vivant sur la terre ferme, comme la plupart des grenouilles, des crapauds

# 1 MAMMIFÈRES

30

54

# À quoi ils ressemblent

Les mammifères ont une bonne vision, qui leur donne une perception du mouvement et des distances. Les prédateurs, comme le tigre, ont une vue six fois plus précise que la nôtre. L'odorat est très aiguisé chez beaucoup d'espèces et le sens du goût lié à celui des

**TIGRE DU BENGALE**
Plus grand de tous les félins, le tigre *(Panthera tigris)* est immédiatement reconnaissable à son pelage unique et « tigré ».

odeurs. Les poils, caractéristiques des mammifères, ont plusieurs fonctions : conserver la chaleur, protéger la peau, camoufler ou, au contraire, attirer l'attention. Les mammifères qui, comme les baleines, ont peu de poils et vivent dans un milieu froid bénéficient d'une couche de graisse protectrice.

# Qu'est-ce qu'un mammifère ?

Toute une série de caractères sont propres aux mammifères. Tout d'abord, leur nom signifie « porteurs de mamelles » : les femelles ne pondent pas mais donnent naissance à des petits qu'elles allaitent. Le corps de la plupart des mammifères est couvert de poils, ils respirent tous grâce à des poumons et leur système nerveux atteint un haut niveau de développement. Leur température constante les rend moins dépendants des conditions et a facilité leur conquête de tous les milieux, des pôles aux tropiques et des montagnes aux mers.

**GORILLE**
*Gorilla gorilla*

5 400

**C'EST L'ESTIMATION DU NOMBRE ACTUEL D'ESPÈCES DE MAMMIFÈRES.**

## Un corps bien équipé

Un pelage chaud et des glandes pour transpirer contribuent à maintenir une température corporelle constante. Les mammifères dont les yeux sont placés de chaque côté de la tête bénéficient d'un très large champ visuel, tandis que ceux dont les yeux sont sur le devant ont une vision en relief. Les membres sont généralement des pattes pour courir, pour saisir ou creuser, terminées par un nombre de doigts variable selon les groupes de mammifères, et munis d'ongles, de griffes ou de solides sabots. Chez les mammifères aquatiques, les membres ont évolué en nageoires, et en ailes chez les chauves-souris.

**GRAND DAUPHIN**
*Tursiops truncatus*

## Les poils

La présence de poils sur la peau des mammifères est un caractère unique dans le monde animal. Les lamantins et les cétacés ont très peu de poils, mais c'est une conséquence de la vie aquatique de ces mammifères.

## La dentition

La majorité des mammifères ont une dentition qui change lors du passage à l'âge adulte. Les différentes dents sont spécialisées : incisives pour couper, canines pour déchirer et molaires pour mâcher. Les dents des rongeurs ont une croissance continue.

**TAMIA**
Rongeur de la famille des écureuils

## Proches parents

Les humains sont des mammifères du groupe des primates, qui comprend les singes et les lémuriens. L'homme et des grands singes (orang-outans, gorilles et chimpanzés) forment une famille, les hominidés. Ce sont des animaux robustes, aux bras puissants, dont le poids adulte varie de 45 à 250 kilos. Les mâles sont en général plus grands que les femelles. Leur habilité à se tenir debout les distingue des autres primates (autres singes et lémuriens). Dans les forêts équatoriales d'Afrique vivent les plus grands hominidés, les gorilles. Ils marchent en prenant appui sur leurs bras, mais dépassent 2 m de haut quand ils se redressent.

**CRÂNE**
Il est relativement gros par rapport au reste du corps et abrite le cerveau le plus développé et le plus complexe du règne animal.

**37 °C PAR TOUS LES TEMPS**
La température constante est une caractéristique que les mammifères partagent avec les oiseaux, chez lesquels elle est plus élevée.

**OREILLE INTERNE**
Une série d'osselets minuscules conduisent les sons dans l'oreille interne.

**MÂCHOIRE**
La mâchoire inférieure mobile est formée d'un seul os. Les dents ne sont pas toutes semblables, mais diffèrent selon leurs fonctions.

**GLANDES MAMMAIRES**
Ces glandes situées dans les mamelles des femelles sécrètent le lait avec lequel sont nourris tous les petits mammifères.

**PEAU PROTECTRICE**
Elle comporte deux couches (épiderme et derme), sous lesquelles s'étend un tissu riche en graisse, isolant et protecteur.

## Bonne température

Les mammifères gardent constante la température de leur corps, malgré les variations de la température extérieure. Ceux qui hibernent, comme le hérisson, sont une exception : leur température diminue fortement durant leur profond sommeil hivernal. Les ours bruns, eux, n'hibernent pas vraiment, même s'ils dorment aussi durant la mauvaise saison.

**GRIZZLY**
*Ursus arctos*

## Quatre pattes

Les mammifères ont quatre membres adaptés à la locomotion terrestre ou à la vie dans les arbres. Les pattes avant ont souvent des spécialisations (nager, voler, creuser, manipuler, attaquer...). Chez les mammifères marins, les pattes arrière ont régressé (phoques) ou disparu (baleines).

**ÉLÉPHANT DE MER**
*Famille des phocidés*

## L'adaptation à l'environnement

Chaque mammifère a un mode de vie particulier dans un environnement particulier. Le lien avec le milieu de vie s'observe dans les caractéristiques physiques et dans le comportement des espèces : le phoque qui se sert de ses nageoires pour nager et chasser, ou le cerf avec sa capacité de fuite et le camouflage que lui offre sa robe brune en forêt.



### UN PRIMATE À PART

Contrairement aux autres primates (les singes), l'homme a conquis presque tous les milieux de la planète, grâce à sa capacité à modifier son environnement à son profit. Il crée un habitat artificiel, utilise des outils et maîtrise l'énergie. De la sorte, il s'est mis à l'écart de la sélection naturelle.

# Une température constante

Les mammifères ont une température interne constante, qu'ils parviennent à conserver quelles que soient les conditions climatiques : ils sont « homéothermes ». Cette capacité, qui leur a permis de s'établir dans toutes les régions de la planète, est complétée par le maintien d'autres équilibres naturels, notamment ceux des concentrations des minéraux et du glucose dans le sang. L'ensemble de ces équilibres vitaux est appelée « homéostasie ».

## De grands nageurs

Les ours polaires nagent avec aisance. Ils se propulsent grâce à leurs pattes avant et utilisent leurs pattes arrière pour se diriger. Leur fourrure qui retient de l'air et la couche de graisse sous leur peau les aident à flotter. Quand les ours plongent, ils gardent leurs yeux ouverts.

## Le roi de l'Arctique

L'ours polaire, appelé aussi ours blanc, est l'exemple typique de l'adaptation d'une espèce animale à un environnement hostile. La fourrure, qui semble blanche, jaune pâle ou crème, est en fait translucide. Elle est constituée de deux couches : l'une de petits poils fins (duvet) et l'autre de poils longs. L'isolation thermique nécessaire pour survivre dans l'Arctique est assurée par la fourrure et la couche de graisse sous la peau, aussi utile pour affronter le blizzard que pour nager dans les eaux glacées.

**OURS POLAIRE**
*Ursus maritimus*

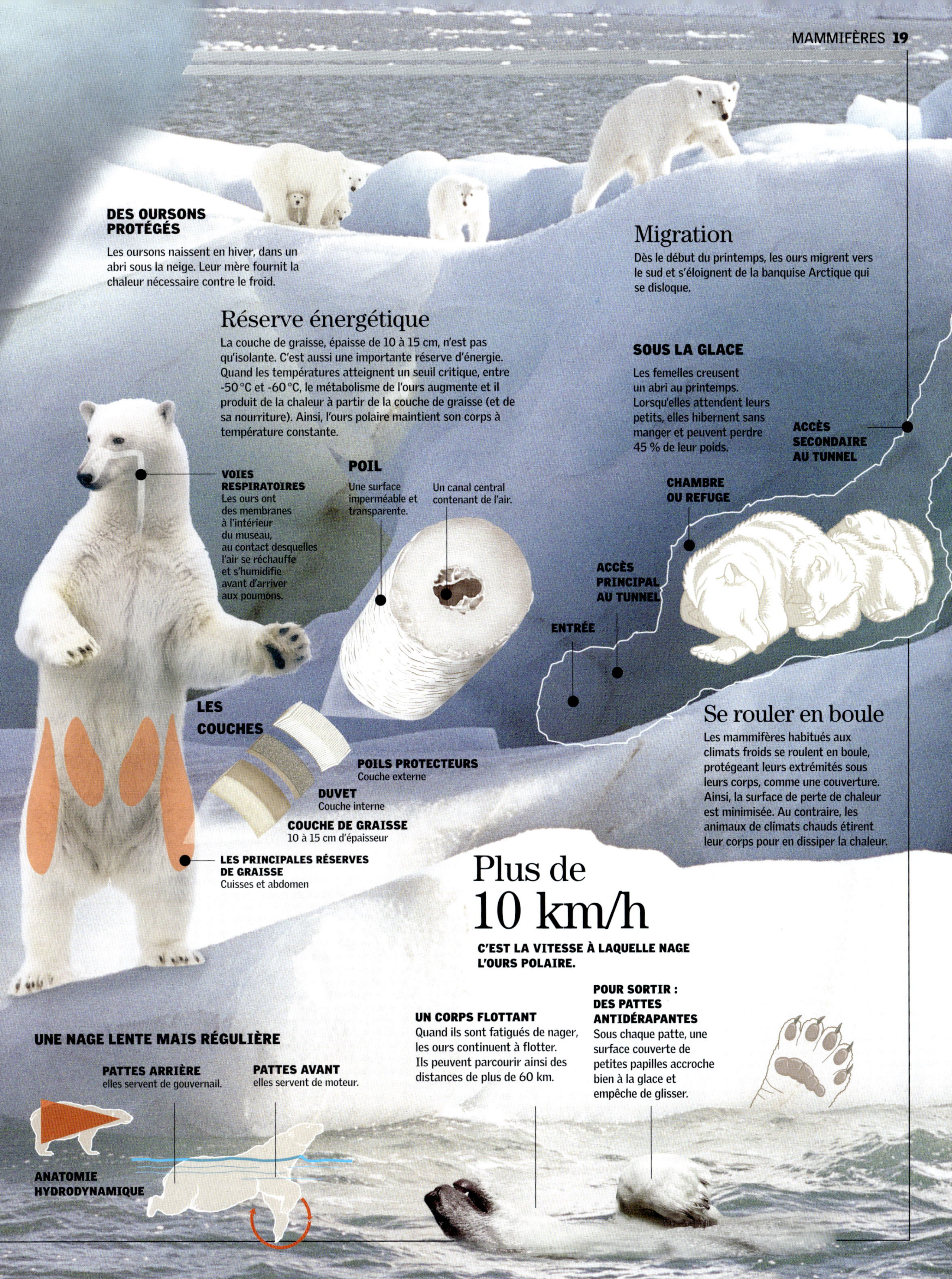

**DES OURSONS PROTÉGÉS**

Les oursons naissent en hiver, dans un abri sous la neige. Leur mère fournit la chaleur nécessaire contre le froid.

## Migration

Dès le début du printemps, les ours migrent vers le sud et s'éloignent de la banquise Arctique qui se disloque.

## Réserve énergétique

La couche de graisse, épaisse de 10 à 15 cm, n'est pas qu'isolante. C'est aussi une importante réserve d'énergie. Quand les températures atteignent un seuil critique, entre -50 °C et -60 °C, le métabolisme de l'ours augmente et il produit de la chaleur à partir de la couche de graisse (et de sa nourriture). Ainsi, l'ours polaire maintient son corps à température constante.

**SOUS LA GLACE**

Les femelles creusent un abri au printemps. Lorsqu'elles attendent leurs petits, elles hibernent sans manger et peuvent perdre 45 % de leur poids.



**VOIES RESPIRATOIRES**
Les ours ont des membranes à l'intérieur du museau, au contact desquelles l'air se réchauffe et s'humidifie avant d'arriver aux poumons.

**POIL**
Une surface imperméable et transparente.
Un canal central contenant de l'air.

**LES COUCHES**

**POILS PROTECTEURS**
Couche externe

**DUVET**
Couche interne

**COUCHE DE GRAISSE**
10 à 15 cm d'épaisseur

**LES PRINCIPALES RÉSERVES DE GRAISSE**
Cuisses et abdomen

## Se rouler en boule

Les mammifères habitués aux climats froids se roulent en boule, protégeant leurs extrémités sous leurs corps, comme une couverture. Ainsi, la surface de perte de chaleur est minimisée. Au contraire, les animaux de climats chauds étirent leur corps pour en dissiper la chaleur.

# Plus de 10 km/h

**C'EST LA VITESSE À LAQUELLE NAGE L'OURS POLAIRE.**

**UNE NAGE LENTE MAIS RÉGULIÈRE**

**PATTES ARRIÈRE**
elles servent de gouvernail.

**PATTES AVANT**
elles servent de moteur.

**ANATOMIE HYDRODYNAMIQUE**

**UN CORPS FLOTTANT**
Quand ils sont fatigués de nager, les ours continuent à flotter. Ils peuvent parcourir ainsi des distances de plus de 60 km.

**POUR SORTIR : DES PATTES ANTIDÉRAPANTES**
Sous chaque patte, une surface couverte de petites papilles accroche bien à la glace et empêche de glisser.

# Mouvement et souplesse

Les chevaux, symboles d'élégance et de liberté, appartiennent au groupe des ongulés, les mammifères à sabots. Dans leur course rapide, ces animaux très vigoureux ont la colonne vertébrale qui plie très peu, évitant ainsi des dépenses inutiles d'énergie lorsqu'ils soulèvent et abaissent leur masse corporelle. Les chevaux sont dotés de longs os, fins et flexibles, animés par une forte musculature, organisée par couples de muscles opposés.

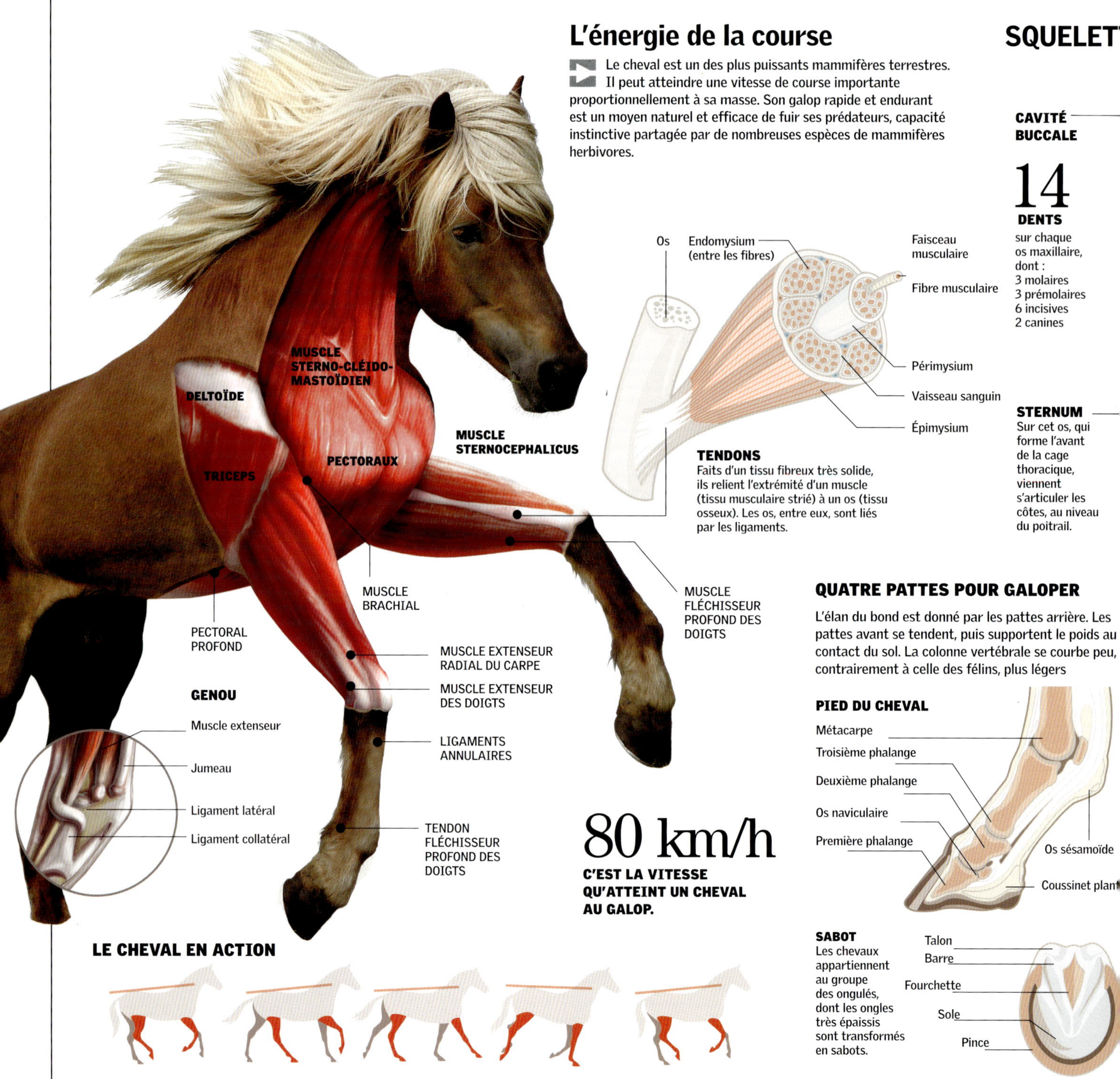


## L'énergie de la course

Le cheval est un des plus puissants mammifères terrestres. Il peut atteindre une vitesse de course importante proportionnellement à sa masse. Son galop rapide et endurant est un moyen naturel et efficace de fuir ses prédateurs, capacité instinctive partagée par de nombreuses espèces de mammifères herbivores.

**TENDONS**
Faits d'un tissu fibreux très solide, ils relient l'extrémité d'un muscle (tissu musculaire strié) à un os (tissu osseux). Les os, entre eux, sont liés par les ligaments.

**80 km/h**
**C'EST LA VITESSE QU'ATTEINT UN CHEVAL AU GALOP.**

## SQUELET

**CAVITÉ BUCCALE**

**14**
**DENTS**
sur chaque os maxillaire, dont :
3 molaires
3 prémolaires
6 incisives
2 canines

**STERNUM**
Sur cet os, qui forme l'avant de la cage thoracique, viennent s'articuler les côtes, au niveau du poitrail.

**QUATRE PATTES POUR GALOPER**

L'élan du bond est donné par les pattes arrière. Les pattes avant se tendent, puis supportent le poids au contact du sol. La colonne vertébrale se courbe peu, contrairement à celle des félins, plus légers

**SABOT**
Les chevaux appartiennent au groupe des ongulés, dont les ongles très épaissis sont transformés en sabots.

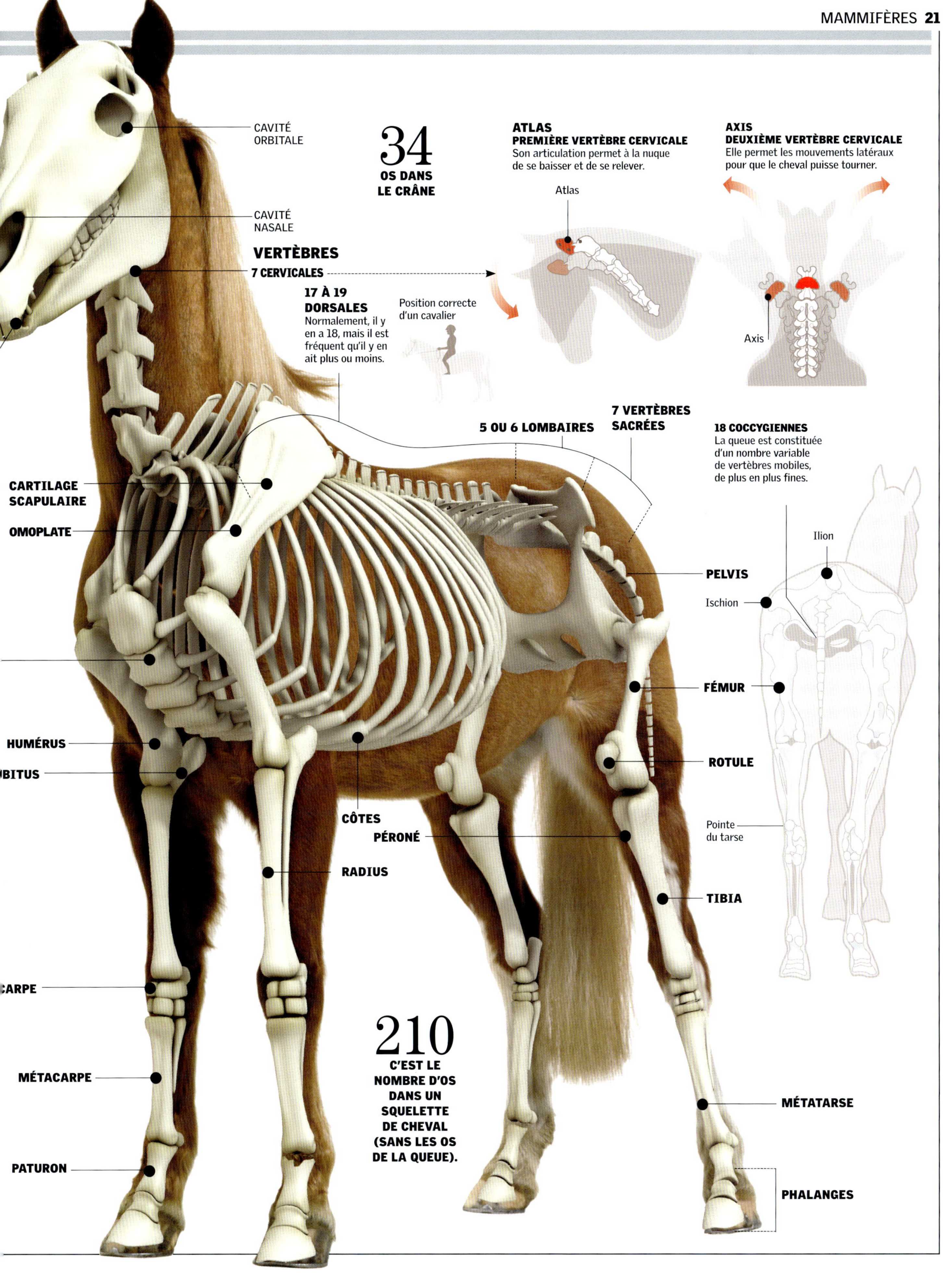
CAVITÉ ORBITALE
CAVITÉ NASALE
34
OS DANS LE CRÂNE
ATLAS
PREMIÈRE VERTÈBRE CERVICALE
Son articulation permet à la nuque de se baisser et de se relever.
Atlas
AXIS
DEUXIÈME VERTÈBRE CERVICALE
Elle permet les mouvements latéraux pour que le cheval puisse tourner.
Axis
VERTÈBRES
7 CERVICALES
17 À 19 DORSALES
Normalement, il y en a 18, mais il est fréquent qu'il y en ait plus ou moins.
Position correcte d'un cavalier
5 OU 6 LOMBAIRES
7 VERTÈBRES SACRÉES
18 COCCYGIENNES
La queue est constituée d'un nombre variable de vertèbres mobiles, de plus en plus fines.
CARTILAGE SCAPULAIRE
OMOPLATE
Ilion
PELVIS
Ischion
FÉMUR
HUMÉRUS
ROTULE
CÔTES
PÉRONÉ
Pointe du tarse
RADIUS
TIBIA
210
C'EST LE NOMBRE D'OS DANS UN SQUELETTE DE CHEVAL (SANS LES OS DE LA QUEUE).
MÉTACARPE
MÉTATARSE
PATURON
PHALANGES

# Pattes et doigts

DEUXIÈME ORTEIL

Les quatre membres des mammifères, et leurs extrémités (pieds et doigts) sont plus ou moins transformés selon le milieu et le mode de vie. Chez les mammifères aquatiques, par exemple, ils ont la forme de nageoires, tandis que chez les chauves-souris, les doigts soutiennent des ailes membraneuses. Pour les mammifères terrestres, ces transformations dépendent de la façon dont, en mouvement, le poids du corps est porté : ceux qui prennent appui sur la plante des pieds sont appelés « plantigrades », ceux qui marchent sur leurs doigts, « digitigrades ».

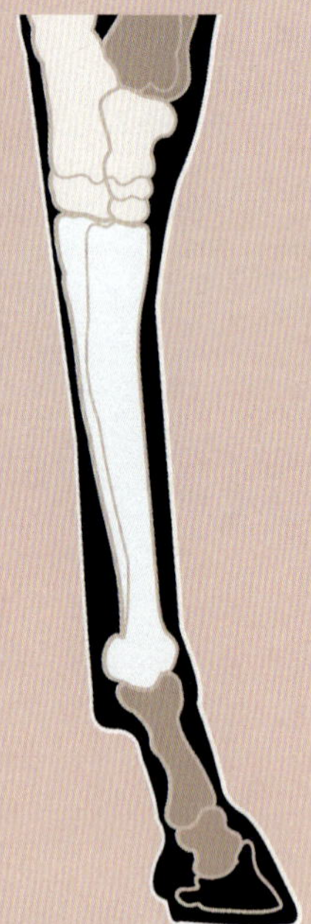

## Adaptation fonctionnelle

Pour classer les mammifères, outre la morphologie de leurs pattes, la fonction de celles-ci est un critère. Les félins et les chevaux ont quatre membres pour se déplacer. Les primates ont des membres avant différenciés, pour attraper la nourriture, la porter à leur bouche. D'autres utilisent leurs pattes pour nager ou voler.

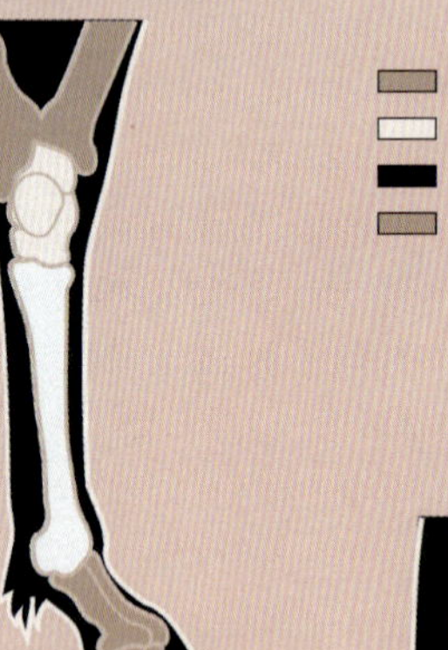

**LÉGENDE**

- Tibia et Péroné
- Tarse
- Métatarse
- Phalanges

**ONGULÉ I**

**CHEVAL**

Les ongulés marchent sur le bout des doigts, dont les ongles durs sont les sabots. Ceux du cheval protègent chacun un seul orteil.

**ONGULÉ II**

**CHÈVRE**

Les chèvres, au nombre pair d'orteils, sont des artiodactyles (cerf, vache, girafe...). Les périssodactyles (cheval, rhinocéros...) ont un nombre impair d'orteils.

**LAISSER DES EMPREINTES**

Les sabots des ongulés peuvent recouvrir un, deux ou plusieurs orteils, mais les animaux ne placent pas leur poids sur plus de deux orteils.

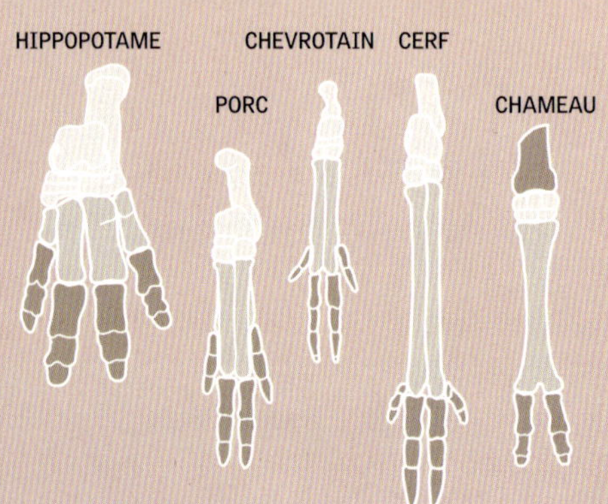


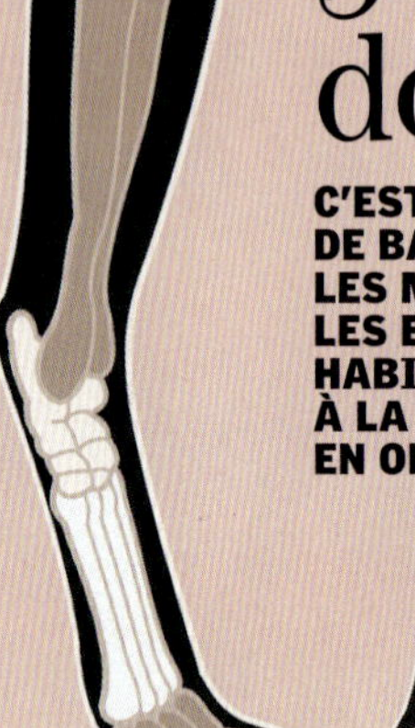

## 5 doigts

**C'EST LE NOMBRE DE BASE CHEZ LES MAMMIFÈRES : LES ESPÈCES HABITUÉES À LA COURSE EN ONT MOINS.**

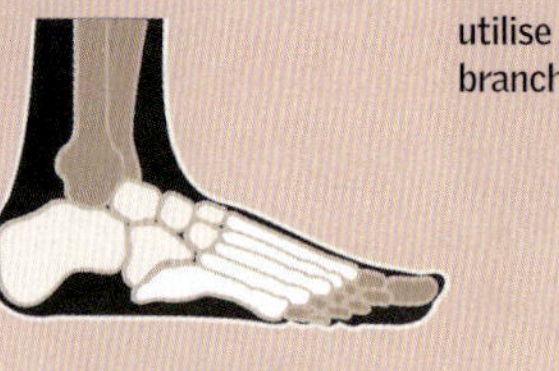

**DIGITIGRADE**

**CHIEN**

Ces mammifères posent toute la surface de leurs orteils (ou de certains orteils) sur le sol pour marcher. Dans leurs empreintes, on voit la marque des orteils et une petite partie du pied. Les canidés et les félins sont digitigrades.

**PLANTIGRADE**

**HUMAIN**

Les primates, dont les humains, portent leur poids sur leurs orteils et sur une large partie de la plante des pieds, en particulier sur les métatarses. Belettes, lapins, souris et hérissons et ours sont aussi des plantigrades.

**PIED GAUCHE DE CHIMPANZÉ**
En grandeur nature.

ONGLE

PHALANGE DISTALE

GROS ORTEIL

PHALANGE MOYENNE

PHALANGE PROXIMALE

MÉTATARSE

INTERM

TARSE

**MARCHER / GRIMPER**

Il existe une différence fondamentale entre le pied d'un humain et celui d'un singe. Le singe possède un orteil mobile comme un pouce, permettant de saisir des objets avec le pied, et qu'il utilise également pour s'agripper aux branches.

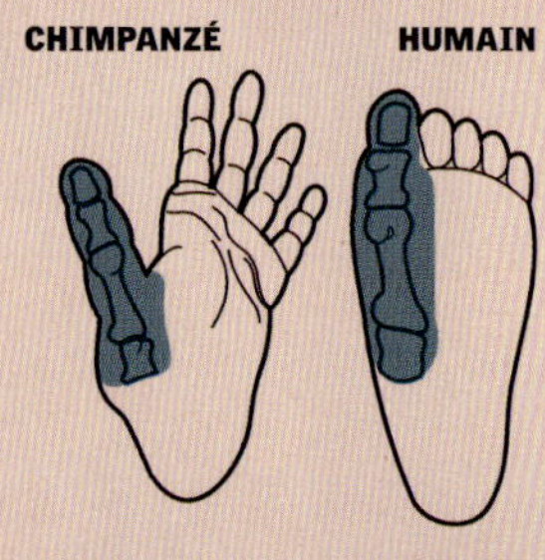


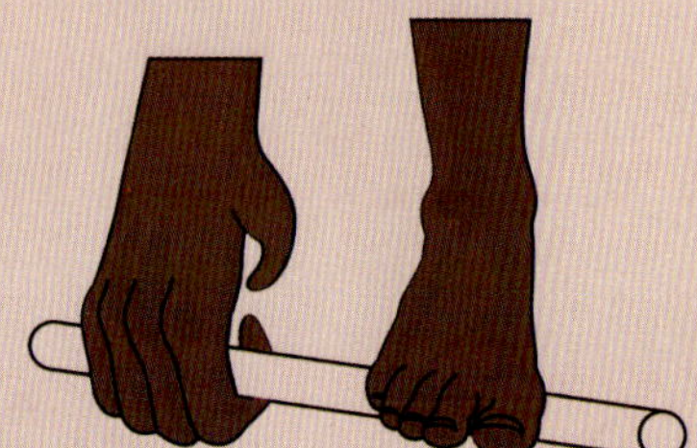

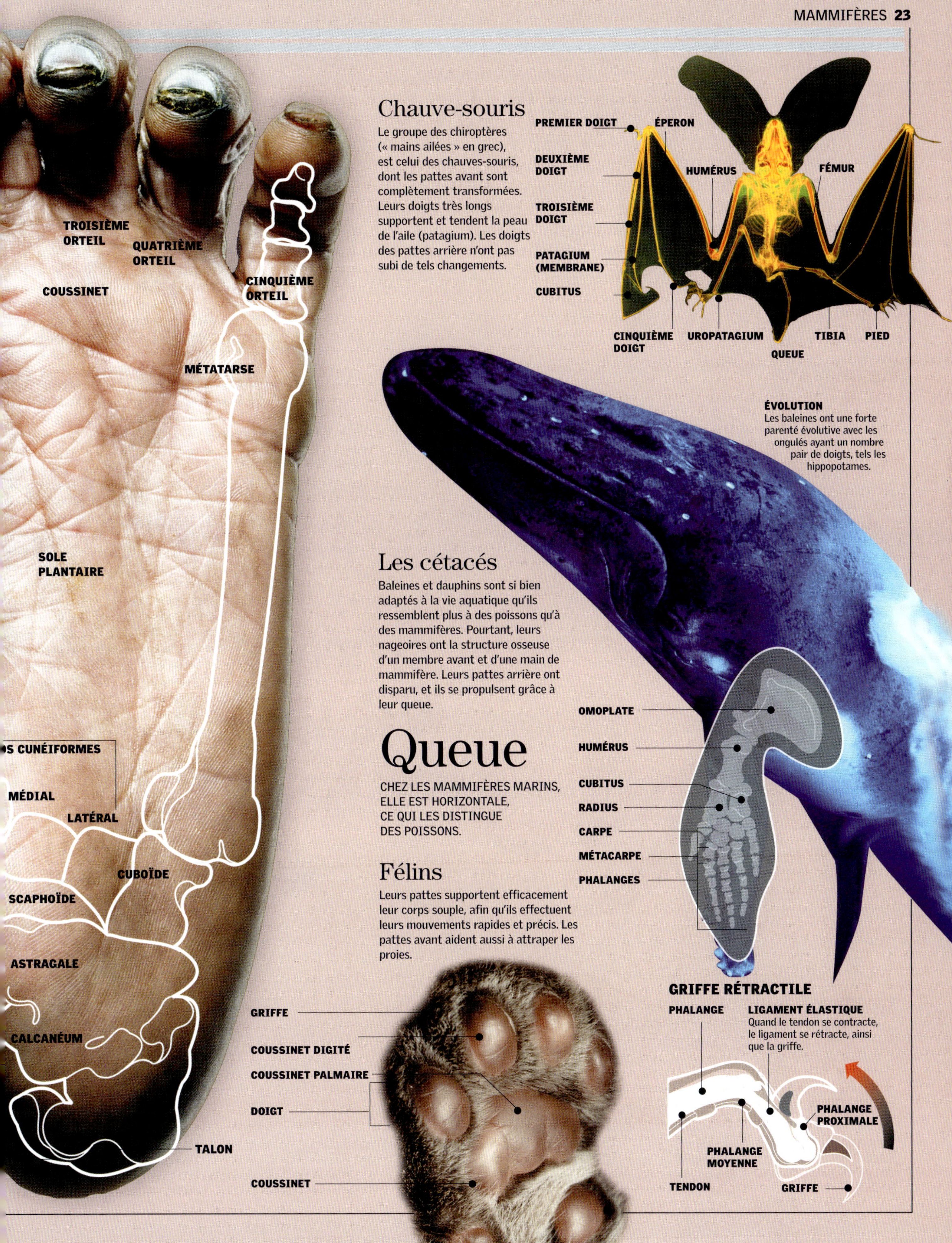


## Chauve-souris

Le groupe des chiroptères (« mains ailées » en grec), est celui des chauves-souris, dont les pattes avant sont complètement transformées. Leurs doigts très longs supportent et tendent la peau de l'aile (patagium). Les doigts des pattes arrière n'ont pas subi de tels changements.

**ÉVOLUTION**
Les baleines ont une forte parenté évolutive avec les ongulés ayant un nombre pair de doigts, tels les hippopotames.

## Les cétacés

Baleines et dauphins sont si bien adaptés à la vie aquatique qu'ils ressemblent plus à des poissons qu'à des mammifères. Pourtant, leurs nageoires ont la structure osseuse d'un membre avant et d'une main de mammifère. Leurs pattes arrière ont disparu, et ils se propulsent grâce à leur queue.

# Queue

CHEZ LES MAMMIFÈRES MARINS, ELLE EST HORIZONTALE, CE QUI LES DISTINGUE DES POISSONS.

## Félins

Leurs pattes supportent efficacement leur corps souple, afin qu'ils effectuent leurs mouvements rapides et précis. Les pattes avant aident aussi à attraper les proies.

# Ils courent et ils volent

Courir vite est une aptitude que partagent de nombreux mammifères. Le champion est le guépard, le plus rapide de tous les animaux terrestres. Ce félin unique en son genre repère ses proies à la vue, s'en approche discrètement, et attaque à grande vitesse. Au bout de 2 secondes, il est déjà lancé à 70 km/h ! Il peut atteindre 115 km/h, mais ne peut tenir un tel rythme s'il ne capture pas rapidement une proie. Par rapport à un autre félin, comme le léopard, le guépard est plus fin, ses pattes sont plus longues et sa tête plus petite.

**DÉCOLLAGE**
L'écureuil volant saute vers un autre arbre ou une branche éloignée.

## Le guépard

Alors qu'un tigre chasse à l'affût, attendant une proie sur laquelle sauter, le guépard utilise sa vitesse fantastique pour poursuivre sa proie.

### Départ

Le guépard commence à courir en allongeant ses enjambées et en tendant ses pattes.

### Contraction spinale

Ensuite, il replie les pattes sous le corps en contractant au maximum son épine dorsale.

**NARINES**
Elles s'élargissent, permettant l'entrée de plus d'air pour la course.

**SECOND POINT DE CONTACT**
En étendant ses quatre pattes, le guépard prend plus d'élan en se portant sur une seule jambe arrière.

| | |
|---|---|
| **ORDRE** | Carnivore |
| **FAMILLE** | Felidés |
| **ESPÈCE** | *Acinonyx jubatus* (en Afrique, variété *venaticus* en Asie) |

**PREMIER POINT DE CONTACT**
Quand le guépard court, une seule patte à la fois touche le sol ; mais lors de l'extension spinale, le corps entier « vole ».

## Bipèdes contre quadrupèdes

**12 KM/H**
LÉZARD BASILIC
Record : lézard *Aspidoscelis sexilineatus*, 29 km/h.

**37 KM/H**
HUMAIN
Record : Usain Bolt (Jamaïque) 100 m en 9,19 secondes.

**67 KM/H**
LÉVRIER
Chien à l'ossature légère et aux longues pattes.

**80 KM/H**
CHEVAL
Anatomie adaptée à la course, musculature puissante.

**115 KM/H**
GUÉPARD
Atteint 72 km/h en 2 secondes départ arrêté.

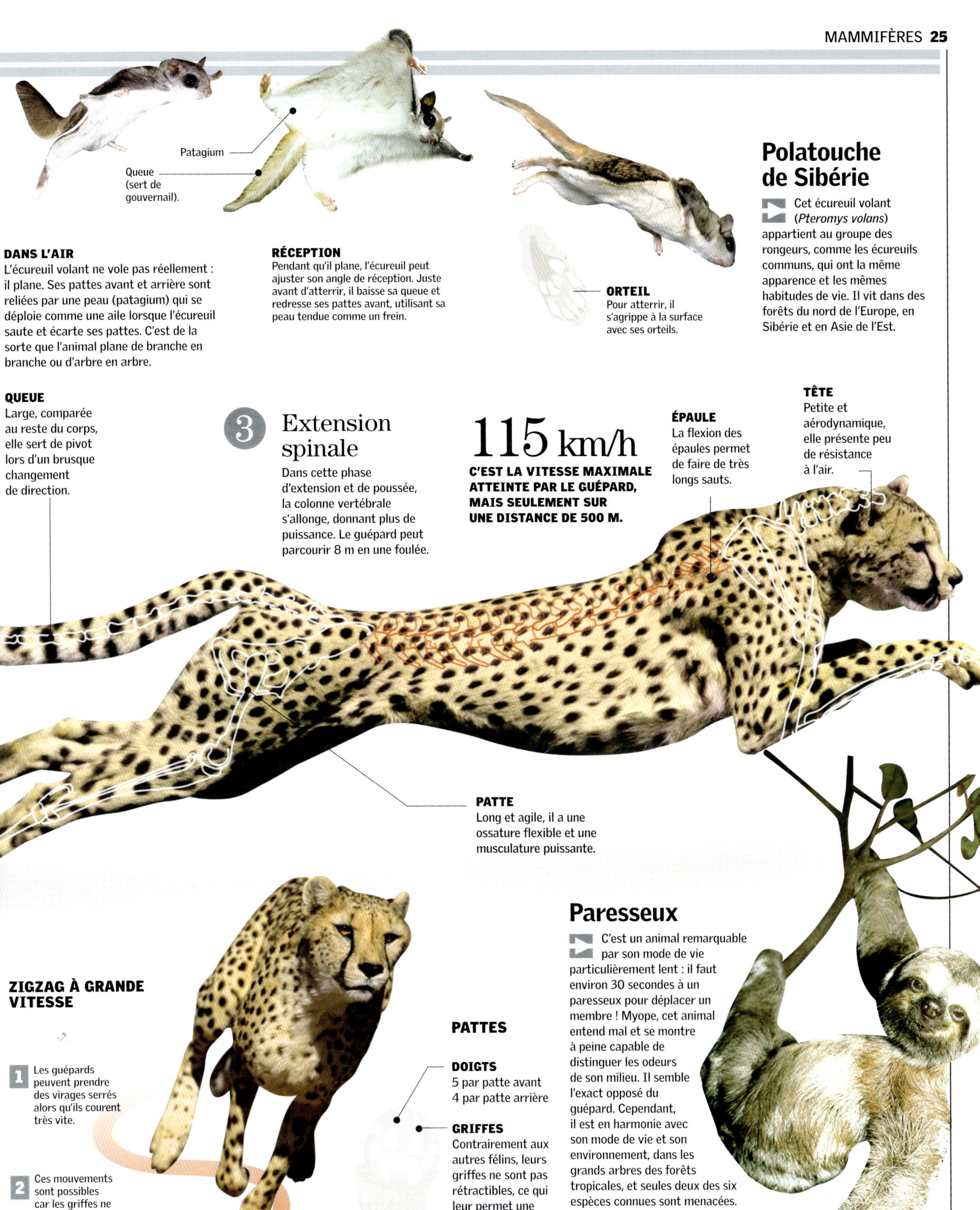


**DANS L'AIR**
L'écureuil volant ne vole pas réellement : il plane. Ses pattes avant et arrière sont reliées par une peau (patagium) qui se déploie comme une aile lorsque l'écureuil saute et écarte ses pattes. C'est de la sorte que l'animal plane de branche en branche ou d'arbre en arbre.

**RÉCEPTION**
Pendant qu'il plane, l'écureuil peut ajuster son angle de réception. Juste avant d'atterrir, il baisse sa queue et redresse ses pattes avant, utilisant sa peau tendue comme un frein.

**ORTEIL**
Pour atterrir, il s'agrippe à la surface avec ses orteils.

## Polatouche de Sibérie

Cet écureuil volant (*Pteromys volans*) appartient au groupe des rongeurs, comme les écureuils communs, qui ont la même apparence et les mêmes habitudes de vie. Il vit dans des forêts du nord de l'Europe, en Sibérie et en Asie de l'Est.

**QUEUE**
Large, comparée au reste du corps, elle sert de pivot lors d'un brusque changement de direction.

## 3 Extension spinale

Dans cette phase d'extension et de poussée, la colonne vertébrale s'allonge, donnant plus de puissance. Le guépard peut parcourir 8 m en une foulée.

**115 km/h**

**C'EST LA VITESSE MAXIMALE ATTEINTE PAR LE GUÉPARD, MAIS SEULEMENT SUR UNE DISTANCE DE 500 M.**

**ÉPAULE**
La flexion des épaules permet de faire de très longs sauts.

**TÊTE**
Petite et aérodynamique, elle présente peu de résistance à l'air.

**PATTE**
Long et agile, il a une ossature flexible et une musculature puissante.

**ZIGZAG À GRANDE VITESSE**

1 Les guépards peuvent prendre des virages serrés alors qu'ils courent très vite.

2 Ces mouvements sont possibles car les griffes ne se rétractent pas et donnent en continu une bonne adhérence.

**PATTES**

**DOIGTS**
5 par patte avant
4 par patte arrière

**GRIFFES**
Contrairement aux autres félins, leurs griffes ne sont pas rétractibles, ce qui leur permet une meilleure prise au sol.

## Paresseux

C'est un animal remarquable par son mode de vie particulièrement lent : il faut environ 30 secondes à un paresseux pour déplacer un membre ! Myope, cet animal entend mal et se montre à peine capable de distinguer les odeurs de son milieu. Il semble l'exact opposé du guépard. Cependant, il est en harmonie avec son mode de vie et son environnement, dans les grands arbres des forêts tropicales, et seules deux des six espèces connues sont menacées.

**PARESSEUX TRIDACTYLE**
de la forêt amazonienne.

# Des sens aiguisés

Les chiens ont hérité du loup leur ouïe fine et leur grande sensibilité aux odeurs. Ces deux sens aiguisés jouent un rôle essentiel dans leurs relations avec leurs congénères et avec les humains. Leurs ancêtres sauvages étaient très dépendants du bon fonctionnement de leurs organes sensoriels. Alors que nous utilisons surtout la vision pour identifier nos semblables, les chiens utilisent plutôt les odeurs. Ils possèdent 40 fois plus de cellules olfactives (sensibles aux odeurs) que les humains. Les chiens peuvent discerner une molécule odorante parmi des millions d'autres et ils sont capables de percevoir des sons inaudibles pour les humains.

## Audition

La capacité auditive des chiens est quatre fois plus grande que celle des humains. Cette capacité est accentuée par la forme et l'orientation des oreilles, qui leur permettent de se concentrer sur un son et de reconnaître très précisément la localisation de sa source. Les chiens sont capables de percevoir des sons très aigus et de très faible intensité. Ils peuvent entendre des sons de fréquences allant jusqu'à 40 kHz, voire davantage encore, alors que la limite pour l'oreille humaine est de 18 kHz.

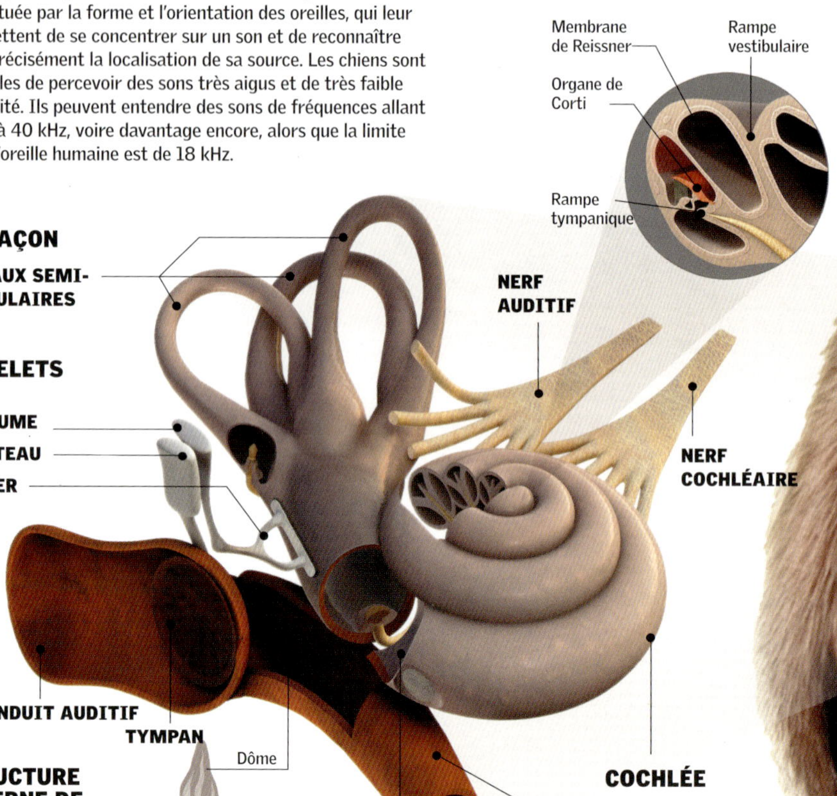

**DANS LA COCHLÉE**

Membrane de Reissner
Rampe vestibulaire
Organe de Corti
Rampe tympanique

**LIMAÇON**
**CANAUX SEMI-CIRCULAIRES**
**OSSELETS**
**ENCLUME**
**MARTEAU**
**ÉTRIER**
**NERF AUDITIF**
**NERF COCHLÉAIRE**
**CONDUIT AUDITIF**
**TYMPAN**
**COCHLÉE**
**FENÊTRE OVALE**
**TROMPE D'EUSTACHE**

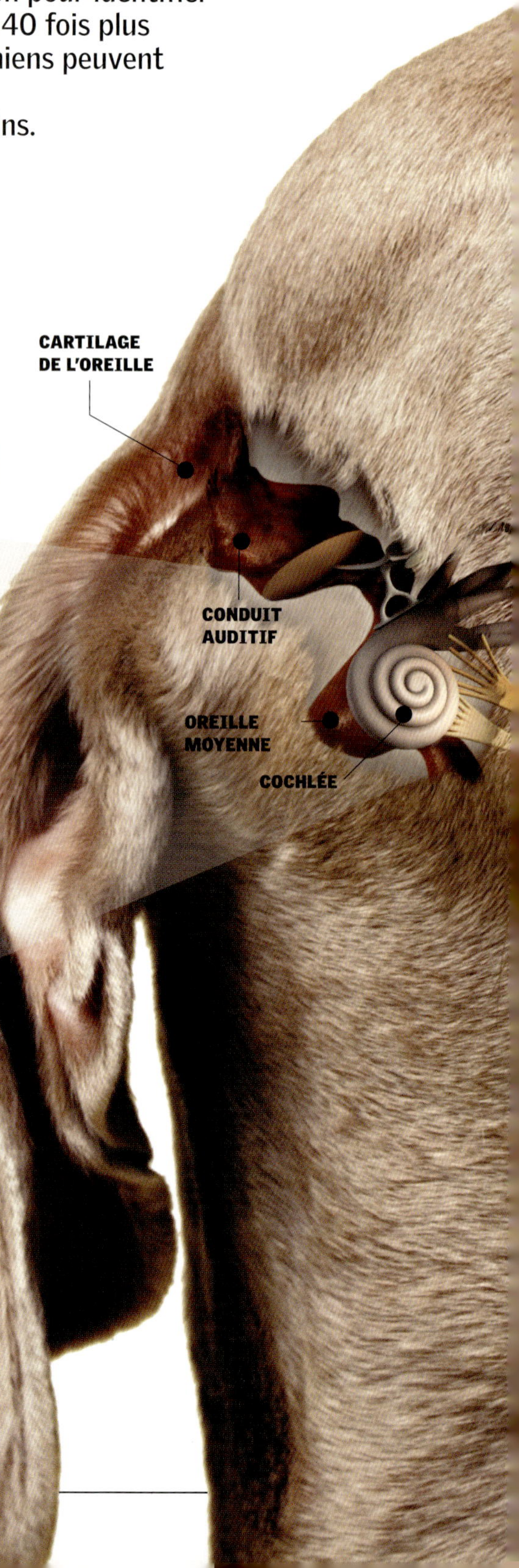

**CARTILAGE DE L'OREILLE**
**CONDUIT AUDITIF**
**OREILLE MOYENNE**
**COCHLÉE**

**STRUCTURE INTERNE DE LA BULLE TYMPANIQUE**

La bulle tympanique (ou bulle auditive) participe à la conduction des sons et inclut en partie l'oreille interne.

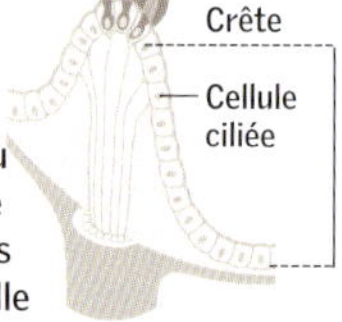

Dôme
Crête
Cellule ciliée

**SEUILS D'AUDITION**

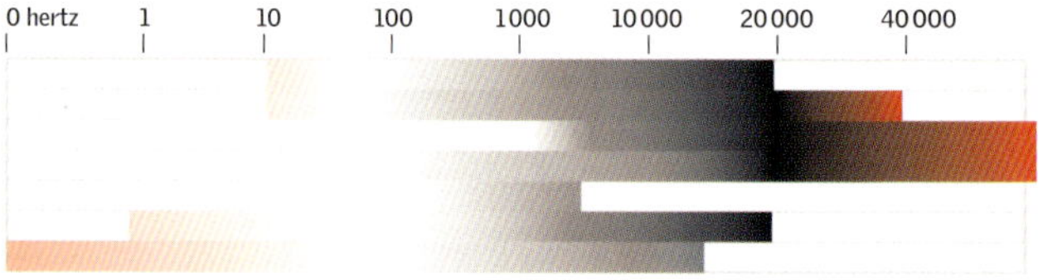

0 hertz | 1 | 10 | 100 | 1000 | 10000 | 20000 | 40000

HUMAIN
RENARD
SOURIS
CHAUVE-SOURIS
GRENOUILLE
ÉLÉPHANT
OISEAU

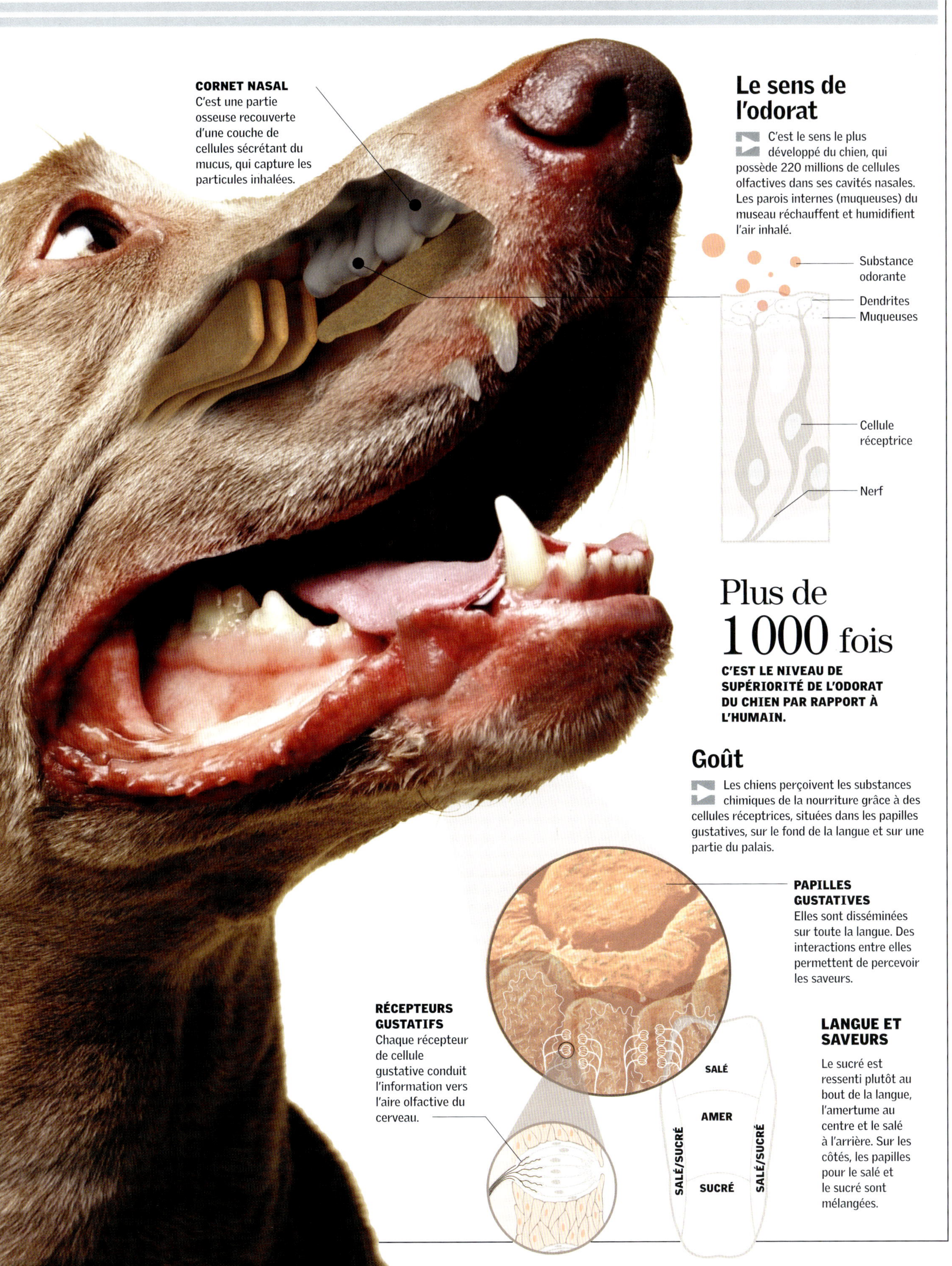
CORNET NASAL
C'est une partie osseuse recouverte d'une couche de cellules sécrétant du mucus, qui capture les particules inhalées.
Substance odorante
Dendrites
Muqueuses
Cellule réceptrice
Nerf
PAPILLES GUSTATIVES
Elles sont disséminées sur toute la langue. Des interactions entre elles permettent de percevoir les saveurs.
RÉCEPTEURS GUSTATIFS
Chaque récepteur de cellule gustative conduit l'information vers l'aire olfactive du cerveau.
SALÉ
AMER
SALÉ/SUCRÉ
SUCRÉ
SALÉ/SUCRÉ

## Le sens de l'odorat

C'est le sens le plus développé du chien, qui possède 220 millions de cellules olfactives dans ses cavités nasales. Les parois internes (muqueuses) du museau réchauffent et humidifient l'air inhalé.

Plus de **1000** fois

**C'EST LE NIVEAU DE SUPÉRIORITÉ DE L'ODORAT DU CHIEN PAR RAPPORT À L'HUMAIN.**

## Goût

Les chiens perçoivent les substances chimiques de la nourriture grâce à des cellules réceptrices, situées dans les papilles gustatives, sur le fond de la langue et sur une partie du palais.

### LANGUE ET SAVEURS

Le sucré est ressenti plutôt au bout de la langue, l'amertume au centre et le salé à l'arrière. Sur les côtés, les papilles pour le salé et le sucré sont mélangées.

# Poils et fourrures

Admirée et convoitée par les humains, la fourrure de nombreux mammifères est plus qu'un simple pelage. Il s'agit d'une couche protectrice contre les blessures, qui limite les invasions de germes, régule les pertes de chaleur et d'eau, et sert de camouflage. Chez certaines espèces, comme le renard polaire, elle change de couleur entre l'hiver et l'été.

## Fourrure et camouflage

Les mammifères des régions froides, comme les ours polaires, ont une fourrure blanche qui les camoufle sur la banquise et les terres enneigées. D'autres, comme les renards polaires changent de couleur pour ne pas se rendre trop visibles dans la toundra en été : ils perdent leur fourrure blanche à la fin de l'hiver. La couleur beige des lions est elle aussi très discrète, dans un tout autre environnement, la savane.

**HIVER**
Le renard polaire (*Alopex lagopus*), au cours de sa phase blanche, a une fourrure d'un blanc pur, ce qui lui permet de passer inaperçu sur la neige.

**ÉTÉ**
Le pelage d'été du renard polaire est deux fois plus fin que celui d'hiver, avec un duvet moindre également. L'animal devient gris, brun foncé ou noir. Certains individus ont une belle fourrure bleutée.

UV LA FOURRURE PROTÈGE LA PEAU DES RAYONS SOLAIRES NOCIFS.

## La peau

**ÉPIDERME**
Couche externe formée par des cellules mortes.

**DERME**
Partie contenant les vaisseaux sanguins, les glandes et les terminaisons nerveuses. Les glandes sébacées sécrètent une substance grasse à la surface de la peau.

**TISSU ADIPEUX**
C'est un tissu conjonctif fait de cellules connectées entre elles, appelées adipocytes, qui produisent de l'énergie sous forme de triglycérides.

**GLANDES SURODIPARES**
Quand le corps s'échauffe, ces glandes libèrent de la sueur à la surface de la peau, qu'elle rafraichit en s'évaporant.

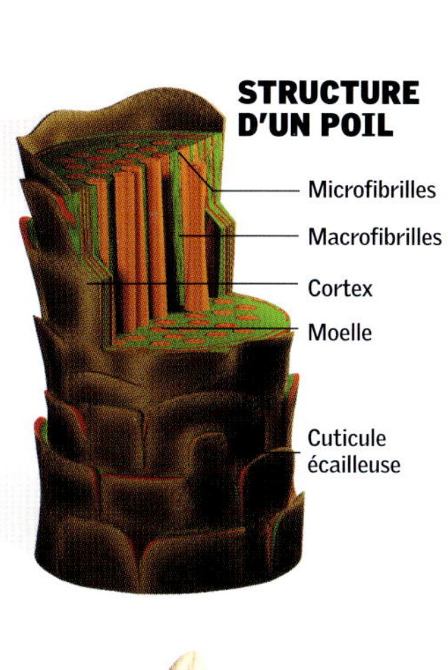


## Différents poils

Les fourrures animales sont généralement composées de plusieurs types de poils. On distingue deux couches : les poils de garde sont les plus longs et visibles ; en dessous se trouve le duvet, fine couche isolante, formée de petits poils et au sein de laquelle se renouvèle le pelage. La couleur est en partie due à la une protéine appelée « mélanine ».

**CHAUVE-SOURIS**
Chaque poil a une cuticule externe formée d'écailles superposées.

**FIBRE DE LAINE**

Protofibrille
Microfibrille
Macrofibrille
Cortex 90 %
Cuticule 10 %

**LAINE**
C'est le textile naturel le plus compliqué qui existe. Il absorbe l'humidité mais repousse l'eau.

**POIL D'OURS POLAIRE**
Chaque poil de garde est creux et rempli d'air. Cela augmente l'isolation vis-à-vis du froid.

**PIQUANT DE PORC-ÉPIC**

Les piquants défensifs des porcs-épics sont des poils de garde (qui se trouvent au-dessus du duvet) transformés.

**30 000**

**C'EST LE NOMBRE DE PIQUANTS D'UN PORC-ÉPIC (23 PAR CM²).**

**MINI PIQUANTS**
Écailles aiguisées.

**PAPILLE DERMIQUE**
À la jonction du derme et de l'épiderme.

**DISQUE DE MERKEL**
Un récepteur sensible sous la peau, qui réagit au toucher et à la pression.

**GLANDE SÉBACÉE**
Sécrète une substance grasse, le sébum, qui lubrifie la peau et fait écran à l'eau.

**CORPUSCULE DE PACINI**
Récepteur sensible à la base du derme, sur la couche de graisse. Il détecte les vibrations et les pressions.

## Peau isolante

L'isolation est une des fonctions du pelage animal. Elle ne sert pas qu'à conserver la chaleur interne, elle protège aussi les animaux des températures élevées. Sa couleur est souvent en harmonie avec les teintes dominantes de son environnement.

**FOURRURE EXTERNE**

**DUVET**

**COUCHE GRASSE**

**ÉRECTION D'UN PIQUANT**

Base du piquant
Épiderme
Tissu conjonctif
Racine
Rétinaculum

1. Quand le piquant vient au contact d'un obstacle, il envoie un signal de pression à l'épiderme.
2. Le tissu fin qui couvre la racine du piquant se brise.
3. Le muscle d'érection du poil reçoit le signal et se contracte.

**COATI**

**OTARIE (JEUNE)**

**PORC-ÉPIC**

# Comportement et cycle de vie

**SE NOURRIR**
Une heure après la naissance, un girafon est capable de marcher et de venir au contact de sa mère pour téter. Il mesure déjà 2,5 m de haut.

La reproduction des mammifères est sexuée, par fécondation interne, impliquant la copulation entre un mâle et une femelle. Les mammifères sont aussi caractérisés par la dépendance des enfants par rapport aux parents. Il existe cependant un groupe de mammifères, les monotrèmes, qui sont ovipares : ils pondent des œufs !

Le comportement des mammifères se construit par l'apprentissage, sur une base d'actes qui sont héréditaires (c'est-à-dire qu'ils peuvent s'exprimer sans avoir été appris). Une partie de l'apprentissage est accomplie avec les jeux, pendant lesquels les jeunes s'entraînent à sauter, mordre, chasser et à exercer d'autres aptitudes de survie.

# Le cycle de la vie

La naissance, la reproduction et la mort : ce cycle de vie comporte des particularités pour les mammifères. En règle générale, plus un mammifère est gros, plus il vit longtemps, mais moins la femelle a de petits par portée ou par saison de reproduction. La plupart des mammifères, dont les humains, sont placentaires : le placenta permet au fœtus de se développer complètement dans le ventre de la mère.

90 ans

**C'EST L'ESPÉRANCE DE VIE D'UNE BALEINE, LE PLUS GROS ANIMAL.**

## Mammifères placentaires

La plupart des mammifères sont placentaires : les femelles gardent leurs petits dans leur ventre jusqu'à la naissance, à la différence des marsupiaux (comme les kangourous) dont les petits terminent leur développement dans la poche maternelle. Le mâles sont généralement polygames : quelques-uns – les plus compétitifs – fécondent plusieurs femelles. Seuls 3 % des mammifères sont monogames : un mâle s'accouple avec une seule femelle et participe aux soins des jeunes. Mais si les ressources sont abondantes, les femelles s'occupent seules de la portée.

Utilisation de cavités naturelles ou de terriers.

### Sevrage
**35 À 40 JOURS**

Les jeunes lapins restent avec leur mère jusqu'à ce qu'ils soient aptes à se nourrir et à se protéger seuls.

### Maturité sexuelle
**5 À 7 MOIS**

Mieux les lapins sont nourris, plus vite ils sont capables de se reproduire. Ils sont adultes vers 8 ou 9 mois, quand ils pèsent autour de 900 grammes.

Les lapines peuvent se reproduire toute l'année.

### Longévité
4 à 10 ans

### Allaitement
**25 À 30 JOURS**

Les lapereaux sont nourris de lait. Ils pourront digérer des solides après 20 jours. Les jeunes quittent le terrier après 35 ou 40 jours, mais restent à proximité.

Une lapine a quatre à cinq paires de mamelles.

### Gestation
**28 À 33 JOURS**

La lapine reste dans un terrier collectif (garenne) creusé dans le sol, recouvert d'herbe et de feuilles. Elle le quitte dès que l'allaitement est terminé.

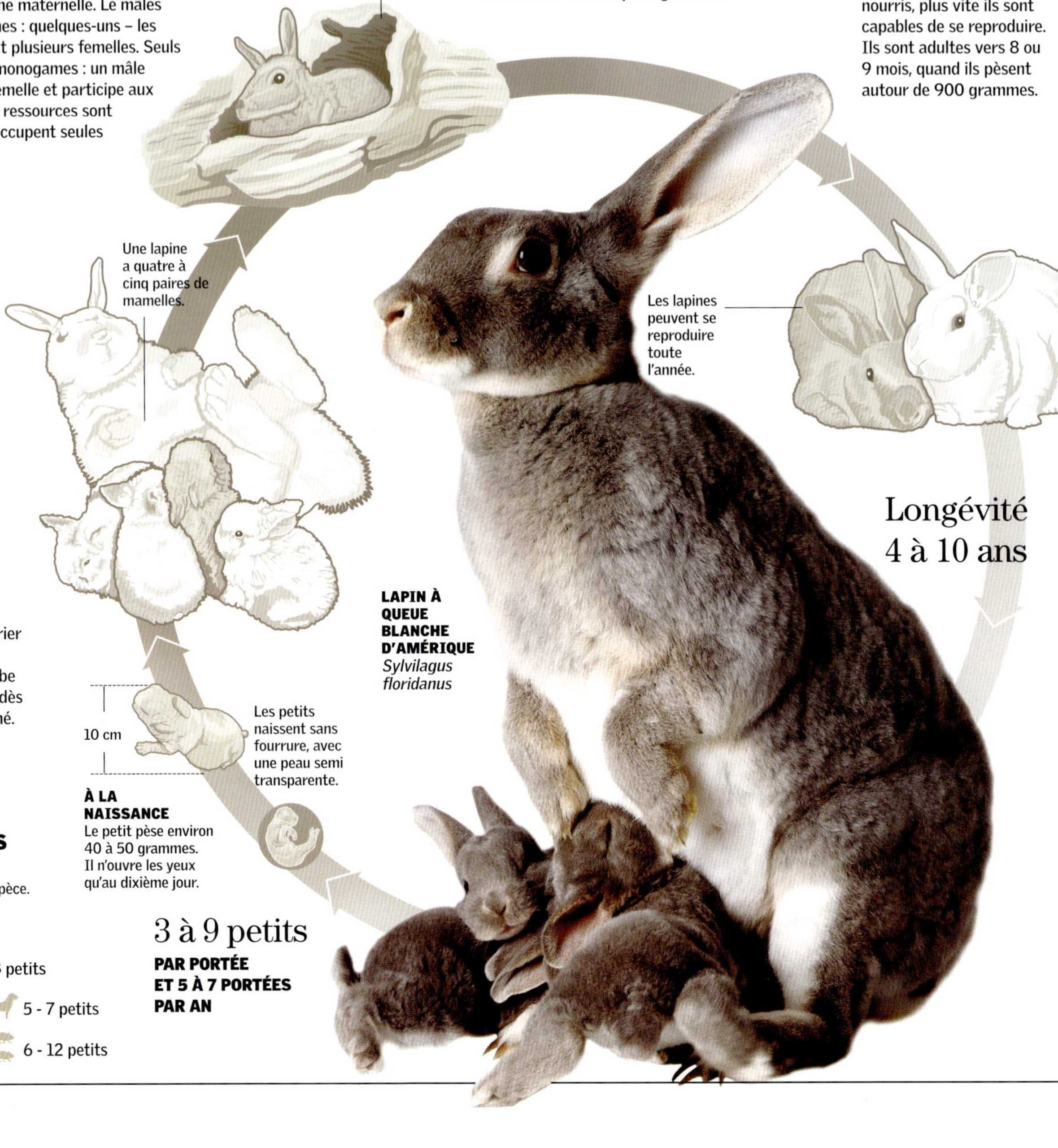

**LAPIN À QUEUE BLANCHE D'AMÉRIQUE**
*Sylvilagus floridanus*

10 cm

Les petits naissent sans fourrure, avec une peau semi transparente.

**À LA NAISSANCE**
Le petit pèse environ 40 à 50 grammes. Il n'ouvre les yeux qu'au dixième jour.

3 à 9 petits
**PAR PORTÉE ET 5 À 7 PORTÉES PAR AN**

**NOMBRE DE PETITS**

En général, il est inversement proportionnel à la taille de l'espèce.

| | |
|---|---|
| **VACHE** | 1 petit |
| **CHÈVRE** | 2 - 3 petits |
| **CHIEN** | 5 - 7 petits |
| **RAT** | 6 - 12 petits |

## Les marsupiaux

Une gestation de courte durée précède un développement dans une poche spéciale (le marsupium), que la femelle a sur son ventre. La majorité des 300 marsupiaux connus sont des animaux solitaires, sauf en période de reproduction. En général, les couples ne sont pas stables, bien que certains, comme les wallabies (petits kangourous), tendent à vivre toute leur vie avec le même partenaire.

Le petit koala s'attache au cou de sa mère, qui le porte sur ses épaules.

### Quitter la poche
**1 AN**

Le petit atteint une taille où il peut se débrouiller seul. Il sait notamment bien trouver sa nourriture. La mère peut être de nouveau en gestation alors qu'elle continue d'élever ses petits.

**JEUNES BANNIS**
Les mâles dominants repoussent les petits des autres mâles.

Les mâles dominants s'accouplent avec toutes les femelles.

Certaines femelles partent à la recherche d'un mâle.

### Maturité sexuelle
**3 À 4 ANS**

À deux ans, le koala a déjà ses organes sexuels développés (la femelle plus tôt que le mâle), mais il ne s'accouple qu'après encore un ou deux ans.

**KOALA**
*Phascolarctos cinereus*

### Allaitement
**22 SEMAINES**

Un muscle situé dans la poche empêche le fœtus de tomber. À 22 semaines, il ouvre ses yeux et une sorte de mucus produit par la mère s'ajoute à son alimentation lactée, le préparant à être herbivore.

À la fin de l'allaitement, il est couvert de fourrure.

### Gestation
**35 JOURS**

Avec ses membres à peine développés, l'embryon de marsupial doit aller de lui-même jusqu'à la poche pour survivre et achever son développement.

2 cm

### 1 petit
**1 NAISSANCE PAR AN**

### Longévité
15 à 20 ans

**LONGÉVITÉ**

| ANIMAL | 70 ans |
|---|---|
| ÉLÉPHANT | 70 ans |
| CHEVAL | 40 ans |
| GIRAFE | 20 ans |
| CHAT | 15 ans |
| CHIEN | 15 ans |
| HAMSTER | 3 ans |

**PÉRIODE DE GESTATION**

| ANIMAL | MOIS |
|---|---|
| Éléphant | 23 |
| Girafe | 17 |
| Gibbon | 9 |
| Lion | 7 |
| Chiens | 2 |

## Les monotrèmes

Ces mammifères, dont les femelles pondent des œufs, sont rares et solitaires. Les curieux ornithorynques vivent en couple seulement pour la reproduction. Après un à trois mois où il courtise et féconde la femelle, le mâle n'a plus d'autres relations avec elle. Chez une autre espèce, l'échidné à nez court, la femelle peut se reproduire avec plusieurs mâles au cours de sa vie.

### Dans la poche
**2 À 3 MOIS**

Après avoir brisé la coquille, de soin œuf, le bébé s'installe dans la poche de sa mère.

Terrier ou trou dans les rochers.

Les poils sont déjà piquants.

Membres non développés.

### Sevrage
**4 À 6 MOIS**

Après trois mois, le bébé peut déjà quitter un peu le terrier, avant de définitivement se séparer de sa mère.

Nouveau-né

### Incubation
**12 JOURS**

L'œuf éclos un mois après la ponte. Le petit reste 10 jours au chaud dans la poche maternelle, avant de pouvoir sortir.

Coquille

### Longévité
50 ans

**COMPARAISON DE LA TAILLE DES ŒUFS**

La coquille est souple et facilite l'éclosion (à la différence des oiseaux, les petits n'ont pas de bec).

**POULE**

**ÉCHIDNÉ**

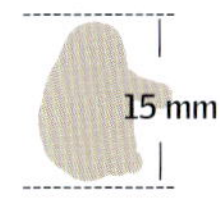


### 1 à 3
**ŒUFS À LA FOIS**

**ÉCHIDNÉ À NEZ COURT**
*Tachyglossus aculeatus*

# Beauté et force

Dans de nombreuses espèces, trouver une femelle avec laquelle s'accoupler est le plus gros effort de la vie d'un mâle, car il doit combattre des rivaux. Chaque espèce a ses propres codes de séduction et de rivalité. Les bois des cerfs jouent un rôle fondamental. Ce sont souvent les plus longs et les plus solides qui font le gagnant, car il est plus à même de défendre le territoire et de courtiser les femelles.

**BOIS DE CERF**

**DERME**

**ÉPIDERME**

**PÉRIOSTE** Tissu fibreux qui protège l'os.

## Cerf élaphe

Le mâle adulte est à la fois svelte et robuste, avec une posture haute et majestueuse. Il est cependant timide et craintif. Cette espèce aurait plus de 400 000 ans d'ancienneté. Le cerf est actif le soir, quand le soleil se couche. Les mâles vivent à l'écart des groupes de femelles et de faons.

| | |
|---|---|
| **ORDRE** | Artiodactyles |
| **FAMILLE** | Cervidés |
| **ESPÈCE** | *Cervus elaphus* |
| **ALIMENTATION** | Herbivore |
| **POIDS (MÂLE)** | 180 kg |

## Combats

Quand deux mâles se battent, chacun pointe ses bois, pour impressionner son rival. Ils servent à se défendre contre des prédateurs.

60 cm

**MÂLE** 110 cm

**FEMELLE** 80 cm

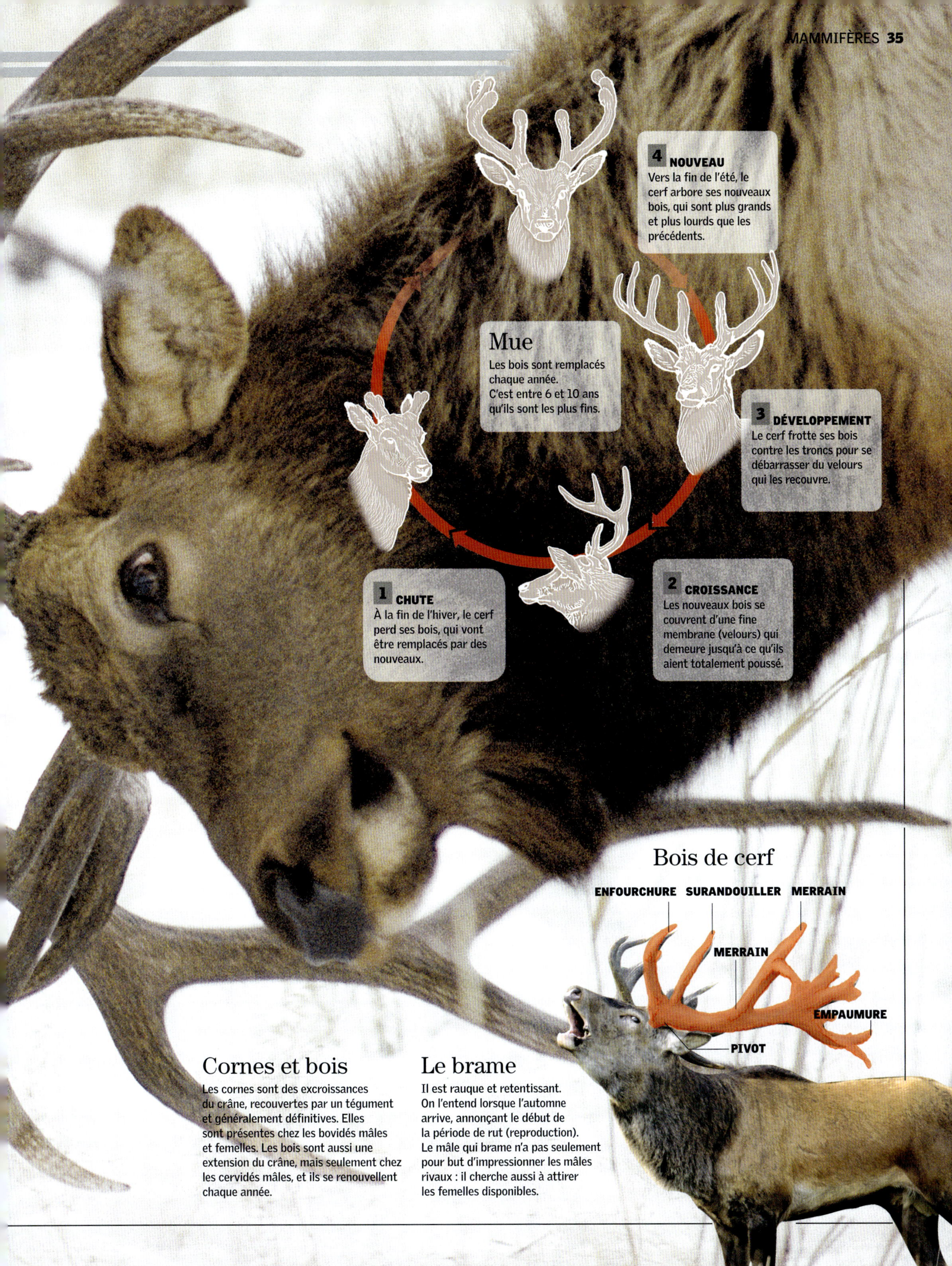

Mue
Les bois sont remplacés chaque année. C'est entre 6 et 10 ans qu'ils sont les plus fins.
1 CHUTE
À la fin de l'hiver, le cerf perd ses bois, qui vont être remplacés par des nouveaux.
2 CROISSANCE
Les nouveaux bois se couvrent d'une fine membrane (velours) qui demeure jusqu'à ce qu'ils aient totalement poussé.
3 DÉVELOPPEMENT
Le cerf frotte ses bois contre les troncs pour se débarrasser du velours qui les recouvre.
4 NOUVEAU
Vers la fin de l'été, le cerf arbore ses nouveaux bois, qui sont plus grands et plus lourds que les précédents.
Bois de cerf
ENFOURCHURE
SURANDOUILLER
MERRAIN
MERRAIN
EMPAUMURE
PIVOT

## Cornes et bois

Les cornes sont des excroissances du crâne, recouvertes par un tégument et généralement définitives. Elles sont présentes chez les bovidés mâles et femelles. Les bois sont aussi une extension du crâne, mais seulement chez les cervidés mâles, et ils se renouvellent chaque année.

## Le brame

Il est rauque et retentissant. On l'entend lorsque l'automne arrive, annonçant le début de la période de rut (reproduction). Le mâle qui brame n'a pas seulement pour but d'impressionner les mâles rivaux : il cherche aussi à attirer les femelles disponibles.

# Mammifères ovipares

Il peut sembler étrange que des mammifères pondent, mais c'est bien le cas de quelques espèces, de l'ordre des monotrèmes, dont les femelles sont « ovipares » : elles pondent des œufs au lieu de donner naissance à des petits. Comme les autres mammifères, les monotrèmes ont des poils, une température constante et les femelles nourrissent leurs petits de lait (bien qu'elles n'aient pas de vraies mamelles). Le groupe comprend l'ornithorynque et les échidnés.

## Les ornithorynques

Avec une peau de taupe, une queue de castor, un bec de canard et des pattes palmées, les ornithorynques sont de bien curieux mammifères. Ils mènent une vie semi-aquatique dans l'est de l'Australie et sur l'île de Tasmanie, construisant des terriers profonds sur les berges.

| | |
|---|---|
| **FAMILLE** | Ornithorhynchidés |
| **ESPÈCE** | *Ornithorhynchus anatinus* |
| **RÉGIME ALIMENTAIRE** | Carnivore |
| **POIDS** | 2,5 kg |

40–60 cm

**BEC**
Il est sensible au champ électrique généré par les muscles des petites proies de l'ornithorynque.

**30 m**

**C'EST LA LONGUEUR D'UN TUNNEL D'ORNITHORYNQUE !**

## Échidné

Il vit en Australie, Nouvelle-Guinée et Tasmanie, possède un museau allongé en forme de bec, sans dent, et il a une longue langue rétractable. Cet animal est fouisseur et hiverne sous terre. Il peut vivre jusqu'à 50 ans. Son pelage varie d'une espèce à l'autre.

| | |
|---|---|
| **FAMILLE** | Tachyglossidés |
| **ESPÈCE** | *Tachyglossus aculeatus* |
| **TAILLE ADULTE** | 30–90 cm |

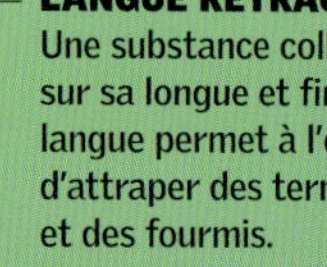

**LANGUE RÉTRAC**
Une substance colla sur sa longue et fine langue permet à l'é d'attraper des term et des fourmis.

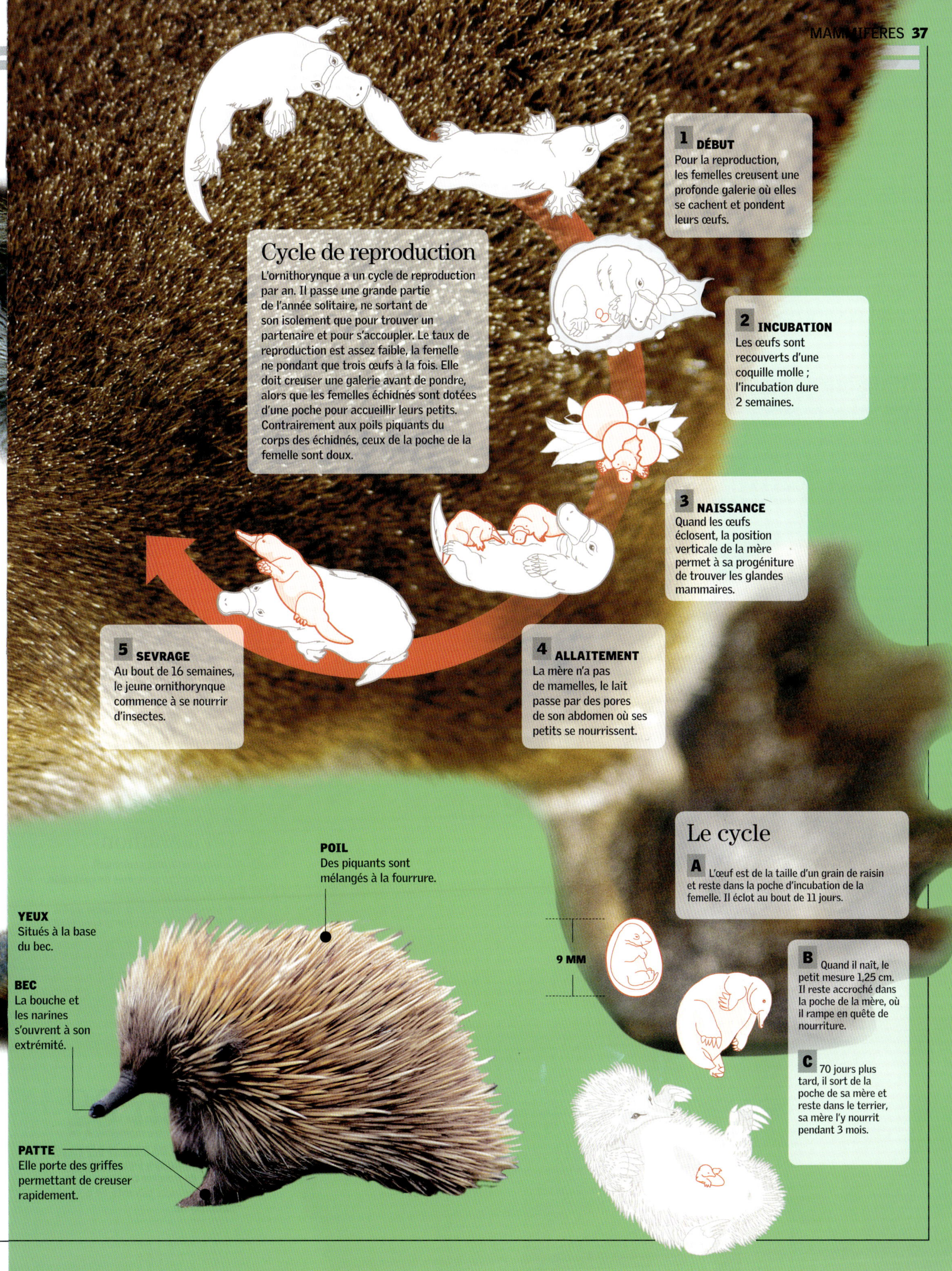


## Cycle de reproduction

L'ornithorynque a un cycle de reproduction par an. Il passe une grande partie de l'année solitaire, ne sortant de son isolement que pour trouver un partenaire et pour s'accoupler. Le taux de reproduction est assez faible, la femelle ne pondant que trois œufs à la fois. Elle doit creuser une galerie avant de pondre, alors que les femelles échidnés sont dotées d'une poche pour accueillir leurs petits. Contrairement aux poils piquants du corps des échidnés, ceux de la poche de la femelle sont doux.

## Le cycle

**A** L'œuf est de la taille d'un grain de raisin et reste dans la poche d'incubation de la femelle. Il éclot au bout de 11 jours.

**B** Quand il naît, le petit mesure 1,25 cm. Il reste accroché dans la poche de la mère, où il rampe en quête de nourriture.

**C** 70 jours plus tard, il sort de la poche de sa mère et reste dans le terrier, sa mère l'y nourrit pendant 3 mois.

# Merveilleux placenta

Le placenta est essentiel à la reproduction de la plupart des mammifères. Il permet à l'embryon de se développer au sein de l'utérus de la femelle. En effet, au cours de la gestation, la nourriture et l'oxygène passent de la mère au petit à travers le placenta. Les échanges se font par le sang. Après la naissance, le petit, souvent sourd, aveugle et nu (dépourvu de poils), se nourrit du lait secrété par les glandes mammaires de la mère.

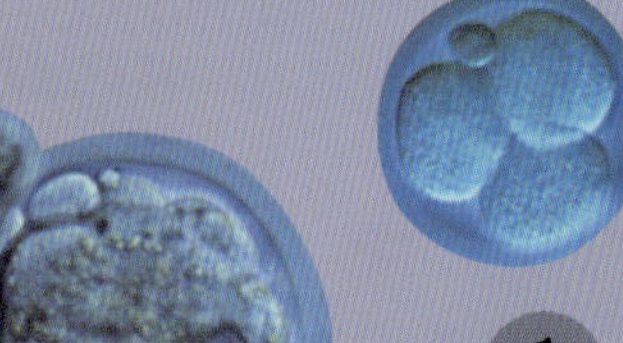

### 1 De 1 à 3 jours

L'embryon de rat est fait de deux cellules ; le deuxième jour, il y a quatre cellules. Le troisième jour, il migre dans l'utérus.

### 2 De 4 à 5 jours

À ce stade, l'embryon est composé de quatre cellules et est couvert d'une fine couche de protéines. Il s'implante dans l'utérus.

## Gestation du rat

La durée de gestation chez le rat est de 22 à 24 jours. En dépit de la mise en place du placenta, les glandes sexuelles maternelles (ovaires) sont indispensables à la gestation. Si on enlève les ovaires de la ratte à n'importe quel stade de la gestation, celle-ci sera interrompue, car le placenta ne produit pas assez d'hormones pour la maintenir. La croissance de mamelles devient visible à partir du treizième jour de gestation.

**EMBRYON**
Il est à l'intérieur d'une vésicule, sur le cône qui va donner le placenta.

### 3 De 6 à 8 jours

Maintenant que le l'embryon s'est établit dans l'utérus, la partie qui va donner le placenta s'individualise.

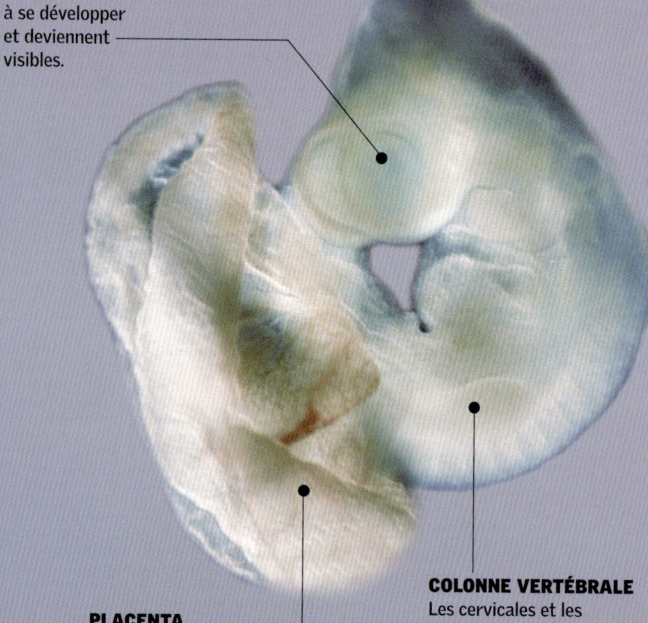

**YEUX**
Ils commencent à se développer et deviennent visibles.

**PLACENTA**
Le fœtus est relié au placenta.

**COLONNE VERTÉBRALE**
Les cervicales et les lombaires sont le premières vertèbres à se développer.

### 4 11,5 jours

L'embryon est lié au sac amniotique (une sorte de poche qui l'englobe) et au placenta. Le cerveau, les yeux et les pattes commencent à se former.

### 5 14,5 jours

Les yeux et les membres sont visibles et les organes internes commencent à se former. Une mâchoire cartilagineuse et les oreilles apparaissent.

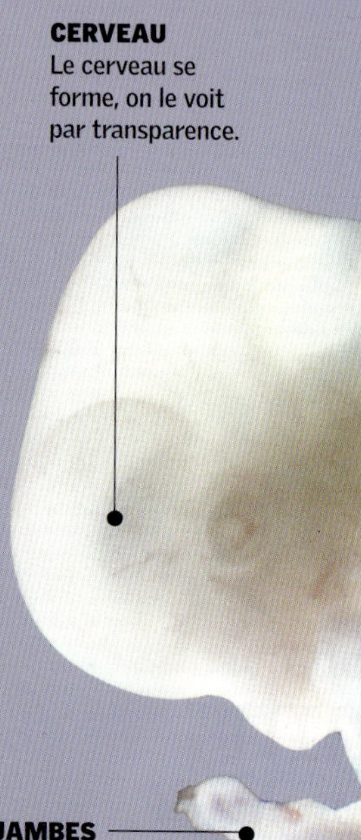

**CERVEAU**
Le cerveau se forme, on le voit par transparence.

**ORGANES**
Les organes internes commencent à se développer.

**JAMBES**
Les membres sont encore à l'état d'ébauches.

## Placenta

Des baleines aux musaraignes, les mammifères placentaires se caractérisent par une gestation entièrement dans le corps de la mère et la naissance de petits bien développés. Pour cela, l'embryon doit respirer et être alimenté et débarrassé de ses déchets. C'est ce que permet un organe spécial, le placenta. C'est un tissu spongieux qui permet les échanges de substances par le sang. Ainsi, la mère donne des nutriments et de l'oxygène à l'embryon, et elle récupère les déchets métaboliques de son enfant. Après la naissance, la mère aide le nouveau-né à se dégager du placenta, qu'elle mange.

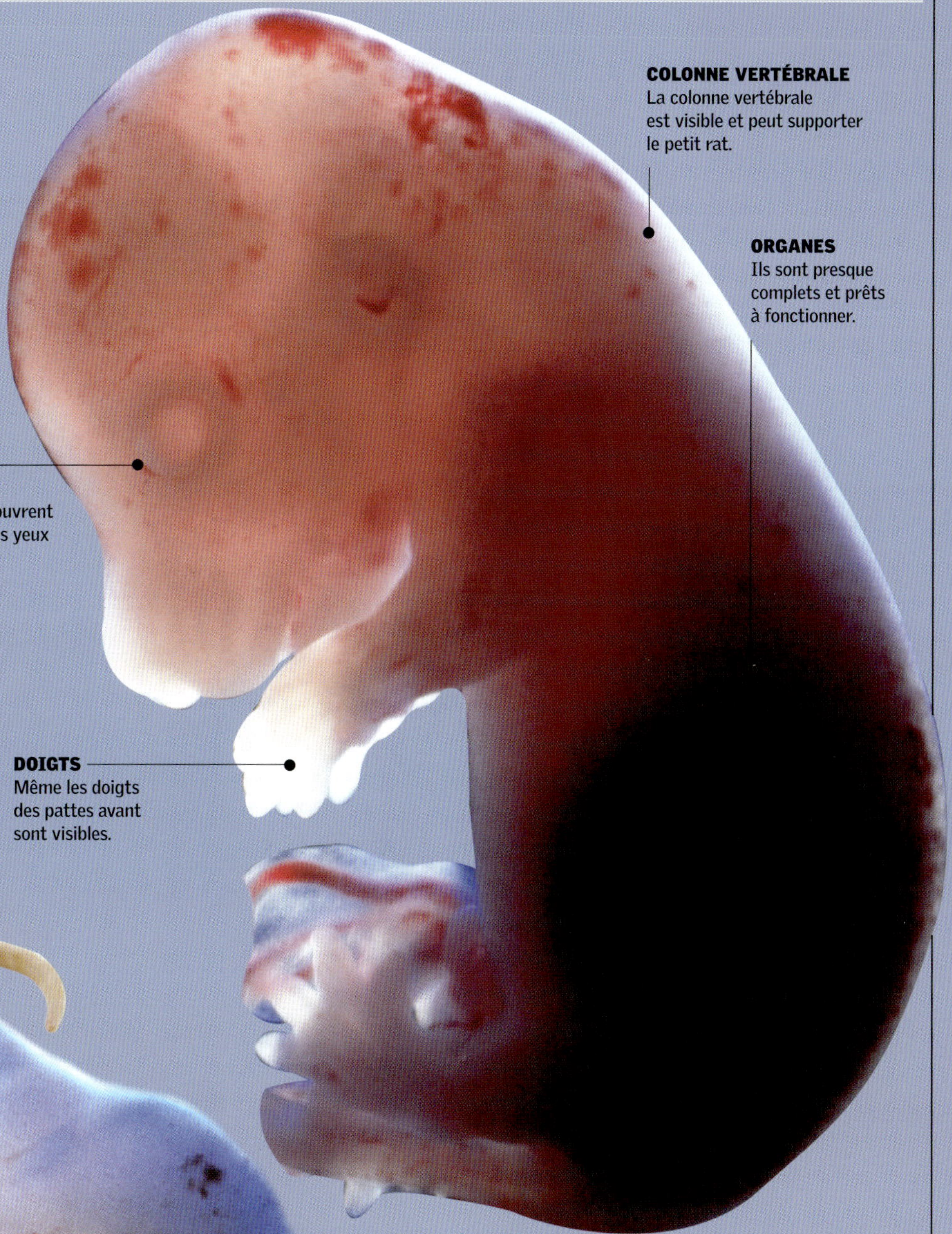

**COLONNE VERTÉBRALE**
La colonne vertébrale est visible et peut supporter le petit rat.

**ORGANES**
Ils sont presque complets et prêts à fonctionner.

**PAUPIÈRES**
Elles grossissent rapidement et couvrent complètement les yeux au 18e jour.

# Utérus

**IL EST FAIT DE DEUX TROMPES.**

**DOIGTS**
Même les doigts des pattes avant sont visibles.

### 7
### 19,5 jours

Plus que quelques jours avant que la femelle donne naissance à de petits rats. Ceux-ci seront comme des larves malgré leurs organes bien développés.

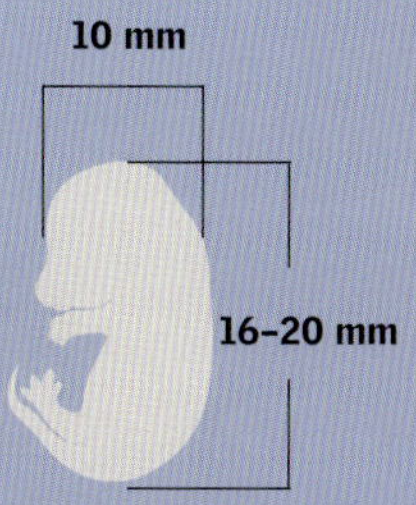

10 mm

16-20 mm

### 6
### 17,5 jours

Les paupières grossissent rapidement et, en quelques heures, les yeux en sont recouverts. Le palais a déjà terminé son développement et le cordon ombilical se rétracte.

# Les premiers jours

À la différence des animaux qui pondent des œufs, les mammifères dont la femelle porte en elle ses petits leur vouent une grande attention. Ces petits mammifères ne sont pas indépendants et doivent être nourris de lait et réchauffés. Voici les stades de développement du chien : le stade néonatal, qui va de l'ouverture des yeux à la mise en fonction de l'ouïe, puis le stade de socialisation, qui va des jours 21 à 70 et enfin le stade juvénile, après les 70 premiers jours de vie.

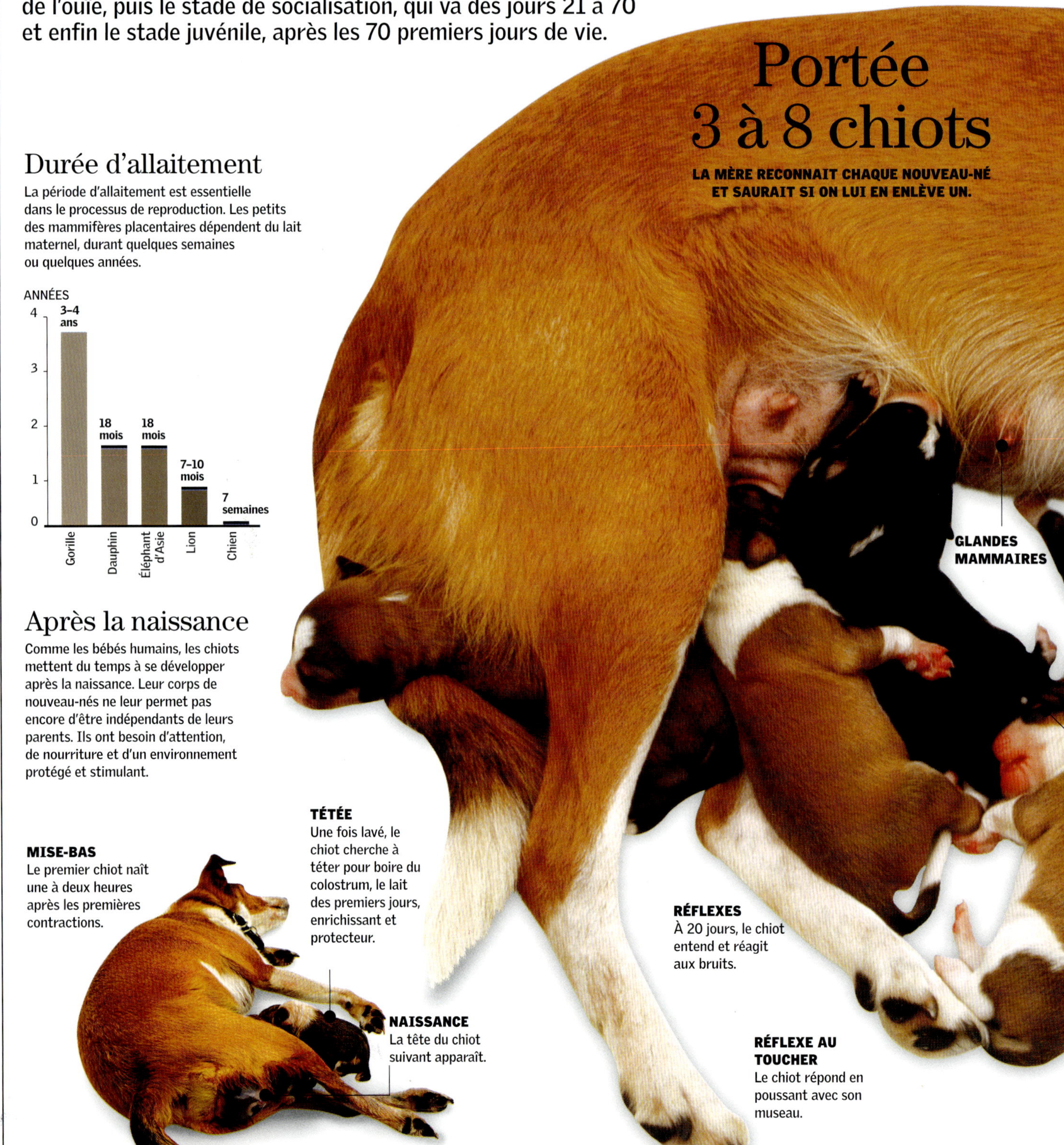


## Portée 3 à 8 chiots

**LA MÈRE RECONNAIT CHAQUE NOUVEAU-NÉ ET SAURAIT SI ON LUI EN ENLÈVE UN.**

## Durée d'allaitement

La période d'allaitement est essentielle dans le processus de reproduction. Les petits des mammifères placentaires dépendent du lait maternel, durant quelques semaines ou quelques années.

## Après la naissance

Comme les bébés humains, les chiots mettent du temps à se développer après la naissance. Leur corps de nouveau-nés ne leur permet pas encore d'être indépendants de leurs parents. Ils ont besoin d'attention, de nourriture et d'un environnement protégé et stimulant.

**MISE-BAS**
Le premier chiot naît une à deux heures après les premières contractions.

**TÉTÉE**
Une fois lavé, le chiot cherche à téter pour boire du colostrum, le lait des premiers jours, enrichissant et protecteur.

**NAISSANCE**
La tête du chiot suivant apparaît.

**RÉFLEXES**
À 20 jours, le chiot entend et réagit aux bruits.

**RÉFLEXE AU TOUCHER**
Le chiot répond en poussant avec son museau.

## Jusqu'à 20 jours

Cette période durant laquelle les chiots sont totalement dépendants de leur mère dure deux à trois semaines, jusqu'à ce que les petits ouvrent leurs yeux. Jusque-là, le besoin de contact avec la mère est constant : un petit se met à gémir s'il est seul. Serré contre sa mère, il peut se maintenir au chaud. Sa mère peut même le stimuler pour l'aider à évacuer ses excréments.

**AVEUGLE**
Yeux fermés.
**PELAGE**
Poils courts et fins.
**POSITION DE LA MÈRE**
Elle est couchée sur le côté pour que les chiots puissent bien téter.
**CHIOT PERDU**
**GROUPE**
La mère déplace ses chiots sans leur faire mal.
**DEBOUT**
La mère n'a plus besoin de rester couchée.
**FORCE**
Le chiot a désormais un peu de force.
**YEUX**
Restent fermés jusqu'à la 2e ou 3e semaine de vie.
**RÉFLEXE EXTENSEUR**
À 12 jours, le chiot étire ses pattes arrière.

## Le chiot

À la naissance, il n'a pas la capacité de reconnaître des membres de son espèce ; il ne fait pas de différenciation entre les êtres vivants qui l'entourent. Il doit l'apprendre de sa mère et de son entourage.

**TRANSPORT**
Pour déplacer ses chiots qui ne peuvent pas encore marcher, la mère les prend par la peau du cou et les rassemble. À la fin du premier stade (20 jours), les chiots font l'expérience des liens de l'attachement, autrement dit, ils sont conscients d'appartenir à un groupe familial et ils peuvent remarquer l'absence de l'un d'eux.

**LA MÈRE**
La relation des chiots à leur mère et à leurs semblables est essentielle pour leur développement futur car, bien que leur comportement social et relationnel soit en partie inné, il doit être pratiqué et modelé pour bien se développer.

## De 21 à 70 jours

Le sevrage naturel consiste pour la mère à proposer aux chiots de la nourriture prédigérée à la place du lait. Quand elle a trouvé de la nourriture, sa gueule en porte l'odeur et les chiots, stimulés par celle-ci, lèchent son museau, se frottent contre sa tête, stimulant à leur tour leur mère pour qu'elle régurgite les aliments. À ce stade, les chiots ont des dents de lait et peuvent mâcher.

# Développement et croissance

Le jeu est plus qu'un simple amusement pour les bébés mammifères. Cette activité, qui peut sembler sans but précis, est une façon d'apprendre à bien pratiquer les comportements de leur espèce et d'acquérir précocement les bases de survie. C'est aussi un moyen d'exercer et de développer leurs muscles et leurs capacités de coordination motrice. Au cours de leurs jeux, les chimpanzés effectuent des gestes en partie instinctifs qui, avec le temps, vont être maîtrisés et enrichis. En outre, ils imitent les adultes pour grimper aux arbres, communiquer et même utiliser des outils. Les jeunes chimpanzés s'expriment par des cris, des mimiques et des postures qu'ils ont observés chez les adultes.

## Plus de 15

**TYPES DE CRIS**

sont émis par les chimpanzés, du grognement au hurlement. Certains cris sont audibles jusqu'à 2 km. Chaque individu a un rire qui lui est propre et cela peut aider à le reconnaître dans un groupe.

Cette expression communique la peur.

Cette expression communique la soumission.

Cette expression communique l'inquiétude.

### Communication

Certains mammifères, plus particulièrement les chimpanzés, communiquent avec le visage. Cette capacité est déjà bien développée chez les jeunes individus, qui peuvent exprimer plusieurs émotions.

### Jeux

Ce que nous appelons « jeu » ne semblait s'appliquer qu'aux mammifères, jusqu'à ce qu'on observe des comportements ludiques chez des oiseaux comme les perroquets, les canards et les oiseaux de mer.

### Relations sociales

Jouer permet aux chimpanzés de bien reconnaître les membres de leur espèce. Il favorise aussi la communication entre membres du même groupe, avec le développement des cris et des expressions corporelles.

**15 MINUTES**

Chez les singes captifs, il suffit de 15 minutes de jeu par jour avec des congénères pour réduire les effets de l'isolation sociale.

## Survie

Le jeu est aussi un apprentissage de la survie dans un environnement sauvage. En jouant, les carnivores s'exercent à chasser et les herbivores à détecter le danger et fuir.

## Quatre mains

Les chimpanzés ont des bras longs et puissants. Les pouces de leurs pieds, comme ceux de leurs mains, sont opposables aux autres doigts, permettant la saisie des objets. Leurs longs doigts facilitent leur ascension dans les arbres. Ils peuvent s'agripper par les pieds pour libérer leurs mains.

Pouces opposables
Doigt allongé
À quatre pattes, le poids du corps est supporté par la plante des pieds et les articulations des doigts.

## Utilisation d'outils

Le fait d'utiliser des outils s'observe chez peu d'animaux. Les chimpanzés en sont capables et ils se transmettent cette aptitude. Ils se servent de bâtons pour attraper des termites et des feuilles pour boire de l'eau.

# Mots

**LES CHIMPANZÉS PEUVENT DIRE DES MOTS GRÂCE AU LANGAGE DES SIGNES.**

**PERCEPTION**
Les chimpanzés ont des capacités sensorielles équivalentes aux humains, mais ils distinguent mieux les odeurs. Leur cerveau très développé leur permet de communiquer avec les autres grâce à des signes.

Ce chimpanzé « pêche » les termites qui grimpent sur son bâton.

**VIVRE SUSPENDU**
Les singes s'amusent beaucoup à se suspendre aux branches, ce qui améliore la coordination et la force de leurs bras.

# Les carnivores

De la belette au lion et du renard à l'ours blanc, les carnivores forment un groupe caractérisé par une alimentation à base de proies. Leurs dents leur permettent de tuer et de découper efficacement la viande. Le lion, l'un des plus gros félins avec le tigre, est un carnivore typique. Il a une très bonne vue et une ouïe fine.

## Lionnes

Ce sont surtout les lionnes qui chassent. Un mâle adulte a besoin de 7 kg de viande par jour, tandis qu'une femelle se contente de 5 kg. Ils ont un tube digestif relativement court, qui absorbe rapidement les nutriments de la viande.

## La chasse

1 **APPROCHE** Cachée dans les hautes herbes de la savane, une lionne s'approche en silence d'un zèbre.

| | |
|---|---|
| **FAMILLE** | Félidés |
| **ESPÈCE** | *Panthera leo* |
| **POIDS** | 120–185 kg |

**TAILLE (FEMELLE)**

**VUE**
La vision des lions, six fois plus perçante que celle des humains, est importante pour chasser.

**PELAGE**
Il est court (excepté la crinière du mâle), de couleur fauve, avec une touffe claire sur le ventre.

## Proies principales

Ce sont de grands mammifères, bien qu'un lion puisse manger, à l'occasion, des rongeurs ou des oiseaux. La nourriture est surtout faite de proies fraîchement tuées ou dérobées à un autre prédateur, mais les lions peuvent être charognards, surtout les vieux mâles solitaires.

**LA QUEUE**
D'une longueur d'environ 90 cm, elle aide à maintenir l'équilibre durant la course, mais aussi à chasser les mouches.

# 30 kg

**DE VIANDE PEUVENT ÊTRE AVALÉS EN UN SEUL REPAS.**

2 **ACCÉLÉRATION**
Lorsqu'elle est assez proche du zèbre, la lionne commence à courir, vite rejointe par les autres. Elle peut atteindre 50 km/h.

3 **SAUT**
La lionne porte son poids sur le cou du zèbre afin de l'assommer ou de le faire tomber ; si elle y parvient, la chasse est réussie.

4 **MORSURE FATALE**
Le zèbre s'effondre et la lionne plonge ses crocs dans son cou pour l'achever. D'autres femelles peuvent la rejoindre.

# Les herbivores

Les ruminants, tels que les vaches, les moutons ou les cerfs, ont un estomac divisé en quatre parties. Dans ce système, l'herbe avalée retourne dans la bouche lorsqu'elle peut être tranquillement mâchée : l'animal rumine. Un tel système digestif permet aux ruminants d'avaler une grande quantité d'herbe en peu de temps, ce qui les rend moins vulnérables. En effet, lorsqu'ils recherchent et avalent leur nourriture, ils sont moins attentifs.

**PARCOURS DE LA NOURRITURE**

- INGESTION ET FERMENTATION
- RUMINATION
- RÉ-ABSORPTION DES NUTRIMENTS
- DIGESTION ACIDE
- DIGESTION ET ABSORPTION
- FERMENTATION ET DIGESTION

La vache rassemble l'herbe avec sa langue.

Puis elle mâche avec des mouvements latéraux.

## Les dents

Les mammifères herbivores, tels que les chevaux et les bovidés, ont des incisives qui coupent l'herbe et de grandes molaires plates, qui la broient et la réduisent en une pâte.

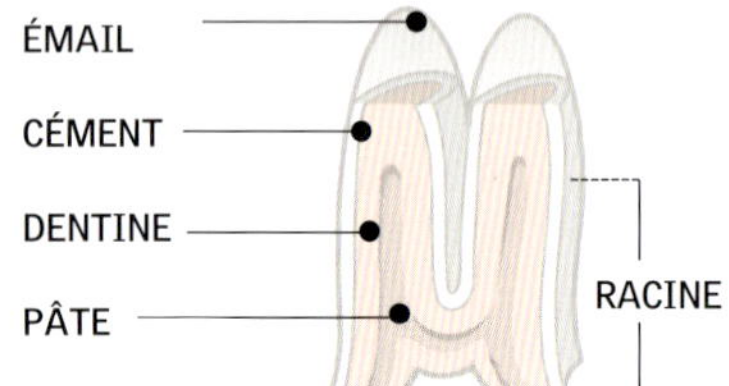

1

La vache broute et avale rapidement l'herbe, qui passe dans la panse, où elle fermente longuement, sous l'action de micro-organismes, bactéries, protozoaires et champignons. Elle circule alors de la panse au bonnet, d'où elle sera réexpédiée dans la bouche.

2

Après avoir fini de brouter, la vache régurgite les fragments d'herbe, déjà prédigérée par les micro-organismes de sa panse, et la mâche : c'est la rumination, qui stimule la salivation. Le processus de digestion de l'herbe est lent et, après être demeurée plus de 20 h dans la panse, la nourriture est encore ruminée consciencieusement.

**150 l par jour**

**DE SALIVE PRODUITE DURANT LA RUMINATION.**

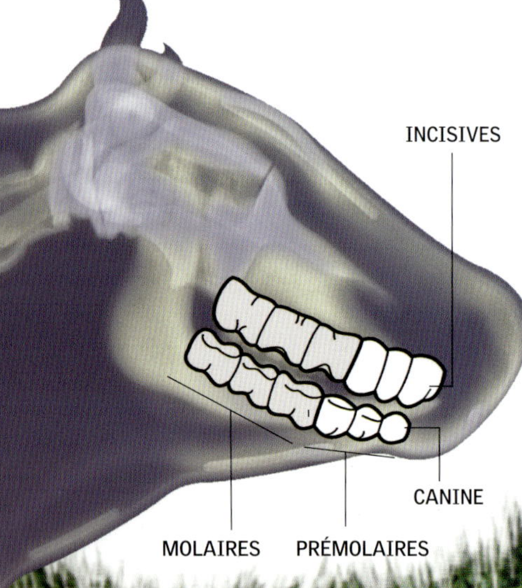


**LA RUMINATION**

Elle permet aux herbivores ruminants tels que la vache de digérer les fibres végétales (cellulose) grâce aux micro-organismes de la panse, et d'en tirer de l'énergie.

A RÉGURGITATION → B MASTICATION → C SALIVATION → D RÉ-INGESTION

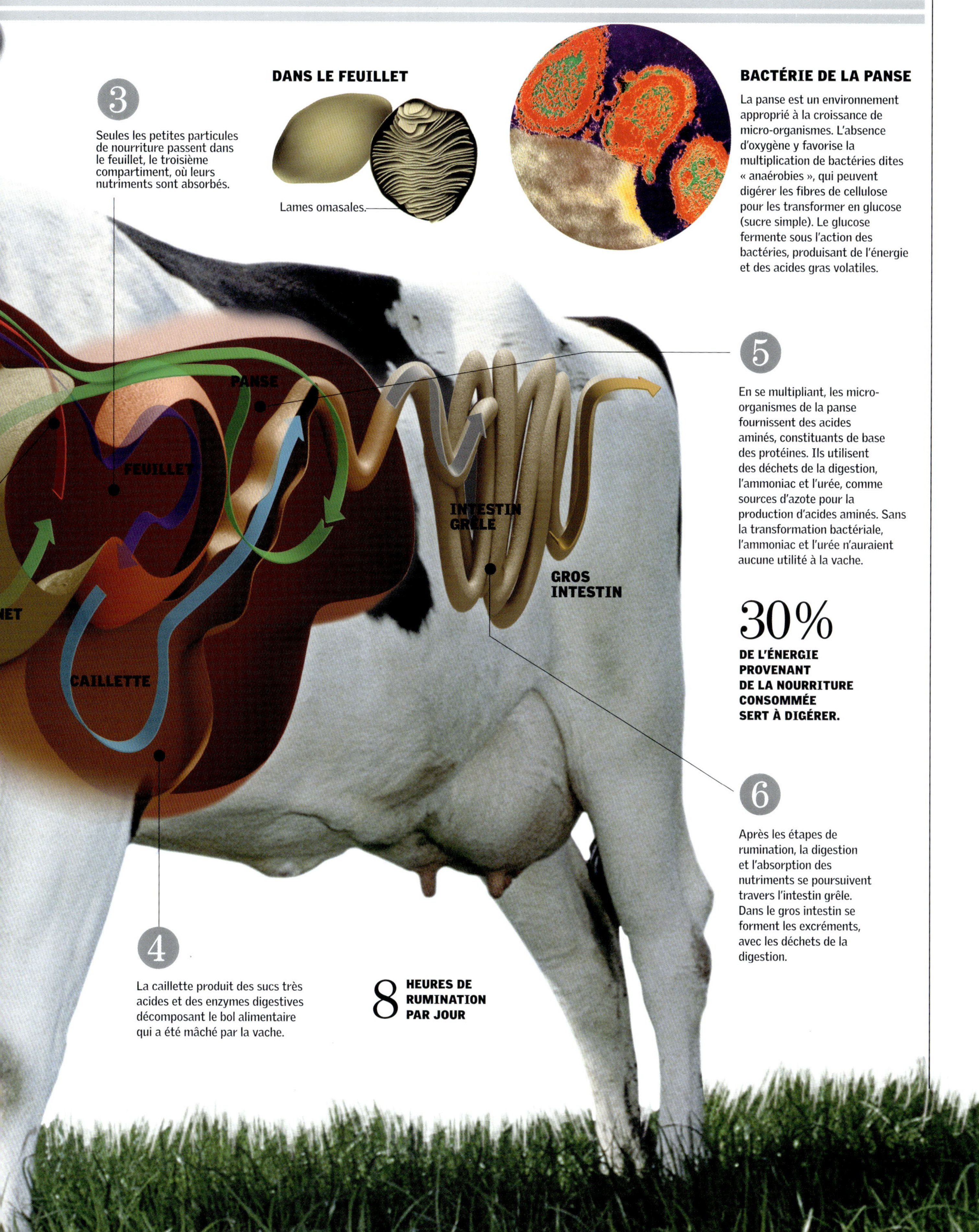


3

Seules les petites particules de nourriture passent dans le feuillet, le troisième compartiment, où leurs nutriments sont absorbés.

## BACTÉRIE DE LA PANSE

La panse est un environnement approprié à la croissance de micro-organismes. L'absence d'oxygène y favorise la multiplication de bactéries dites « anaérobies », qui peuvent digérer les fibres de cellulose pour les transformer en glucose (sucre simple). Le glucose fermente sous l'action des bactéries, produisant de l'énergie et des acides gras volatiles.

5

En se multipliant, les micro-organismes de la panse fournissent des acides aminés, constituants de base des protéines. Ils utilisent des déchets de la digestion, l'ammoniac et l'urée, comme sources d'azote pour la production d'acides aminés. Sans la transformation bactériale, l'ammoniac et l'urée n'auraient aucune utilité à la vache.

30%

**DE L'ÉNERGIE PROVENANT DE LA NOURRITURE CONSOMMÉE SERT À DIGÉRER.**

6

Après les étapes de rumination, la digestion et l'absorption des nutriments se poursuivent travers l'intestin grêle. Dans le gros intestin se forment les excréments, avec les déchets de la digestion.

4

La caillette produit des sucs très acides et des enzymes digestives décomposant le bol alimentaire qui a été mâché par la vache.

8 **HEURES DE RUMINATION PAR JOUR**

# Chaînes alimentaires

Pour survivre, les mammifères dépendent d'autres espèces : des plantes s'ils sont herbivores et des proies animales s'ils sont carnivores. L'existence de proies et de prédateurs est une condition essentielle au maintien de l'équilibre des milieux naturels. Par leur action, les prédateurs exercent un contrôle sur les populations de proies et l'importance de celles-ci influence en retour les effectifs de prédateurs. Sans ce contrôle, les populations animales proliféreraient, épuisant les ressources jusqu'à ce que l'écosystème s'effondre.

### Niveau 4

Beaucoup de carnivores sont au sommet de la chaine alimentaire, ils n'ont pas d'autres prédateurs pour réguler leur population

**GENETTE COMMUNE**

Comme la plupart des grands prédateurs, elle est menacée d'extinction par les activités humaines.

## Équilibre écologique

Dans tout milieu, il existe plusieurs chaînes alimentaires, des végétaux aux animaux herbivores et de ceux-ci aux carnivores. Les mammifères se situent à plusieurs niveaux de ces chaînes, participant au maintien d'un équilibre naturel. Il ne peut y avoir plus d'herbivores que de végétaux disponibles, ni plus de carnivores que d'herbivores : tout l'écosystème serait perturbé. L'homme cause des déséquilibres en faisant disparaître des mammifères prédateurs comme le loup ou le tigre.

### Niveau 3

Les petits carnivores se nourrissent de petits herbivores ou d'oiseaux, de poissons, d'invertébrés. Ils peuvent être les proies de grands prédateurs.

### Pyramide alimentaire

Les chaînes alimentaires provoquent des transferts permanents d'énergie dans un écosystème. À chaque niveau, un peu d'énergie est perdu et le reste représente l'énergie potentielle pour le niveau suivant. La biomasse (masse d'êtres vivants) est plus importante dans les niveaux inférieurs, ce qui se traduit par une pyramide alimentaire, avec à sa base les végétaux et au sommet les super-prédateurs.

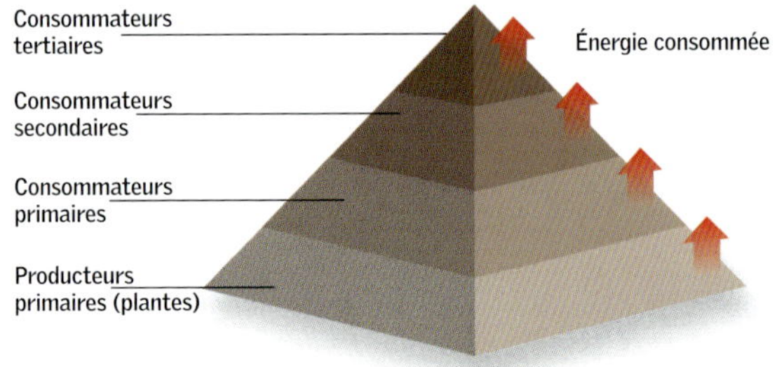


**COMPÉTITION**

À chaque niveau, des espèces sont en compétition pour la même nourriture (compétition entre rongeurs, par exemple).

### Niveau 2

Les consommateurs primaires sont les animaux herbivores, qui consomment les végétaux et servent de proies.

# Population

**ELLE EST PLUS GRANDE AU BAS DE LA PYRAMIDE.**

### Niveau 1

C'est celui des producteurs primaires, les végétaux qui convertissent l'énergie solaire pour créer la matière vivante à la base de la pyramide.

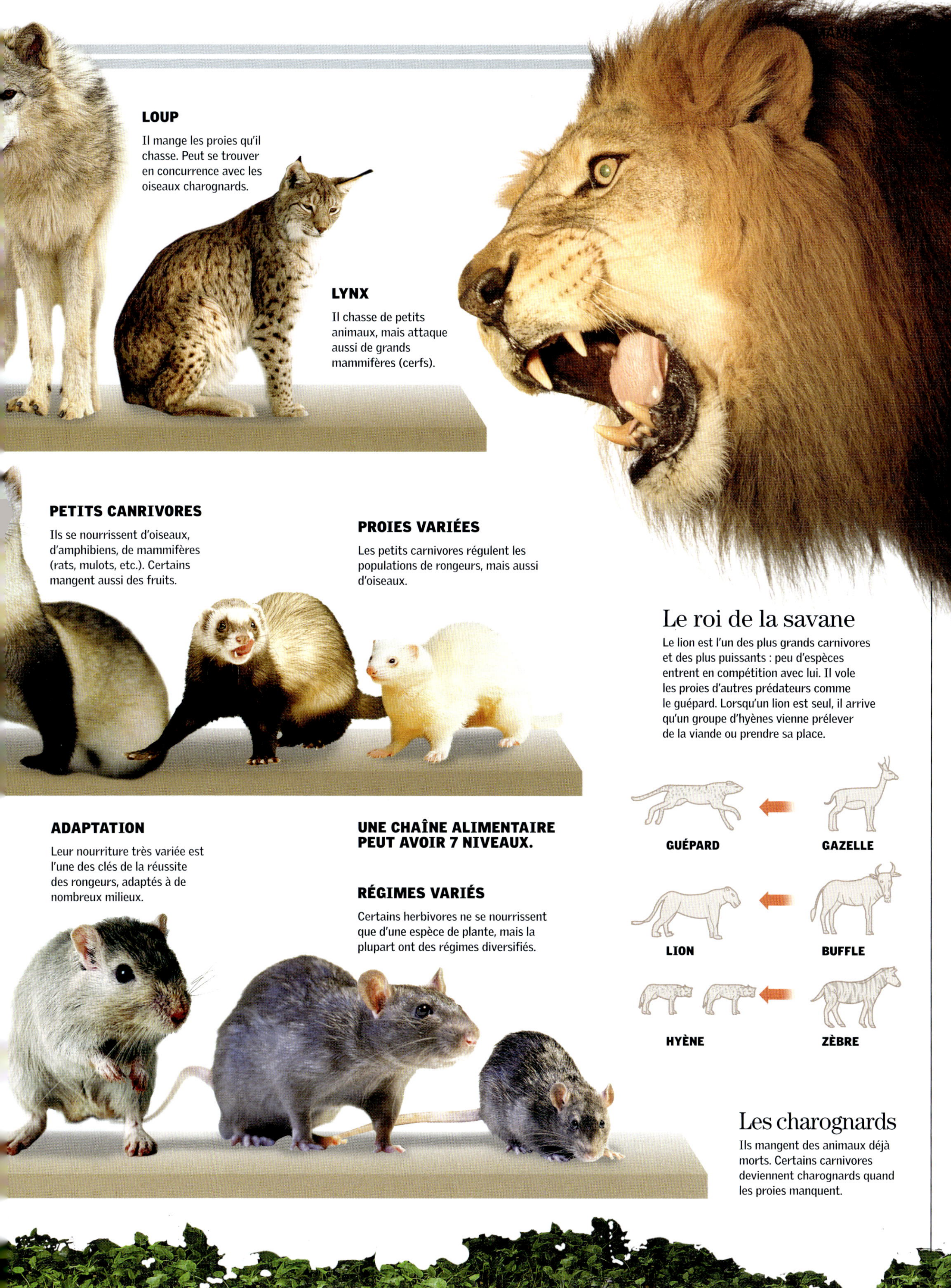


**LOUP**

Il mange les proies qu'il chasse. Peut se trouver en concurrence avec les oiseaux charognards.

**LYNX**

Il chasse de petits animaux, mais attaque aussi de grands mammifères (cerfs).

**PETITS CANRIVORES**

Ils se nourrissent d'oiseaux, d'amphibiens, de mammifères (rats, mulots, etc.). Certains mangent aussi des fruits.

**PROIES VARIÉES**

Les petits carnivores régulent les populations de rongeurs, mais aussi d'oiseaux.

**ADAPTATION**

Leur nourriture très variée est l'une des clés de la réussite des rongeurs, adaptés à de nombreux milieux.

**UNE CHAÎNE ALIMENTAIRE PEUT AVOIR 7 NIVEAUX.**

**RÉGIMES VARIÉS**

Certains herbivores ne se nourrissent que d'une espèce de plante, mais la plupart ont des régimes diversifiés.

## Le roi de la savane

Le lion est l'un des plus grands carnivores et des plus puissants : peu d'espèces entrent en compétition avec lui. Il vole les proies d'autres prédateurs comme le guépard. Lorsqu'un lion est seul, il arrive qu'un groupe d'hyènes vienne prélever de la viande ou prendre sa place.

## Les charognards

Ils mangent des animaux déjà morts. Certains carnivores deviennent charognards quand les proies manquent.

# Vigilance !

Les suricates sont de petits mammifères de la famille des mangoustes, qui vivent en colonie. On connaît bien leurs habitudes de guetter avec vigilance devant leurs terriers. Le jour, ils sortent de terre pour chasser et, la nuit, ils se réfugient sous terre. Dans leurs grands groupes familiaux comportant des dizaines de membres, chacun accomplit sa fonction. Ils ont plusieurs façons d'affronter un danger. La plus efficace est sûrement de se cacher dès qu'un guetteur crie.

**SURICATE**
*Suricata suricatta*

| | |
|---|---|
| **FAMILLE** | Herpestidés |
| **HABITAT** | Afrique |
| **PORTÉE** | 2 à 7 petits |

30 cm

Poids 1 kg

Près de **30** MEMBRES DANS UN GROUPE.

## Chacun son rôle

La structure sociale est bien définie chez les suricates. Les sentinelles (mâles ou femelles) surveillent les abords des terriers et font des rondes pour contrôler l'arrivée de prédateurs. Lorsqu'une sentinelle a faim, elle est remplacée par un autre suricate. Les suricates se nourrissent de petits mammifères, d'insectes, d'araignées et de scorpions.

**FEMELLES**
la plupart consacrent toute leur énergie à la reproduction et à l'élevage de leurs petits.

**JEUNES**
Quand le père ou la mère est de surveillance et signale un danger, tous vont se cacher dans le terrier.

**CHACAL À CHABRAQUE**
C'est le plus grand prédateur des suricates. Il est donc important pour eux de le repérer de loin.

**AIGLE MARTIAL**
Ce prédateur qui tombe du ciel tue un grand nombre de suricates.

## Poste de guet

Quand un prédateur est détecté, la sentinelle prévient son groupe afin que chacun se cache au plus vite. Plusieurs suricates remplissent le rôle de guetteurs, en alternant avec les autres. Ils ont un grand répertoire de sons pour différencier les types de dangers.

**LES SURICATES VOCALISENT AUSSI POUR COMMUNIQUER.**

## Défense

**1 IMPRESSIONNER L'ENNEMI**
Ils émettent des cris, hérissent leur dos pour paraître plus gros, et menacent en avançant et reculant.

**2 SUR LE DOS**
Si leur tactique ne marche pas, ils se jettent sur le dos pour montrer leurs crocs et leurs griffes.

**3 PROTECTION**
Lorsque le prédateur est un oiseau, ils se cachent sous terre pour ne pas être capturés.

**VISION**
Elle est perçante (et en couleurs), essentielle pour surveiller la terre comme le ciel.

**TÊTE**
Gardée haute, afin de surveiller le plus loin possible.

**POSTE DE GUET**
Les sentinelles se postent souvent sur des lieux élevés du territoire, les rochers ou les arbres.

**PATTES AVANT**
Elles ont de puissantes griffes, pour creuser et se défendre.

**MÂLES**
Ils montent la garde et défendent le territoire. Le mâle dominant est le reproducteur.

## Territoire

Sa défense est nécessaire pour assurer l'approvisionnement du groupe. Face à d'autres suricates, les mâles se battent. Si les ressources s'épuisent, le groupe se déplace.

**CREUSER**
Les suricates creusent avec leurs griffes et ne quittent le terrier que le jour.

**PATTES ARRIÈRE**
Elles servent d'appui ferme pour se dresser et voir au loin.

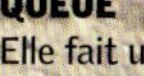

**QUEUE**
Elle fait un trépied avec les deux pattes et stabilise la station debout.

# Diversité

Il existe une extraordinaire variété de mammifères : dans ce chapitre, nous tentons de montrer les différences les plus représentatives. Ainsi, vous comprendrez comment les chauves-souris sont les mammifères experts en vol, tandis que la marmotte est un champion de l'hibernation, grâce à laquelle elle préserve son énergie tout un hiver, en attendant que l'herbe repousse.

**RAYURES DÉFENSIVES**
Les rayures du zèbre vont jusqu'à l'abdomen et perturbent les prédateurs.



Vous verrez aussi comment l'anatomie des mammifères marins (baleines et dauphins) leur permet de maîtriser la vie aquatique. Nous présenterons aussi la capacité de certains à supporter le climat aride des déserts. Les dromadaires, en particulier, résistent bien au manque d'eau et possèdent des réserves insoupçonnées.

# Sommeil profond

Connaissez-vous l'expression « dormir comme un loir » ? Elle s'applique à ceux d'entre-nous qui sont les plus gros dormeurs, mais ils ne dorment pas autant qu'un loir, car celui-ci hiberne ! En hiver, face au froid et au manque de nourriture, les mammifères de plusieurs espèces s'endorment pour plusieurs mois. Leur température corporelle baisse et leur rythme cardiaque ralentit.

## Éveillé

L'énergie consommée pendant l'hibernation est obtenue à partir des graisses emmagasinées lors de l'automne. Le muscardin se nourrit de feuilles, de noix et d'autres produits végétaux (graines, etc.). Il mange aussi des fruits, qui apportent des sucres et des vitamines, lui donnant toute sa vivacité. Son activité principale avant l'hibernation est de manger, afin d'accumuler le plus de réserves possible pour l'hiver.

**MUSCARDIN**
*Muscardinus avellanarius*

| | |
|---|---|
| **HABITAT** | Surtout en Europe |
| **HIBERNATION** | 4 mois de l'année |
| **GESTATION** | 22 à 28 jours |

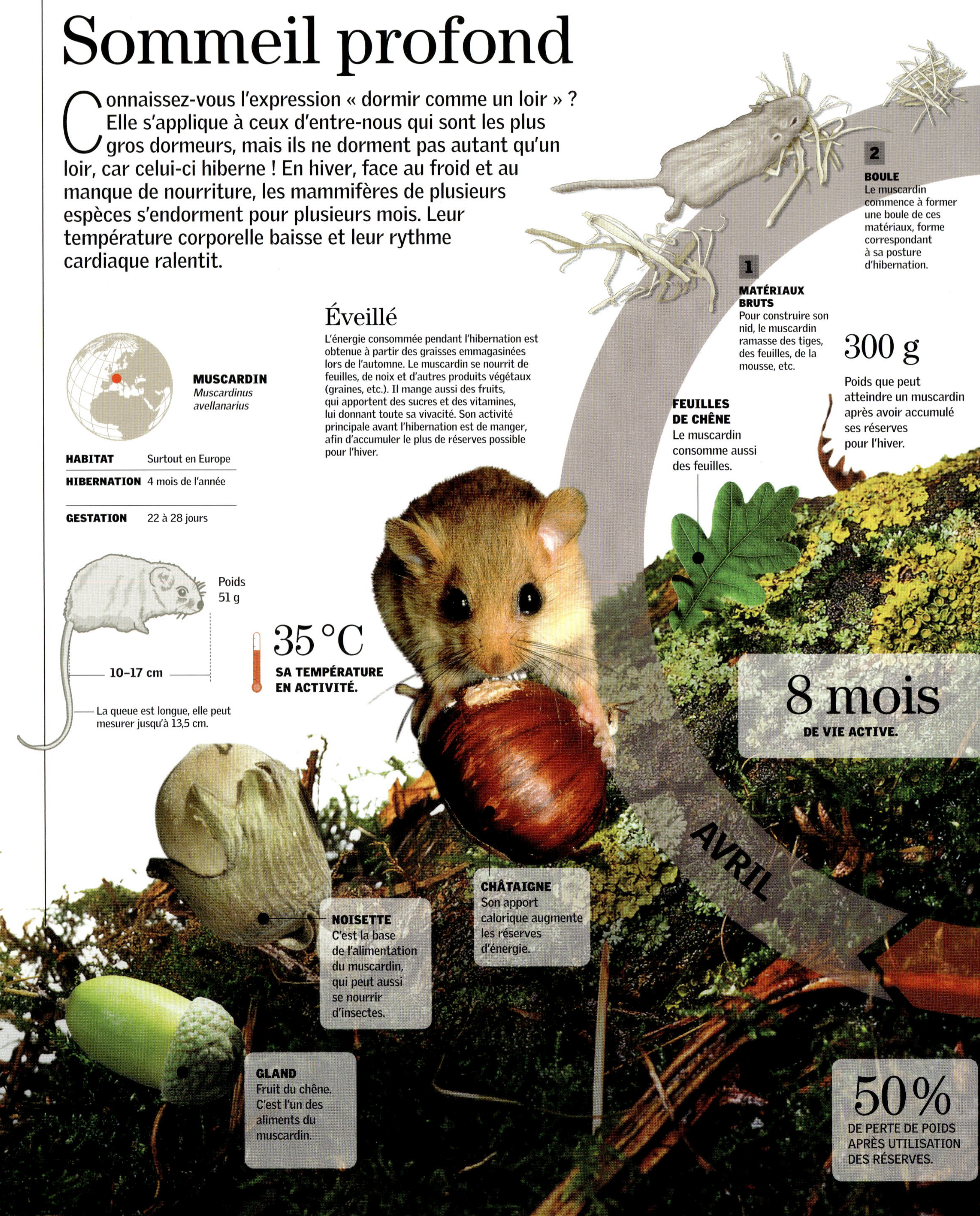

Poids
51 g
10–17 cm
La queue est longue, elle peut mesurer jusqu'à 13,5 cm.
35 °C
SA TEMPÉRATURE EN ACTIVITÉ.
1
MATÉRIAUX BRUTS
Pour construire son nid, le muscardin ramasse des tiges, des feuilles, de la mousse, etc.
2
BOULE
Le muscardin commence à former une boule de ces matériaux, forme correspondant à sa posture d'hibernation.
300 g
Poids que peut atteindre un muscardin après avoir accumulé ses réserves pour l'hiver.
FEUILLES DE CHÊNE
Le muscardin consomme aussi des feuilles.
8 mois
DE VIE ACTIVE.
AVRIL
CHÂTAIGNE
Son apport calorique augmente les réserves d'énergie.
NOISETTE
C'est la base de l'alimentation du muscardin, qui peut aussi se nourrir d'insectes.
GLAND
Fruit du chêne. C'est l'un des aliments du muscardin.
50%
DE PERTE DE POIDS APRÈS UTILISATION DES RÉSERVES.

Construire le nid
Le muscardin aménage un nid dans les fourrés, avec de l'herbe, de la mousse, des feuilles, des plumes... Il peut s'installer dans un arbre, entre les pierres d'un mur, dans un bâtiment abandonné. Souvent, il hiberne en compagnie de plusieurs de ses congénères, dans un nid commun.
3
BOULE CREUSE
Comme un nid d'oiseau refermé, la boule est creuse pour accueillir le corps du muscardin.
4
NID
Avec un petit trou comme entrée, la boule est désormais un nid douillet.
NOVEMBRE
DÉCEMBRE
MARS
4 mois
D'HIBERNATION.
L'hibernation
En hiver, bien installé dans son nid, le muscardin entre dans un profond sommeil. Sa température interne descend en dessous de 10 °C et son rythme cardiaque diminue. Il peut se dérouler 50 minutes entre deux respirations ! Il puise pourtant sur ses réserves et perd jusqu'à la moitié de son poids. Le système hormonal est presque totalement au repos : la thyroïde cesse de fonctionner et le mâle ne produit plus de spermatozoïdes.
4 °C
TEMPÉRATURE DU MUSCARDIN EN HIBERNATION.
POSITION DU CORPS
QUEUE
Elle s'enroule autour du corps.
TÊTE
Elle est cachée sous la queue.
PATTES
Restent pliées pendant les 4 mois.
RESPIRATION
Il lui arrive de ne respirer qu'une fois par heure !
ÉNERGIE
Provient des réserves de graisse accumulées pendant l'automne.
CŒUR
Bat moins d'une fois par minute.
CARACTÉRISTIQUES DE L'HIBERNATION DU MUSCARDIN
TEMPÉRATURE
POIDS
RESPIRATION
Priorité : manger
Profonde hibernation
Brève activité
Profonde hibernation
Après hibernation
D'AUTRES LIEUX D'HIBERNATION
NID D'OISEAU
S'il ne trouve pas d'endroit où construire son nid, le muscardin peut s'y installer.
CREUX D'UN ARBRE
Il peut aussi servir d'abri en hiver.

# Records d'apnée

Le grand cachalot est un animal unique, un mammifère marin remarquable à plus d'un titre. D'abord, c'est le plus grand cétacé à dents (présentes sur la mâchoire inférieure seulement). Ensuite, il est capable de plonger jusqu'à 3 000 m de profondeur et de rester sans respirer pendant deux heures ! Un mécanisme physiologique complexe est à la base de ces performances. Le cachalot peut par exemple ralentir son rythme cardiaque, trouver un supplément d'énergie dans ses muscles et orienter l'oxygène du sang en priorité vers les organes vitaux.

## Jusqu'à deux heures

**C'EST LE TEMPS QU'IL PEUT PASSER SOUS L'EAU SANS RESPIRER.**

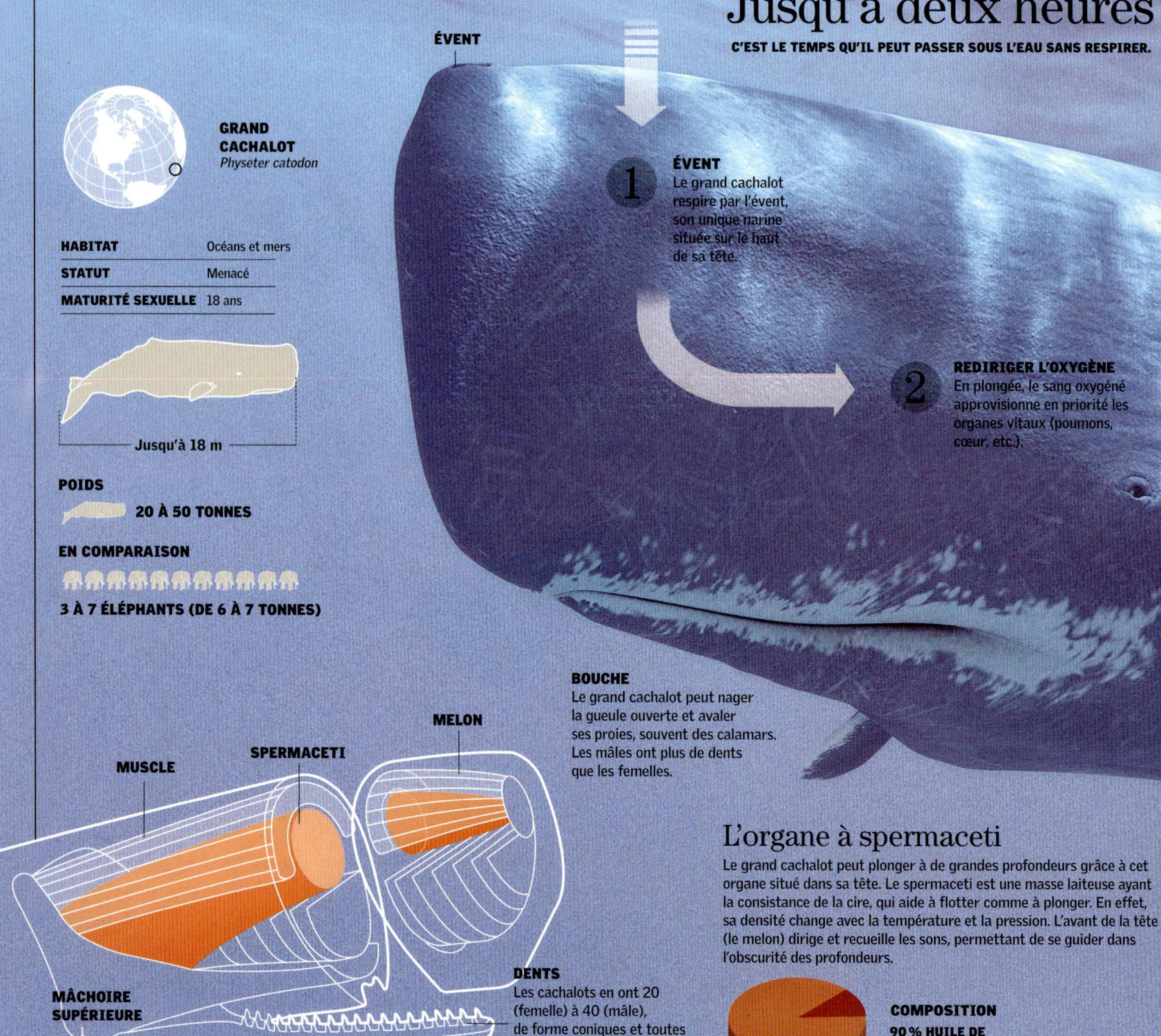

ÉVENT
1 ÉVENT
Le grand cachalot respire par l'évent, son unique narine située sur le haut de sa tête.
2 REDIRIGER L'OXYGÈNE
En plongée, le sang oxygéné approvisionne en priorité les organes vitaux (poumons, cœur, etc.).
BOUCHE
Le grand cachalot peut nager la gueule ouverte et avaler ses proies, souvent des calamars. Les mâles ont plus de dents que les femelles.
MELON
MUSCLE
SPERMACETI
MÂCHOIRE SUPÉRIEURE
DENTS
Les cachalots en ont 20 (femelle) à 40 (mâle), de forme coniques et toutes sur la mâchoire inférieure, pesant jusqu'à 1 kg chacune.


**GRAND CACHALOT**
*Physeter catodon*

| | |
|---|---|
| **HABITAT** | Océans et mers |
| **STATUT** | Menacé |
| **MATURITÉ SEXUELLE** | 18 ans |

Jusqu'à 18 m

**POIDS**

**20 À 50 TONNES**

**EN COMPARAISON**

**3 À 7 ÉLÉPHANTS (DE 6 À 7 TONNES)**

## L'organe à spermaceti

Le grand cachalot peut plonger à de grandes profondeurs grâce à cet organe situé dans sa tête. Le spermaceti est une masse laiteuse ayant la consistance de la cire, qui aide à flotter comme à plonger. En effet, sa densité change avec la température et la pression. L'avant de la tête (le melon) dirige et recueille les sons, permettant de se guider dans l'obscurité des profondeurs.

**COMPOSITION**

**90 % HUILE DE SPERMACETI**
Composée de corps gras (triglycérides) et d'esters.

## Adaptations en plongée

Quand il plonge en profondeur, le grand cachalot active tout un mécanisme physiologique, qui favorise le meilleur rendement de ses réserves d'oxygène. La cage thoracique et les poumons se tassent sous l'effet de la pression, faisant passer l'air des poumons à la trachée et stoppant les échanges gazeux, qui peuvent devenir toxiques. Le sang est redistribué vers les organes vitaux, notamment le cerveau et le cœur. Quant aux muscles, nécessaires aux mouvements, ils contiennent beaucoup de myoglobine, une protéine qui stocke l'oxygène, leur permettant de fonctionner plus longtemps en apnée.

**ÉVENT**
Une fois sous l'eau, il se remplit d'eau qui refroidit l'huile du spermaceti et la rend plus dense.

**CŒUR**
Son rythme ralentit en plongée, limitant la consommation d'oxygène.

**SANG**
Un flux sanguin élevé, avec des globules rouges riches en hémoglobine, apporte beaucoup d'oxygène aux organes.

**EN SURFACE**
L'évent reste ouvert, permettant au cachalot d'inspirer de l'air avant de plonger.

**EN PLONGÉE**
De puissants muscles contrôlent l'ouverture de l'évent.

**RETIA MIRABILIA**
Ce réseau de vaisseaux sanguins (*retia mirabilia* signifie « réseaux admirables ») redistribue le sang.

**POUMONS**
Absorbent efficacement l'oxygène.

**QUEUE**
Est grande et horizontale. C'est le principal moyen de propulsion.

3 **BRADYCARDIE**
Durant un plongeon, le rythme cardiaque chute. On appelle ce phénomène bradycardie.

## Plonger

Les grands cachalots sont les champions des mammifères en plongée profonde. Ils descendent jusqu'à 3 000 m pour chasser des calmars géants, plongeant à une vitesse de 3 m/s. En règle générale, la plongée dure 50 minutes mais ils peuvent rester 2 h sous l'eau. Au départ de la plongée, leur nageoire caudale sort complètement de l'eau. Ils ne possèdent pas de nageoire dorsale, mais une série de crêtes sur le tiers postérieur du dos.

**0 M**
**EN SURFACE**
Le cachalot inspire de l'air par son évent, situé sur le haut de sa tête.

**1000 M**
**90 MINUTES**
Il stocke 90 % de l'oxygène dans ses muscles, pouvant ainsi rester plusieurs minutes submergé.

**0 M**
**EN SURFACE**
Il expire l'air et l'eau de ses voies respiratoires, en un seul jet bruyant.

## Bien utiliser l'oxygène

Le grand cachalot peut rester sous l'eau plus longtemps que n'importe quel autre mammifère car il a plusieurs façons de conserver son oxygène : en le stockant dans ses muscles, en le redistribuant dans son corps et en ralentissant son rythme cardiaque (bradycardie).

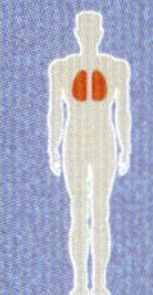

**15 %**
**QUANTITÉ D'AIR REMPLACÉE EN UNE RESPIRATION**

**85 %**
**QUANTITÉ D'AIR REMPLACÉE EN UNE RESPIRATION**

# Acrobates aériens

Le chat a la prodigieuse capacité de retomber sur ses pattes lorsqu'il chute. Le secret se cache dans son squelette, plus souple que celui d'autres mammifères. Ses réflexes lui permettent de se tordre, en utilisant le principe physique de la conservation du moment angulaire. Formulé par Isaac Newton, ce principe affirme que tout corps animé d'un mouvement circulaire tend à conserver son énergie. Ainsi, plus l'animal étire ses jambes de son axe de rotation, plus il tournera lentement, redistribuant l'énergie dans tout son corps. Mais s'il ramène les pattes vers lui, il tournera plus vite.

| NOM | Chat domestique |
|---|---|
| FAMILLE | Félidés, félins |
| ESPÈCE | *Felis silvestris catus* |
| POIDS (ADULTE) | 2 à 7 kg |
| LONGÉVITÉ | 15 ans |

**DIMENSIONS**

FORCE DE GRAVITÉ

AXE

**L'« ACCÉLÉRATEUR »**
Le chat ramène ses pattes avant pour augmenter la rotation du haut du corps et tourner à 180 degrés.

**LE « FREIN »**
Il allonge ses pattes arrière perpendiculairement à son axe pour réduire la rotation du bas du corps.

Le chat baisse ses pattes arrière et complète sa rotation sur son axe.

Il allonge ses pattes avant perpendiculairement. Il ramène ses pattes arrière dans l'axe du corps.

**1 SENS DESSUS-DESSOUS**
Le chat commence à tomber et doit tourner son corps à 180 degrés autour de son axe en deux étapes.

**2 PREMIÈRE TORSION**
Dans cette manœuvre, le chat tourne la moitié avant de son corps en premier. L'autre moitié tourne un peu aussi.

**3 ÉTIREMENT**
Il étire maintenant ses pattes arrière, indépendamment des pattes avant, afin d'avoir les quatre pattes vers le bas.

**COMME UNE PATINEUSE**

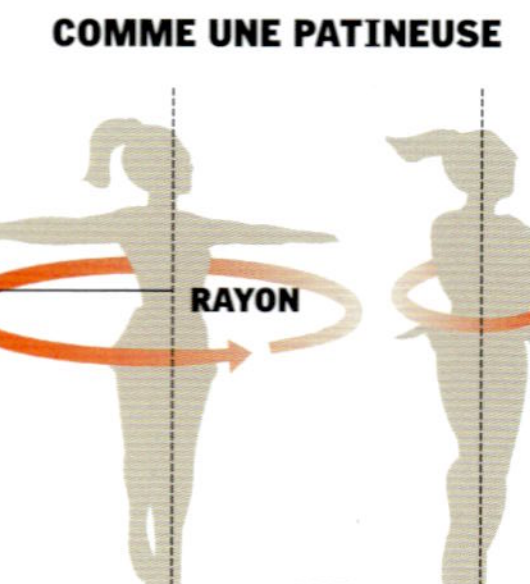


**POUR RÉDUIRE LA ROTATION,** étend ses bras pour agrandir le rayon de rotation.

**POUR AUGMENTER LA ROTATION,** replie ses bras pour réduire le rayon de rotation.

## Stratégie de chute

Bien que cela semble contradictoire, il a été démontré qu'un chat a plus de chance de se blesser si la chute est courte. Quand il sent qu'il tombe, il comprime son corps et étire ses pattes afin d'amortir le plus possible l'atterrissage. Or, si la hauteur de la chute est trop faible, le chat n'aura pas le temps de bien se retourner et pourra se faire mal.

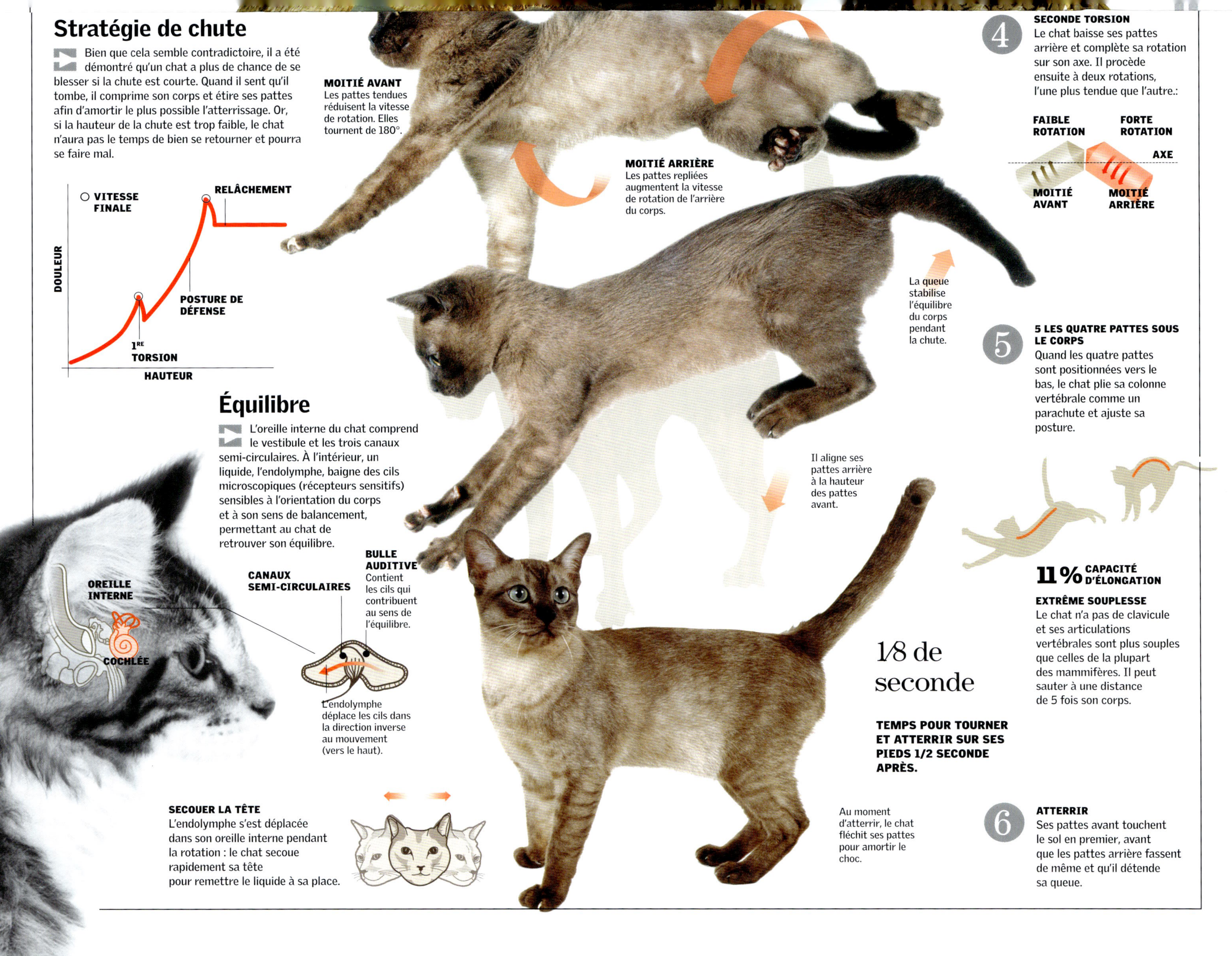


## Équilibre

L'oreille interne du chat comprend le vestibule et les trois canaux semi-circulaires. À l'intérieur, un liquide, l'endolymphe, baigne des cils microscopiques (récepteurs sensitifs) sensibles à l'orientation du corps et à son sens de balancement, permettant au chat de retrouver son équilibre.

# Vol nocturne

Les chauves-souris sont les seuls mammifères capables de vraiment voler. Elles forment le groupe des chiroptères, c'est-à-dire « mains ailées ». Leurs pattes avant ont de très longs doigts qui soutiennent une peau, le patagium, formant les ailes. Les petites chauves-souris, qui chassent la nuit, se guident grâce à leur cris, celles qui mangent des fruits se fient plus à leur excellent odorat.

## Pilote expert

Mises en mouvement par des muscles de la poitrine et du dos, les ailes battent de haut en bas, en générant à la fois une poussée et une élévation. Les ailes peuvent pointer vers l'avant, jusqu'à presque toucher la tête. La chauve-souris peut aussi voler brièvement sans battre des ailes, juste en planant et manœuvrant leur orientation.

## Leur radar

Les petites chauves-souris (microchiroptères) qui chassent des insectes dans le noir complet se guident selon un processus similaire à celui d'un radar sonore (sonar), appelé l'écholocalisation. L'animal en vol émet des cris dont les ondes sonores sont répercutées par les obstacles ou les proies, et reviennent aux oreilles de la chauve-souris, qui se dirige ainsi très précisément, même en volant rapidement.

1 L'animal émet une vibration acoustique imperceptible à l'oreille humaine à cause de sa haute fréquence (environ 18 kHz). Cette vibration est renvoyée par les objets.

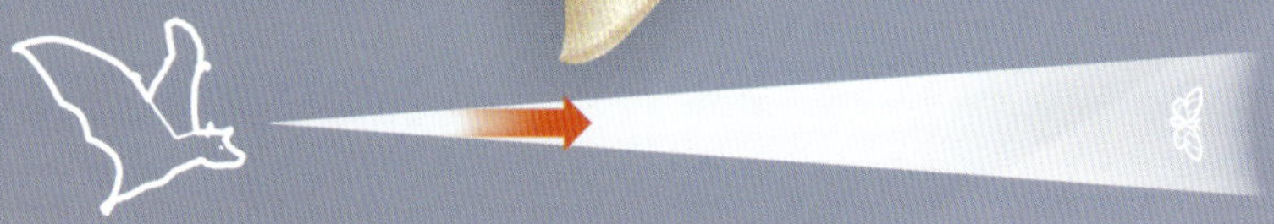

2 Quand le signal revient à la chauve-souris, elle perçoit les variations de fréquence et d'intensité : plus la fréquence et l'intensité augmentent, plus l'objet se rapproche.

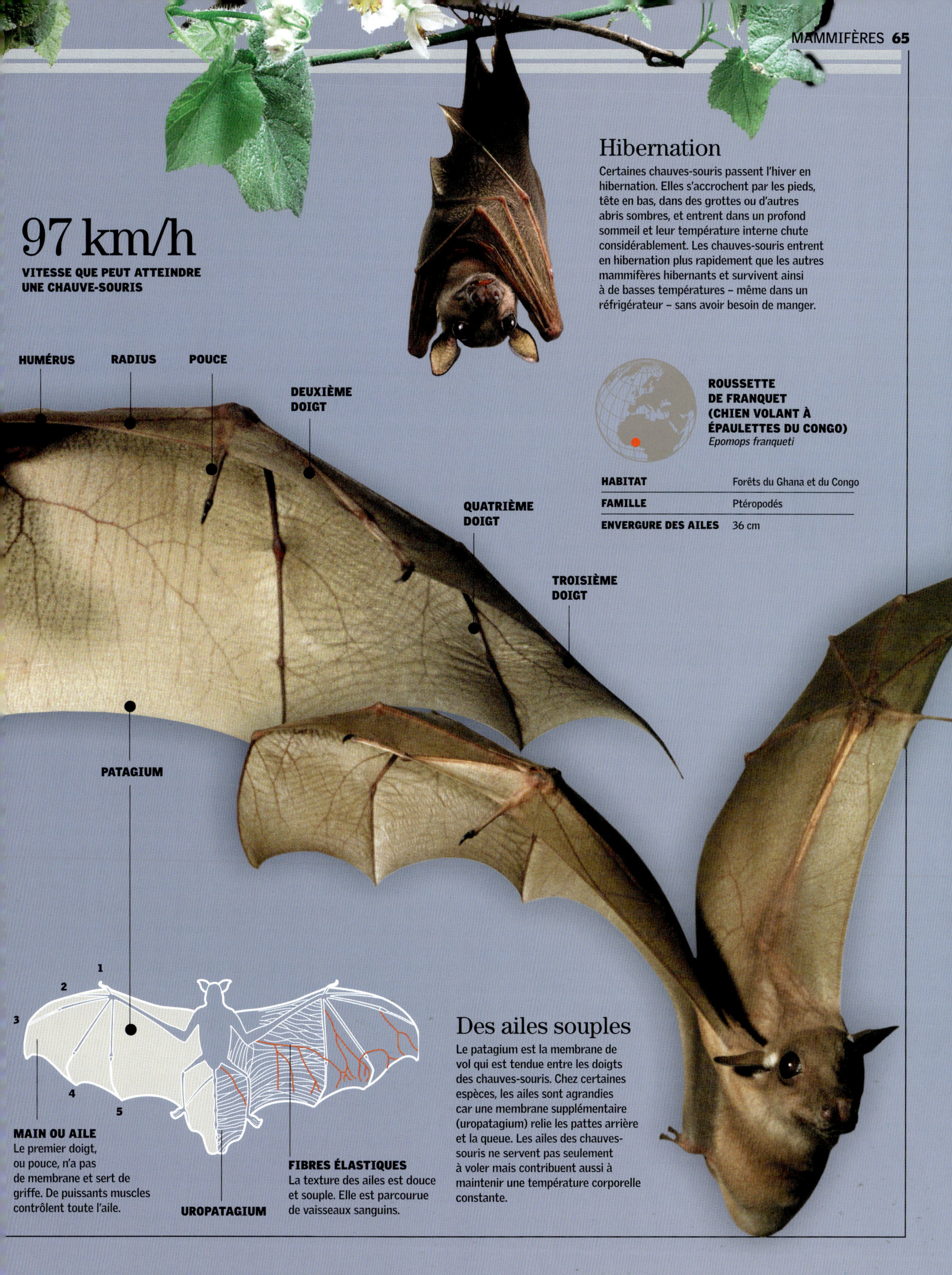


# 97 km/h

**VITESSE QUE PEUT ATTEINDRE UNE CHAUVE-SOURIS**

## Hibernation

Certaines chauves-souris passent l'hiver en hibernation. Elles s'accrochent par les pieds, tête en bas, dans des grottes ou d'autres abris sombres, et entrent dans un profond sommeil et leur température interne chute considérablement. Les chauves-souris entrent en hibernation plus rapidement que les autres mammifères hibernants et survivent ainsi à de basses températures – même dans un réfrigérateur – sans avoir besoin de manger.

**ROUSSETTE DE FRANQUET (CHIEN VOLANT À ÉPAULETTES DU CONGO)**
*Epomops franqueti*

| | |
|---|---|
| **HABITAT** | Forêts du Ghana et du Congo |
| **FAMILLE** | Ptéropodés |
| **ENVERGURE DES AILES** | 36 cm |

**MAIN OU AILE**
Le premier doigt, ou pouce, n'a pas de membrane et sert de griffe. De puissants muscles contrôlent toute l'aile.

**FIBRES ÉLASTIQUES**
La texture des ailes est douce et souple. Elle est parcourue de vaisseaux sanguins.

## Des ailes souples

Le patagium est la membrane de vol qui est tendue entre les doigts des chauves-souris. Chez certaines espèces, les ailes sont agrandies car une membrane supplémentaire (uropatagium) relie les pattes arrière et la queue. Les ailes des chauves-souris ne servent pas seulement à voler mais contribuent aussi à maintenir une température corporelle constante.

# Jouer à cache-cache

Comme d'autres animaux, beaucoup de mammifères sauvages ont une apparence et des couleurs qui les rendent peu visibles dans leur environnement naturel. Certains imitent des motifs végétaux ou d'autres éléments, d'autres prennent l'apparence d'espèces très différentes. Les rayures de zèbre, par exemple, le rendent très visible, mais lorsqu'il se déplace en groupe, il devient compliqué pour un prédateur de le distinguer parmi les autres. Outre le camouflage et l'imitation, il existe de nombreux cas où les formes et les couleurs s'accompagnent de comportements, comme dans un jeu de cache-cache. Sauf qu'il ne s'agit pas d'un jeu, mais de stratégies de survie, pour les proies comme pour les prédateurs.

## Des formes d'adaptations

L'imitation se définit comme l'aptitude d'un être vivant à reproduire l'apparence d'un autre, ou d'un composant de l'environnement. Le camouflage est une imitation par la forme et/ou par la couleur, qui sert de protection à des animaux vulnérables ou, au contraire, à des prédateurs. Ceux-ci peuvent pratiquer une imitation « agressive », leur permettant de surprendre et d'attaquer leurs proies. C'est par exemple le cas des félins sauvages (lions, lynx, ocelots, ...), qui tirent parti de leur fourrure et de ses motifs pour passer inaperçu dans la nature. La robe des zèbres devient un camouflage efficace dans les jeux d'ombre et de lumière des hautes herbes de la savane. En outre, leurs zébrures empêchent les prédateurs, qui doivent agir rapidement, de cibler un zèbre ou un autre au sein du groupe. Enfin, les zèbres se défendent collectivement en ruant et en mordant. Quant au prédateur, souvent un grand félin, il profite aussi du camouflage que lui procure sa fourrure. Au-delà du simple camouflage, beaucoup d'autres mammifères se cachent activement dans leur environnement. Ainsi, le paresseux n'a pas d'autres choix que de se recouvrir de feuilles pour passer inaperçu.

**RAYURES**
La coloration de leur fourrure change avec l'incidence et l'intensité du soleil.

**TACHES**
Elles permettent aux girafes de se mêler aux feuilles des hautes arbres qu'elles atteignent avec leur cou.

**MOTIFS**
Ils sont irréguliers : ils vont des rayures du tigre aux proies qu'il vise, en passant par les papillons en Europe.

## Zébré ou uni

Les rayures du zèbre ne reproduisent pas exactement la forme ni la couleur des herbes de la savane. Néanmoins, ce sont des motifs qui s'en rapprochent, et offrent un camouflage efficace dans les hautes herbes et les zones forestières. Dans le cas des animaux arctiques, c'est la couleur blanche uniforme de l'environnement enneigé qui est reproduite, soit en continu (ours polaire), soit saisonnièrement (renard polaire, lièvre variable).

## En mouvement

Les rayures de la robe du tigre sont utiles pour dissimuler ses contours, surtout quand il chasse, lorsqu'il parcourt les fourrés et les buissons. En revanche, les bois du cerf peuvent certes se confondre avec les branches basses des arbres, mais tant qu'il reste immobile.

## Couleurs perturbatrices

Le contour du corps est flouté lorsque des points de couleur sont plus clairs ou plus sombres que le reste de la fourrure.

## Camouflage au sol

Le tamia vit dans des forêts de conifères ou de feuillus, où il se nourrit de graines, d'insectes, d'œufs, etc. Les couleurs de cet écureuil lui procurent un camouflage salvateur quand il est au sol. En effet, bien qu'il soit très habile à se déplacer dans les branches, sa petite taille le rend vulnérable à terre.

**CAMOUFLAGE VARIABLE**
Des mammifères comme l'hermine ont la fourrure qui change avec la saison ou l'environnement.

**NUANCES DE BRUN**
Les couleurs du tamia sont similaires à celles des arbres et des feuilles mortes.

# Le langage de l'eau

Les manières dont les cétacés communiquent entre eux sont parmi les plus élaborées du monde animal. Les dauphins, par exemple, claquent leurs mandibules lorsqu'ils ont un problème et sifflent à répétition quand ils sont excités. Lors de la parade amoureuse et de l'accouplement, ils se caressent. Ils communiquent aussi par des moyens visuels, comme le bond pour traduire la proximité de nourriture. Ils ont donc tout un éventail de moyens d'expression.

**S'AMUSER**

Le jeu remplit un rôle essentiel dans l'organisation sociale des groupes de dauphins.

| | |
|---|---|
| **NOM** | Grand dauphin |
| **FAMILLE** | Delphinidés |
| **ESPÈCE** | *Tursiops truncatus* |
| **POIDS (ADULTE)** | 150–650 kg |
| **LONGÉVITÉ** | 30 à 40 ans |

2–4 m

**IL ATTEINT 35 KM/H**

**MELON**

Organe rempli des lipides de faible densité, qui concentre et dirige les sons émis, projetant les ondes sonores vers l'avant. Sa forme peut se modifier pour mieux diriger les sons.

**ÉVENT**

**BEC**

**SAC AÉRIEN**

**NAGEOIRE DORSALE**
Lui permet de maintenir son équilibre dans l'eau.

**LARYNX**

**NAGEOIRE CAUDALE**
Sur un axe horizontal (contrairement aux poissons).

**NAGEOIRE PECTORALE**

## 1 Sons

Généré par l'air qui passe par les conduits respiratoires, le son est enrichi et amplifié dans le melon que la résonance. Le dauphin peut ainsi faire varier les fréquences et les intensités sonores.

**COMMENT LE SON EST PRODUIT**

**1 INSPIRATION** L'évent s'ouvre pour que l'air pénètre.

ÉVENT

Air dans les poumons

**2** Les sacs aériens s'agrandissent

Le dauphin peut rester sous l'eau pendant 12 minutes sans respirer.

Air vers les poumons

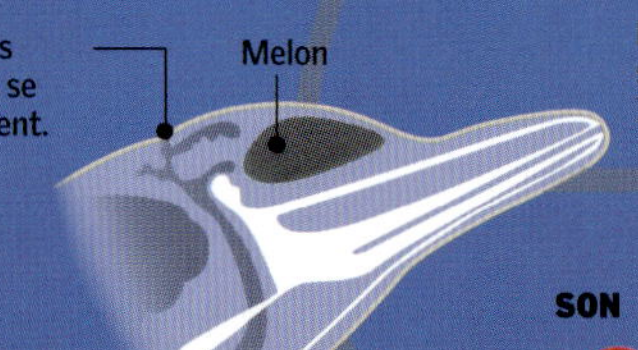


**4** Les sacs aériens se rétractent.

SON

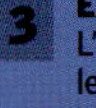

**3 EXPIRATION** L'air résonne dans les sacs aériens et les sons produits sont dirigés via le melon.

Cerveau

**MANDIBULE**

La mâchoire inférieure joue un rôle important dans la transmission des sons à l'oreille interne.

## 3 Réception et interprétation

L'oreille interne envoie le message au cerveau. Le dauphin perçoit les fréquences allant de 100 Hz à 150 kHz (l'oreille humaine n'entend que jusqu'à 18 kHz). La communication importante dans la vie sociale des dauphins, qui ne peuvent vivre seuls.

1,4 kg
**CERVEAU HUMAIN**

1,7 kg
**CERVEAU DE DAUPHIN**

**PLUS DE NEURONES**
Le cerveau du dauphin, qui traite les signaux, a au moins deux fois plus de connexions que l'humain et près de deux fois plus de neurones.

**OREILLE MOYENNE**

## 2 Message

Les signaux de basse fréquence sont utilisés pour communiquer entre dauphins et ceux de haute fréquence servent de sonar.

1,5 km/s

**LES ONDES SONORES VONT 4,5 FOIS PLUS VITE DANS L'EAU QUE DANS L'AIR.**

## Écholocalisation

**A** Le dauphin émet une série de cliquetis (ou clicks) depuis ses cavités nasale.

**B** Le melon concentre les clicks et les projette en avant.

**C** Ces ondes rebondissent contre les objets qui se trouvent sur leur trajet.

**D** Une partie du signal revient vers le dauphin sous la forme d'un écho.

**E** L'intensité du son, sa fréquence et son temps de retour indiquent la taille, la position et la direction de l'obstacle.

**SIGNAL AVEC ÉCHO**

ONDE
ÉCHO
ONDE
ÉCHO
0 S
6 S
12 S
18 S

# Anatomie des oiseaux

La communauté scientifique considère que les oiseaux sont les plus proches parents actuels des dinosaures, chez lesquels sont apparues les plumes, dont de nombreux représentants devaient être parés. Nombre d'espèces d'oiseaux disposent d'une très bonne vue et leurs yeux sont relativement grands. Leurs os très légers

**GRAND-DUC DU CAP**
*Bubo capensis*
Ce rapace nocturne se nourrit d'oiseaux et de petits mammifères.

représentent une bonne adaptation au vol. La forme du bec est très variable, selon la nourriture de chaque espèce. Les oiseaux coureurs ont un nombre de doigts réduit, à l'image des autruches qui ont seulement deux doigts à chaque pied. Les rapaces, comme les aigles, sont dotés de serres qui se referment tels des pièges mortels sur leurs proies.

# Squelette et muscles

À la fois léger et résistant, le squelette des oiseaux a subi de profondes variations par rapport à celui de leurs ancêtres reptiles, en raison de l'adaptation au vol. Il comporte moins d'os et certains, comme ceux du crâne, ont fusionné pour gagner en légèreté. Les os longs sont creux et renferment des sacs aériens. Au final, le poids total du squelette est inférieur à celui des plumes ! Les articulations entre les vertèbres sont très mobiles dans la région cervicale, et très rigides dans la région thoracique. Le sternum est bien développé, pour permettre l'insertion des puissants muscles pectoraux qui assurent le battement des ailes. Les oiseaux coureurs, comme les autruches, ont également des muscles très puissants au niveau des cuisses.

## Battement d'ailes

Voler requiert beaucoup de force et d'énergie. En conséquence, les muscles impliqués dans le vol représentent près de 15 % du poids total de l'oiseau. Deux paires de vigoureux muscles pectoraux assurent le battement des ailes, une paire pour lever les ailes, une pour les abaisser. Ces muscles fonctionnent de manière antagoniste : quand l'un se contracte, l'autre se relâche, et leur positionnement sur la cage thoracique correspond grossièrement au centre de gravité de l'oiseau. Les battements d'ailes nécessitent également des tendons très résistants.

**COLIBRI**
Chez cet oiseau, adepte du vol stationnaire pour se nourrir, les muscles représentent 40 % du poids du corps.

**ORBIT**

**CRÂNE**
Très léger, avec des os fusionnés, il n'a ni dents, ni mâchoires, ni muscles masticateurs.

**MANDIBULE SUPÉRIEURE DU BEC**
Mobile chez certaines espèces.

**MANDIBULE INFÉRIEURE DU BEC**
Mobile chez tous les oiseaux, elle assure l'ouverture du bec.

**FURCULA**
Également appelé fourchette, cet os est spécifique aux oiseaux et résulte de la fusion des clavicules.

**STERNUM**
Il est très développé chez les oiseaux pour faciliter l'attachement des muscles pectoraux.

### MOUVEMENT VERS LE BAS

Aile droite
Humérus
Tendons
Aile gauche
Processus coracoïde
Brèchet
Pattes

1 LE GROS MUSCLE PECTORAL SECONTRACTE.

LE PETIT MUSCLE PECTORAL SE RELÂCHE.

2 LES AILES S'ABAISSENT.

### MOUVEMENT VERS LE HAUT

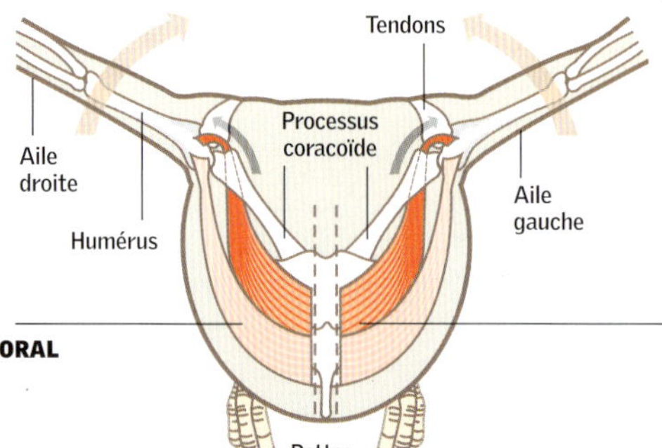


1 LE GROS MUSCLE PECTORAL SE RELÂCHE.

2 LE PETIT MUSCLE PECTORAL SE CONTRACTE ET LES AILES SE SOULÈVENT.

### LES AILES

Avec leurs grandes plumes, elles sont caractéristiques des oiseaux. Des tendons les traversent et fusionnent au niveau des os de la main, où les plumes sont fixées.

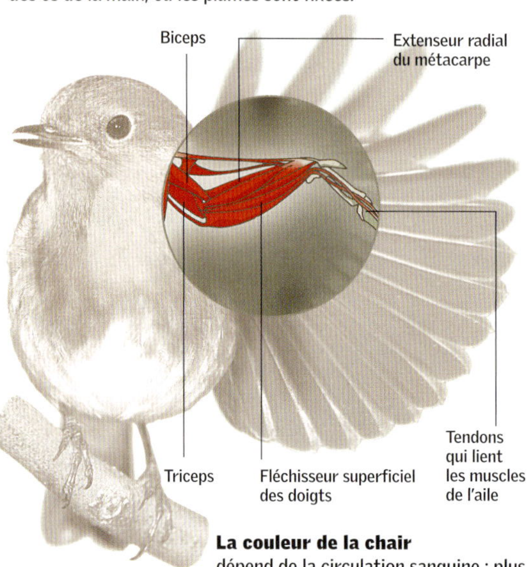


**La couleur de la chair** dépend de la circulation sanguine : plus celle-ci est importante, plus le muscle est rouge. Les oiseaux qui volent beaucoup ont une chair rouge tandis que les oiseaux marcheurs ont une chair blanche.

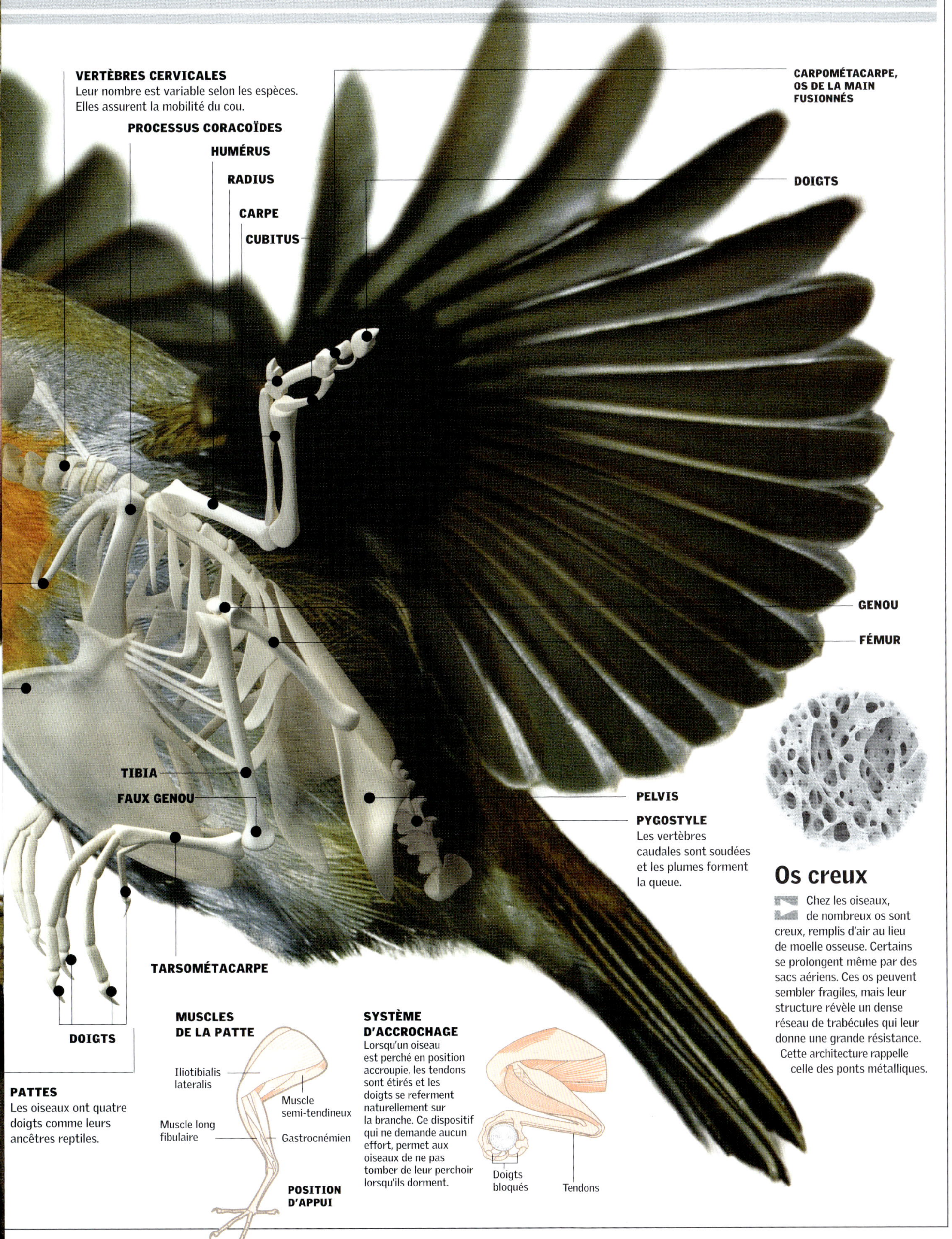


## Os creux

Chez les oiseaux, de nombreux os sont creux, remplis d'air au lieu de moelle osseuse. Certains se prolongent même par des sacs aériens. Ces os peuvent sembler fragiles, mais leur structure révèle un dense réseau de trabécules qui leur donne une grande résistance. Cette architecture rappelle celle des ponts métalliques.

# Les plumes

À elles seules, les plumes distinguent les oiseaux des autres animaux. Elles les protègent du froid, de la chaleur, leur permettent de se déplacer facilement dans l'air et dans l'eau. Elles ont des couleurs chatoyantes ou, au contraire, forment un discret camouflage. Le plumage joue un rôle déterminant dans les comportements de reproduction. Les plumes sont une des raisons pour lesquelles l'homme a chassé et domestiqué des oiseaux.

## Structure

Les plumes sont composées de deux parties : un axe rigide et l'étendard. La partie de l'axe en liaison avec la peau de l'oiseau est appelée calamus, et la partie supérieure, le rachis. L'étendard est composé d'une succession de barbes qui se divisent en barbules. Certaines barbules sont dotées de barbicelles munies de crochets à leurs extrémités. Elles s'accrochent aux plumes voisines de manière à créer un réseau qui augmente la résistance et la rigidité de l'ensemble. Ce dispositif améliore grandement l'aérodynamisme et l'imperméabilité du plumage. Les oiseaux perdent régulièrement leurs plumes, mais elles sont remplacées par de nouvelles.

1 La papille se développe dans la peau de l'oiseau.

2 Dans la papille, des cellules donnent naissance au follicule.

3 Un tube se développe à partir du follicule pour donner une plume.

**PROFIL**
La plume a un profil aérodynamique adapté au vol.

**RACHIS**
Axe principal de la plume.

**CANAL INTERNE**

**OMBILIC INFÉRIEUR**
La base du calamus possède un orifice contenant la papille qui va permettre le développement des nouvelles plumes.

**PULPE INTERNE**

**CALAMUS**
Il apporte tous les nutriments nécessaires au développement de la plume. À la base, des terminaisons nerveuses sensibles collectent des informations sur l'environnement de l'oiseau.

**OMBILIC SUPÉRIEUR**
Il possède des barbes libres. Certaines plumes ont un rachis secondaire, l'hyporachis.

**BARBES**
Ramifications fines et droites perpendiculaires au rachis.

## Types de plumes

Les plumes varient en taille selon leur localisation sur le corps de l'oiseau. Il en existe plusieurs types, notamment le duvet formé de plumes très courtes, simples et légères. Les grandes plumes de vol (les pennes) sont situées sur les ailes (rémiges) et sur la queue (rectrices).

### DUVET

Il est composé de plumes réduites, qui protègent l'oiseau contre le froid. Leur rachis est court ou absent et les barbules ne possèdent pas de crochets. Le duvet constitue le premier plumage des oiseaux qui se développe après l'éclosion.

### PLUMES DE COUVERTURE

Courtes et arrondies, elles sont plus rigides que le duvet. Elles recouvrent l'ensemble du corps, les ailes et la queue, donnant l'aérodynamisme indispensable au vol.

## Qu'est-ce que la kératine ?

La kératine est une protéine présente dans la zone superficielle de la peau des oiseaux comme des autres vertébrés. Elle est le principal composé des plumes et des griffes. Sa relative rigidité permet aux barbes d'être bien disposées le long de l'étendard ce qui favorise le maintien d'une forme aérodynamique, en dépit des pressions exercées par l'air pendant le vol.

**ÉTENDARD**
Les oiseaux ont besoin de lisser leurs plumes pour réordonner l'accrochage des barbicelles.

# 25 000

**C'EST LE NOMBRE DE PLUMES QU'UN OISEAU TEL QUE LE CYGNE PEUT AVOIR.**
Chez des oiseaux de taille plus modeste, comme les passereaux, le nombre de plumes varie entre 2 000 et 4 000.

**BORD DE FUITE**
Les turbulences de l'air, pendant le vol, sont réduites par le profil du bord de fuite situé à l'extrémité.

### LISSER LE PLUMAGE

Les oiseaux lissent attentivement leurs plumes avec leur bec, non seulement pour les nettoyer et les débarrasser des parasites, mais aussi pour les lubrifier afin qu'elles résistent aux agressions climatiques. Les oiseaux prélèvent la graisse de leur glande uropygiale avec leur bec, et s'en enduisent les plumes ensuite. Cet entretien est absolument vital.

### TRAITEMENT PAR LES FOURMIS

Certains oiseaux, appartenant à la famille des théraupidés, capturent les fourmis, les écrasent et se frottent les plumes avec. Les composés acides contenus dans les fourmis auraient la propriété de les protéger contre de nombreux parasites externes.

**BAINS DE SABLE**
Des oiseaux comme les autruches, les faisans ou les moineaux prennent des bains de sable pour éliminer l'excès de graisse sur leurs plumes.

### RÉPARTITION DES PLUMES

À première vue, le corps d'un oiseau est complètement recouvert de plume. Mais, ce n'est pas le cas, il existe des zones de peau ou les plumes sont implantées (ptérylie) et des zones où elles sont absentes (aptérie). Les plumes ne sont présentes que s'il y a des papilles. La répartition de ces zones est variable selon les espèces. Les manchots sont les seuls oiseaux dont les plumes poussent sur l'ensemble du corps. Sans cette particularité, ils ne pourraient survivre dans leur monde glacé.

**HÉRON IMPÉRIAL**
Il prend soin de son plumage, pour lui garder son imperméabilité.

### PLUMES SPÉCIALES

Les vibrisses sont des plumes spéciales, faites d'un simple filament, avec parfois des barbes à la base. Elles sont très fines et généralement entourées de plumes de couverture. Les vibrisses sont situées autour du bec, des yeux et se comportent comme des organes tactiles.

### FILOPLUMES

Ce type particulier de plume se rencontre chez quelques oiseaux aquatiques. Elles sont composées d'un calamus très fin, terminé par une petite ramification cireuse qui aide à la protection du plumage.

# Des ailes pour voler

Les ailes sont des membres supérieurs, profondément modifiés dans leur structure et dans leur forme pour assurer leur fonction. Il existe de nombreux types d'ailes selon les espèces. Les manchots, qui ne volent pas, ont des ailes en forme de palettes pour la natation. De tout le règne animal, les oiseaux disposent des meilleures ailes pour voler. Elles sont légères, résistantes, et leur forme peut parfois être modifiée pendant le vol pour plus d'efficacité. Pour comprendre la relation entre ailes et poids de l'oiseau, il faut faire appel au concept de charge alaire qui aide à expliquer le type de vol de chaque espèce.

## Les ailes chez les vertébrés

Les ailes ont toujours été des bras modifiés, des premières ailes apparues chez les ptérosaures à celles des oiseaux modernes. Leur évolution s'est faite grâce à une adaptation morphologique des os. Les ailes des animaux qui ne sont pas des oiseaux sont composées d'une membrane de peau étendue entre les os de la main et du corps, parfois même des pattes arrières. Les ailes des oiseaux sont basées sur un principe très différent. Le bras et la main forment une structure complexe d'os et de muscles, avec une surface composée de plumes. Des adaptations complémentaires sont également visibles selon les espèces.

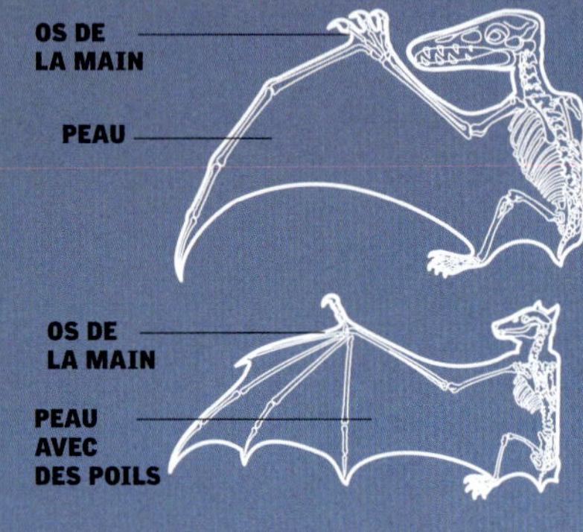


**PTÉRODACTYLES**
Ils ont encore des griffes et un seul doigt étend leur aile.

**CHAUVES-SOURIS**
Quatre doigts étendent la membrane de peau, seul le pouce porte une griffe.

**OISEAUX**
Les os des doigts ont fusionné pour former le bord d'attaque de l'aile où les rectrices et les rémiges sont implantées.

## Types d'ailes

En fonction de l'environnement dans lequel vivent les oiseaux, mais aussi en fonction de leur type de vol, les ailes ont des formes différentes pour être plus efficaces et demander un minimum d'énergie durant le vol. La forme de l'aile, et par conséquent le nombre de rémiges primaires et secondaires, dépendent aussi de la taille de l'oiseau.

**RÉMIGES PRIMAIRES EXTÉRIEURES PLUS LONGUES**

**AILES DE VITESSE**
Les rémiges sont larges et longues pour un battement rapide, et de taille réduite pour limiter la friction.

**RÉMIGES PRIMAIRES EXTÉRIEURES PLUS COURTES**

**AILES ELLIPTIQUES**
Très manœuvrable pour tout type de vol. Aile polyvalente présente chez de nombreux oiseaux.

**RÉMIGES PRIMAIRES LARGES ET SÉPARÉES**

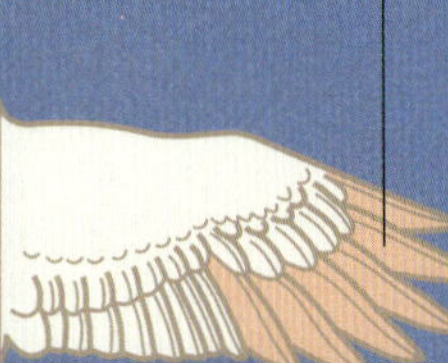

**AILES POUR PLANER AU DESSUS DU SOL**
Large et efficace à vitesse de vol réduite. Les rémiges séparées limitent les turbulences.

**RÉMIGES SECONDAIRES TRÈS NOMBREUSES**

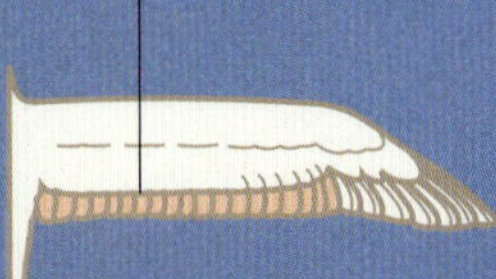

**AILES POUR PLANER AU DESSUS DES MERS**
Leur grande envergure et leur petite largeur sont idéales pour planer contre le vent.

**PETITES PLUMES RÉPARTIES SUR TOUTE L'AILE**

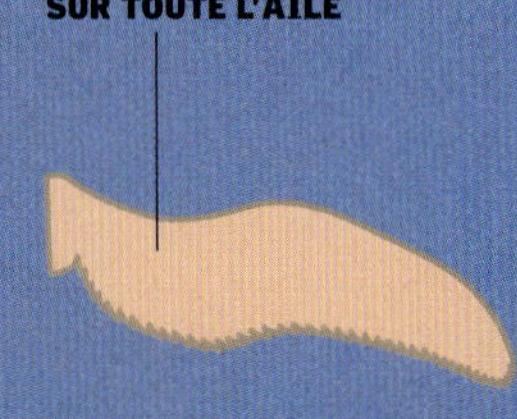

**AILES POUR NAGER**
Adaptées à la natation, les ailes des manchots sont devenues courtes pour limiter les pertes de chaleur.

## Taille et portance des ailes

L'envergure est la distance entre les extrémités des deux ailes étendues. Avec la largeur de l'aile, elle détermine la surface alaire, qui est caractéristique des aptitudes au vol. La relation entre le poids d'un oiseau et sa surface alaire, appelée charge alaire, est fondamentale pour comprendre le vol de certains oiseaux. Les albatros, avec leurs ailes de grande envergure, ont une charge alaire faible qui leur permet de planer. Au contraire, pour supporter leur poids, les colibris ont besoin de battre très rapidement des ailes, parce qu'elles sont petites. Plus la charge alaire est réduite, plus l'oiseau est apte au vol plané ; plus elle est grande, plus il est adepte du vol battu.

3,5 M

ALBATROS HURLEUR

1,5 M

7,3 M

*ARGENTAVIS MAGNIFICENS* (ESPÈCE ÉTEINTE)

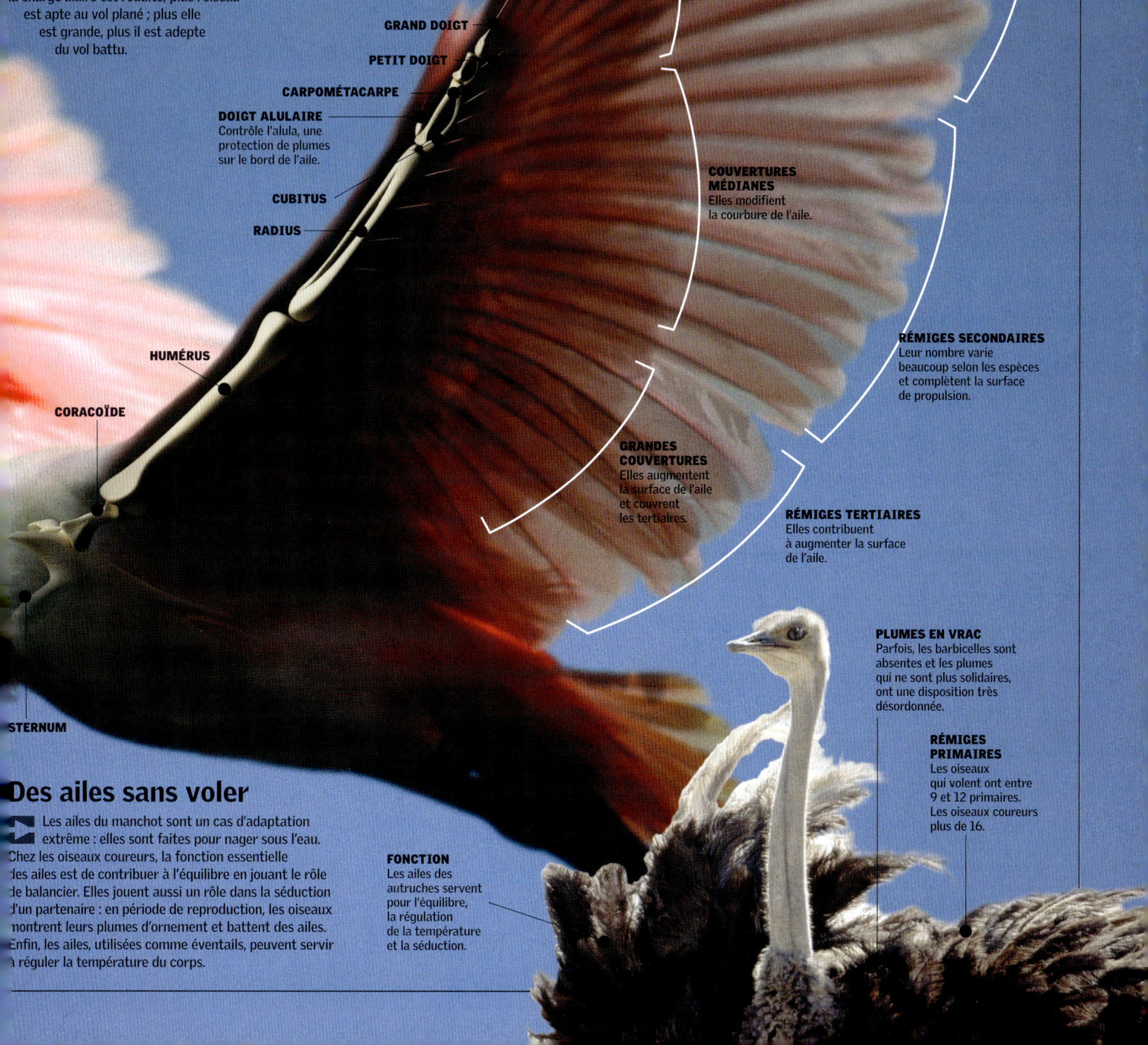

**RÉMIGES PRIMAIRES**
Elles ont en charge la propulsion durant le vol.

**COUVERTURES PRIMAIRES**
Elles recouvrent les rémiges et, avec l'alula, sont responsables de la forme de l'aile.

**GRAND DOIGT**

**PETIT DOIGT**

**CARPOMÉTACARPE**

**DOIGT ALULAIRE**
Contrôle l'alula, une protection de plumes sur le bord de l'aile.

**COUVERTURES MÉDIANES**
Elles modifient la courbure de l'aile.

**CUBITUS**

**RADIUS**

**RÉMIGES SECONDAIRES**
Leur nombre varie beaucoup selon les espèces et complètent la surface de propulsion.

**HUMÉRUS**

**CORACOÏDE**

**GRANDES COUVERTURES**
Elles augmentent la surface de l'aile et couvrent les tertiaires.

**RÉMIGES TERTIAIRES**
Elles contribuent à augmenter la surface de l'aile.

**PLUMES EN VRAC**
Parfois, les barbicelles sont absentes et les plumes qui ne sont plus solidaires, ont une disposition très désordonnée.

**STERNUM**

**RÉMIGES PRIMAIRES**
Les oiseaux qui volent ont entre 9 et 12 primaires. Les oiseaux coureurs plus de 16.

## Des ailes sans voler

Les ailes du manchot sont un cas d'adaptation extrême : elles sont faites pour nager sous l'eau. Chez les oiseaux coureurs, la fonction essentielle des ailes est de contribuer à l'équilibre en jouant le rôle de balancier. Elles jouent aussi un rôle dans la séduction d'un partenaire : en période de reproduction, les oiseaux montrent leurs plumes d'ornement et battent des ailes. Enfin, les ailes, utilisées comme éventails, peuvent servir à réguler la température du corps.

**FONCTION**
Les ailes des autruches servent pour l'équilibre, la régulation de la température et la séduction.

# Les types de queues

Au cours de l'évolution, les vertèbres de la queue des oiseaux ont fusionné pour donner le pygostyle et des plumes particulières sont apparues. Ces plumes ont plusieurs rôles : elles permettent de contrôler certaines manœuvres du vol et jouent le rôle de frein durant l'atterrissage. Les mâles les utilisent pour faire la cour et séduire les femelles. La queue est formée par les rectrices dont le nombre, la longueur et la rigidité dépendent des espèces.

## RÔLES

La queue assure une multitude de fonctions car ses plumes sont très mobiles. Les puissants muscles du pygostyle positionnent le plumage pour séduire les femelles, pour contrôler le vol, garder l'équilibre en marchant ou pour servir de gouvernail durant la nage.

**ATTERRISSAGE I**
Le plumage s'élargit et l'axe principal du corps est positionné parallèlement au sol.

**ATTERRISSAGE II**
Le corps penche en arrière et la queue se ferme. Les pattes sont prêtes à atterrir et à s'accrocher.

**ATTERRISSAGE III**
Les plumes de la queue s'ouvrent largement et les ailes battent vigoureusement pour ralentir et préparer la réception au sol.

## Séduction

Les plumes de queue de la femelle tétras lyre sont droites tandis que celles du mâle ont une forme de demi-lune. Il garde normalement ses plumes groupées orientées vers le sol, mais durant la parade nuptiale, il les redresse et les écarte. Pour compléter sa démonstration, le mâle marche en avant et en arrière, devant sa femelle.

**RECTRICES**
Ces plumes peuvent s'user à cause de la pression de l'air pendant le vol et en se frottant contre la végétation.

**COUVERTURES**
Ces plumes qui couvrent la base des rectrices, les protègent de l'usure liée à la friction de l'air durant le vol.

**TÉTRAS LYRE**
*Lyrurus tetrix*
Le mâle est reconnaissable à son plumage noir et aux caroncules rouges au-dessus des yeux.

## Forme de la queue

Chez les oiseaux aptes au vol, elle est fine et aérodynamique. Chez les oiseaux grimpeurs, comme les pics, le plumage de la queue est très rigide et sert de point d'appui pour se déplacer le long des troncs. Chez les pics, les couvertures sont plus développées que les rectrices.

**QUEUE FOURCHUE**
Observée chez les hirondelles ou les frégates. Les plumes sont longues et la queue ressemble à des ciseaux.

**QUEUE ARRONDIE**
Observée chez des oiseaux chanteurs. Les plumes centrales sont plus longues que les externes.

**QUEUE POINTUE**
Observée chez les martins-pêcheurs ou les trogons. Fermée, la queue est très étroite.

**QUEUE ÉCHANCRÉE**
Observée chez les geais. Les plumes centrales sont plus courtes que les plumes externes.

**QUEUE CARRÉE**
Observée chez les cailles. La queue est courte avec des plumes réduites.

# Planer

Planer nécessite d'utiliser les courants aériens pour économiser de l'énergie et voyager sur de longues distances. Il existe deux types d'oiseaux planeurs, terrestres et marins, chacun d'eux étant adapté à des phénomènes atmosphériques différents. Les oiseaux planeurs terrestres utilisent les courants ascendants, tandis que les oiseaux planeurs marins utilisent les vents de surface. Lorsque les oiseaux ont pris de la hauteur, ils planent en ligne droite en perdant progressivement de l'altitude.

### TYPES DE PLUMES

**PLANEUR TERRESTRE**
Une grande surface alaire permet de profiter au maximum des vents d'intensité modérée.

**PLANEUR MARIN**
Les ailes longues et fines permettent de profiter au maximum des vents constants en offrant le minimum de résistance.

## Décollage

Habituellement, un saut puissant et des battements d'ailes verticaux suffisent à un oiseau pour prendre son envol. Lorsque les ailes s'abaissent, les plumes des extrémités se rejoignent pour former une surface étanche à l'air qui aide au décollage. Quand l'oiseau remonte ses ailes, ces mêmes plumes s'écartent. En quelques battements d'ailes, un oiseau de taille moyenne est en position de vol. En revanche, les oiseaux plus massifs ont besoin d'une course d'élan sur le sol ou l'eau pour initier le décollage.

2 Lorsque les ailes s'abaissent, les rémiges primaires se rejoignent pour bloquer le passage de l'air.
AIR
3 Ascension
BATTEMENT RAPIDE ET PUISSANT
1 Durant la remontée des ailes, les rémiges primaires s'écartent, offrant moins de résistance à l'air.
SAUT INITIAL
COURSE

**RÉMIGES SECONDAIRES**
Leur nombre est proportionnel à la longueur de l'aile.

**L'ENVERGURE D'UN PÉLICAN PEUT ATTEINDRE 2,40 M.**

**RÉMIGES PRIMAIRES**
Situées à l'extrémité, elles sont moins nombreuses que les rémiges secondaires.

**70%**
**C'EST L'ÉNERGIE ÉCONOMISÉE PAR LA MOUETTE EN PLANANT.**

**VERS L'AVANT**

**AIR**

### *WINGLETS*

Les oiseaux planeurs terrestres ont des rémiges primaires séparées dont la courbure permet de diminuer les turbulences liées au déplacement d'air. Les avions modernes ont des dispositifs comparables au bout des ailes.

Les rémiges primaires ont inspiré les *winglets* des avions.

Les *winglets* d'avion peuvent être composées de plusieurs éléments.

## Oiseaux marins

La technique du vol de gradient est utilisée par les oiseaux dotés d'ailes longues et fines comme les albatros. Ces ailes sont faites pour profiter au maximum des vents horizontaux qui sont responsables de la formation des vagues sur l'océan. Le vol consiste en une série de boucles dans lesquelles l'oiseau prend de l'altitude face au vent, puis augmente sa vitesse en faisant demi-tour porté par le vent, avant de revenir face au vent.

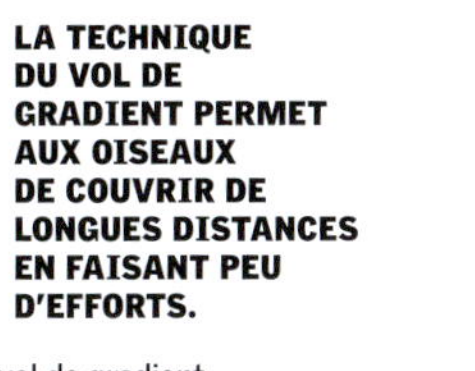

**VENT FAIBLE**

**VENT FORT**

**LA TECHNIQUE DU VOL DE GRADIENT PERMET AUX OISEAUX DE COUVRIR DE LONGUES DISTANCES EN FAISANT PEU D'EFFORTS.**

**1 À 10 M**
échelle en altitude du vol de gradient.

### FORMATION EN VOL

Voler en formation est un moyen d'économiser de l'énergie. L'oiseau de tête est plus fortement soumis à la résistance de l'air que les suivants dans son sillage. Il existe deux types de formation : en « L » et en « V ». La première est utilisée par les pélicans et la seconde par les oies.

### FORMATION EN « L »

**OISEAU DE TÊTE**
Il fait le plus gros effort face à la résistance de l'air.

**RESTE DE LA FORMATION**
Les autres oiseaux utilisent les turbulences créées par l'oiseau de tête pour avancer.

**RELAI**
Quand l'oiseau de tête est fatigué, un autre le remplace.

**14%**
**C'EST LE TAUX DE BATTEMENTS ÉCONOMISÉS LORS D'UN VOL EN FORMATION.**

### FORMATION EN « V »

Le principe est le même, mais les oiseaux forment deux lignes qui convergent en un point. C'est la formation préférée des oies, des hérons et des canards.

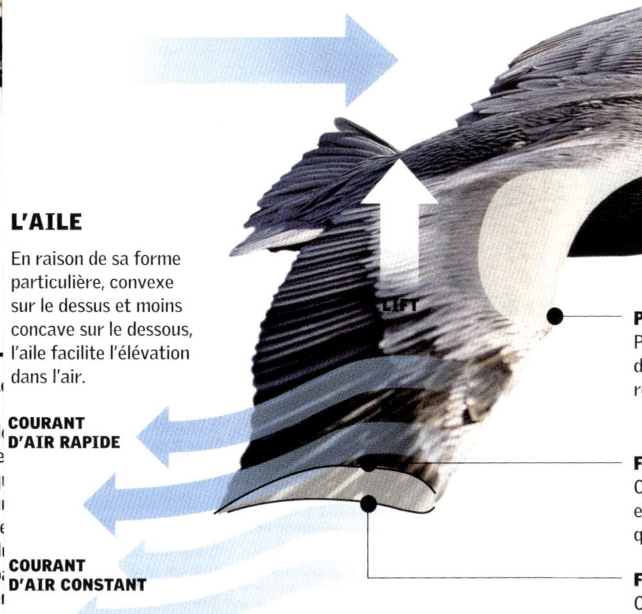


**VITESSE DE DÉPLACEMENT**
Dépend de la vitesse du vent.

### L'AILE

En raison de sa forme particulière, convexe sur le dessus et moins concave sur le dessous, l'aile facilite l'élévation dans l'air.

**COURANT D'AIR RAPIDE**

**COURANT D'AIR CONSTANT**

**PATAGIUM**
Peau élastique et résistante recouverte de plumes. C'est le bord d'attaque de l'aile, responsable de la séparation des flux d'air.

**FACE SUPÉRIEURE**
Convexe. L'air parcourt plus de distance et accélère, provoquant une dépression qui « aspire » l'aile vers le haut.

**FACE INFÉRIEURE**
Concave. L'air parcourt moins de distance, il n'accélère pas et la pression reste inchangée.

### OISEAUX PLANEURS TERRESTRES

Ils utilisent les courants d'air chaud ascendants générés par convection atmosphérique ou par déviation des courants aériens le long des reliefs. Ensuite, ils planent en ligne droite. Ce type de vol n'est possible que durant la journée.

**1 ASCENSION**
Quand les oiseaux rencontrent une ascendance d'air chaud, ils tournoient pour prendre de l'altitude sans battre des ailes.

**2 VOL PLANÉ**
Une fois l'altitude maximum atteinte, les oiseaux commencent leur vol plané.

**3 DESCENTE**
Lentement, les oiseaux perdent de l'altitude.

**4 ASCENSION**
Ils s'élèvent à nouveau lorsqu'ils rencontrent une nouvelle ascendance.

Thermique : air chaud

Air froid

Courant d'air chaud

# La vie des oiseaux

Le comportement des oiseaux est étroitement associé aux saisons. Pour survivre, ils doivent se préparer à l'arrivée de l'automne et surtout aux froids de l'hiver. Planant au-dessus des océans, les grands albatros, par exemple, peuvent parcourir jusqu'à 500 km chaque jour. Quand vient le temps de choisir un partenaire

**LAGOPÈDE D'ÉCOSSE**
*Lagopus lagopus scoticus*
La femelle pond 5 à 8 œufs, à raison d'un tous les 1 à 2 jours. Elle assure seule leur couvaison.

sexuel, le comportement des mâles se différencie de celui des femelles. Ils utilisent diverses tactiques pour les séduire. Parfois les couples restent unis toute la vie, mais dans d'autres cas, les couples ne durent qu'une saison. La construction du nid et les soins apportés aux jeunes sont souvent assurés par les deux parents.

# La communication

Le chant est un important moyen d'expression chez les oiseaux. Il en existe deux types : les appels et les chants proprement dits. Les premiers ont une structure mélodique simple ne comportant que quelques notes. Ils sont associés aux activités de coordination du groupe, à la communication entre jeunes et adultes, ou au maintien du contact lors d'une migration. Les chants sont plus complexes en rythme et en mélodie, et sont sous le contrôle des hormones sexuelles, mâles en particulier. Ceci explique pourquoi les oiseaux mâles ont des chants plus sophistiqués, liés au comportement sexuel ou à la défense du territoire. Les chants peuvent être innés ou acquis.

## 1 Le chant et le cerveau

Les oiseaux ont un cerveau bien développé pour cette fonction. La testostérone agit sur le centre vocal du cerveau qui a en charge la mémorisation, l'identification et la commande motrice pour l'exécution du chant.

**CENTRE VOCAL SUPÉRIEUR**
C'est le centre majeur de contrôle qui déclenche et contrôle le chant des oiseaux.

**NOYAU ROBUSTE DE L'ARCHISTRIATUM**
Il envoie les informations aux muscles de la syrinx.

**NOYAU DU NERF HYPOGLOSSE**
Contrôle les fonctions motrices de la syrinx.

## 2 Expulsion de l'air

L'air contenu dans les sacs et les poumons sont expirés. Il passe à travers la syrinx (localisé entre les bronches et la trachée). Il fait vibrer les membranes tympaniques, équivalentes aux cordes vocales des humains.

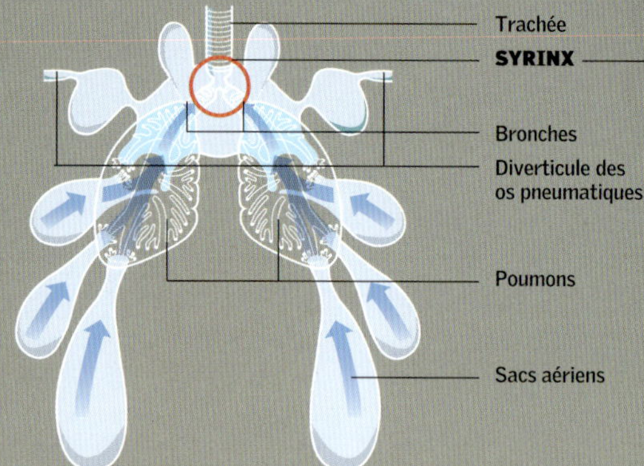


## 3 Production des sons par la syrinx

La production de sons requiert la participation des muscles sterno-trachéaux et de cinq à sept paires de petits muscles internes. Ces muscles contrôlent la contraction et l'élongation de la syrinx et déterminent la hauteur du son. Les sacs aériens sont également importants en exerçant une pression externe qui comprime les membranes tympaniques. L'œsophage joue le rôle de caisse de résonance pour amplifier le son. L'articulation des sons est contrôlée par la cavité buccopharyngienne. Il existe deux types d'articulations : gutturale et linguale.

**SYRINX SIMPLE**
Les membranes tympaniques sont localisées au-dessous de la division des bronches. Elles sont contrôlées par des paires de muscles.

TRACHÉE
Son
Vibration des parois
Action musculaire
Membrane tympaniforme
Anneaux cartilagineux

### LA SYRINX ET LE SON

**A**

**AIR ET BRONCHES**
Durant la respiration, les oiseaux maintiennent un flux d'air sans affecter la syrinx.

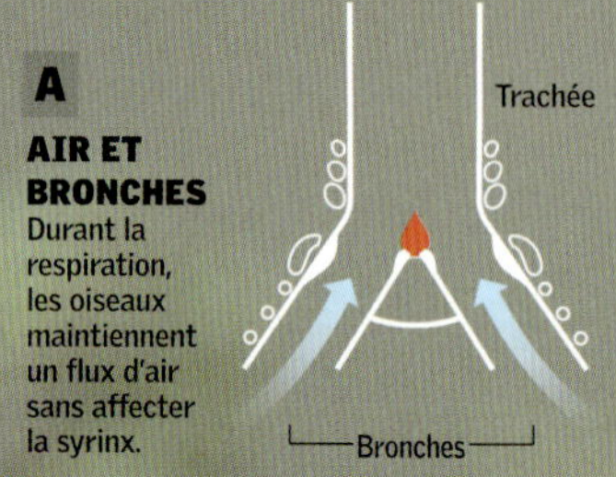


**B**

**MEMBRANE FERMÉE**
La membrane est fermée des deux côtés sous la pression des muscles externes. Les bronches interviennent également pour ajuster sa tension.

Pessulus
Action musculaire
Anneaux cartilagineux

**C**

**LE SON**
Les membranes vibrent au passage du flux d'air, et propagent le son le long de la trachée, jusqu'au bec de l'oiseau.

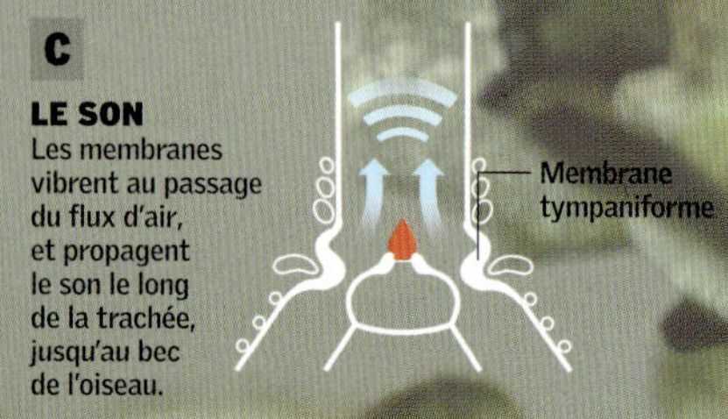

## Chant et territoire

La fonction la plus étudiée du chant des oiseaux est la défense du territoire. Quand un oiseau occupe un territoire, il chante pour avertir les éventuels intrus de la frontière à ne pas dépasser, comme le fait ce pipit sur la gauche. Quand les oiseaux partagent un territoire, c'est le cas dans une colonie, ils développent des dialectes, des variations sur la base d'un même chant. Quand un oiseau de cette colonie migre vers une autre colonie, il doit apprendre le nouveau dialecte pour être accepté. Il existe aussi des sons annexes produits par les ailes ou le bec. L'engoulevent combine chant et battements des ailes pour défendre son territoire.

**4 000** espèces chanteuses

**COMME LES HUMAINS ET LES BALEINES, LES OISEAUX ONT BESOIN QU'UN CONGÉNÈRE LEUR APPRENNE LE CHANT (PASSEREAUX, COLIBRIS ET PERROQUETS PAR EXEMPLE).**

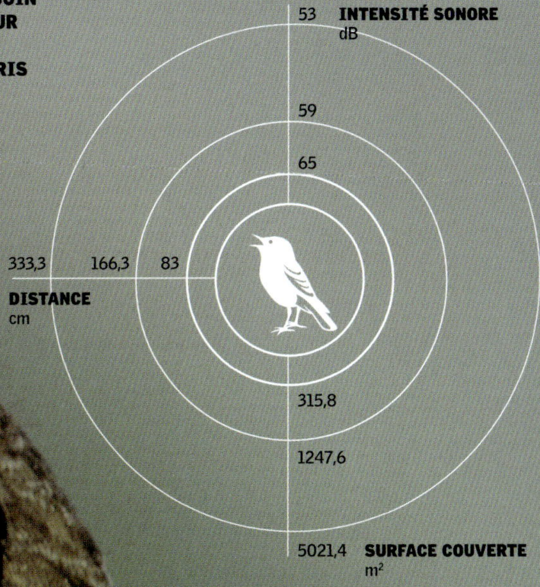

53 **INTENSITÉ SONORE**
dB
59
65
333,3 166,3 83
**DISTANCE**
cm
315,8
1247,6
5021,4 **SURFACE COUVERTE**
m²

### INTENSITÉ

Elle peut varier largement d'un oiseau à l'autre. Plus le territoire est grand, plus elle est importante.
La fréquence du son change aussi, les hautes fréquences ayant plus de portée.

## Renforcement des liens

Certaines espèces ont des rituels de chant très complexes. Les chants en duo requièrent à la fois de partager le même répertoire et une bonne coordination. En général, le mâle initie le chant par une introduction répétitive, puis la femelle lui répond par différentes variations. Ce chant est construit par une juxtaposition de variations qui le rendent unique. Les duos renforcent les liens dans le couple, de même que la défense commune du territoire, et servent souvent de stimuli précurseurs à des activités comme la construction du nid, auxquelles participent le mâle et la femelle.

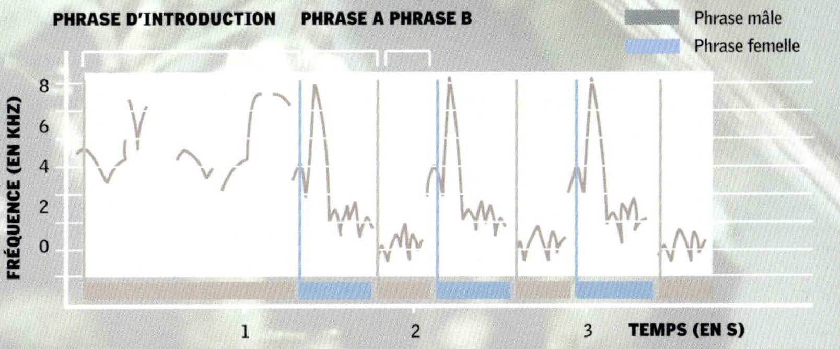

**PHRASE D'INTRODUCTION** **PHRASE A PHRASE B**

Phrase mâle
Phrase femelle

**FRÉQUENCE (EN KHZ)** 8 6 4 2 0

1 2 3 **TEMPS (EN S)**

# La parade nuptiale

Trouver un partenaire n'est pas chose facile pour beaucoup d'espèces. Chez les oiseaux, exhiber les belles couleurs de son plumage, déposer des cadeaux, réaliser une danse ou des motifs de vol très élaborés, sont quelques-uns des comportements visibles pendant la période d'accouplement. Ils composent ce que l'on appelle la parade nuptiale. Les mâles ont recours à ces comportements pour capter l'attention des femelles et évincer les autres mâles. Certains de ces rituels sont extrêmement compliqués, d'autres sont très tendres et délicats.

**A** Durant sa période d'activité sexuelle, le busard Saint-Martin (*Circus cyaneus*) adopte un vol ondulant pour attirer la femelle.

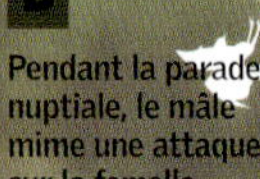

**B** Pendant la parade nuptiale, le mâle mime une attaque sur la femelle.

### EXHIBITIONS AÉRIENNES

Certains oiseaux comme les autours ou les busards font leur cour en vol. Ils prennent de l'altitude en large cercle, puis exécutent des piqués vertigineux.

### CHORÉGRAPHIE À DEUX

Les grèbes huppés (*Podiceps cristatus*) réalisent un incroyable ballet nautique. Ils se redressent hors de l'eau et courent sur l'eau côte à côte.

## Cour spéciale

La parade des oiseaux est un phénomène qui varie beaucoup selon les espèces et qui peut prendre la forme de rituels très divers. Le « lek » est une forme de parade des plus mystérieuses. Les mâles se réunissent dans une petite arène où ils exécutent une danse destinée aux femelles. Ces dernières attendent en cercle autour des danseurs, et choisissent le mâle ayant les caractères sexuels secondaires les plus marqués. Le lek est un système contrôlé par un mâle dominant qui s'accouplera avec la plupart des femelles, alors que les jeunes mâles ne s'accoupleront qu'avec quelques-unes, voire aucune. Environ 85 espèces pratiquent ce rituel du lek, parmi lesquelles on compte les faisans, les manakins, les cotingas et certains colibris. Chez les manakins, les mâles sont disposés en ligne et attendent chacun leur tour pour danser.

### TOUT POUR SÉDUIRE

Pour trouver un partenaire, un oiseau comme l'aigrette neigeuse met en avant toute une série de signaux très élaborés composés de chants, d'attitudes, de danses, de vols et d'exhibition de plumes.

### UNE BELLE TONNELLE

Les oiseaux jardiniers construisent une structure ressemblant à une tonnelle. Ils la décorent avec des cailloux, des plumes, ce qui ne manque pas d'attirer les femelles.

### CADEAUX

Offrir un cadeau est une bonne stratégie de séduction ! Au cours de la parade nuptiale, les mâles aigles offrent des proies aux femelles et les guêpiers d'Europe proposent des insectes.

## PÉRIODE DE PARADE

La parade nuptiale est liée aux cycles de reproduction.
Elle précède toujours l'accouplement, mais peut aussi continuer après.

**PRÉNUPTIALE**
La cour prénuptiale commence par l'établissement d'un territoire et la recherche d'un partenaire.

**POSTNUPTIALE**
Ce grèbe huppé continue sa cour, même quand les œufs sont pondus, pour entretenir les liens du couple.

# 1,8 m

**C'EST LA LARGEUR DE LA QUEUE DU PAON QUAND IL DÉPLOIE SES 200 PLUMES CHAMARÉES POUR SÉDUIRE LES FEMELLES.**

**GRUE ROYALE**
*Balearica regulorum*
Les deux grues réalisent une danse composée d'une série de bonds impressionnants.

**MANCHOT EMPEREUR**
*Aptenodytes forsteri*
Il est monogame : les couples restent unis toute leur vie. Les partenaires se reconnaissent à la voix.

## Monogamie ou polygamie

La monogamie est très fréquente chez les oiseaux. Deux individus participent à la formation du couple ; dans certains cas, l'un des deux à la responsabilité exclusive de la couvaison et de l'élevage des jeunes. Ce couple peut durer une ou plusieurs saisons de reproduction, ou même toute la vie. La polygamie est une alternative moins courante chez les oiseaux. Elle existe sous deux formes : la polygynie où un mâle s'accouple avec plusieurs femelles, et la polyandrie, où la femelle s'accouple avec plusieurs mâles (qu'elle peut maintenir dans un « harem »). Il existe aussi un cas exceptionnel de polygamie lié à la promiscuité : aucun couple n'est formé et les relations sont limitées à la copulation.

# Le nid

La plupart des oiseaux déposent leurs œufs dans un nid, où ils sont couvés grâce à la chaleur du corps de l'adulte posé dessus. Pour construire ce nid, des brindilles et des plumes sont utilisées, voire de la terre, des cailloux... Quand le nid est trop visible, les oiseaux le recouvrent de lichen et de branchettes pour le dissimuler aux yeux des prédateurs. La forme du nid varie grandement selon les espèces. Il peut ressembler à une boule, à un trou dans un arbre, à un terrier. Certains oiseaux utilisent même les nids construits par d'autres animaux.

**TYPES DE NIDS**

**NIDS TISSÉS**
Les tisserins entremêlent des brins d'herbe pour former une structure dont l'entrée est située en bas.

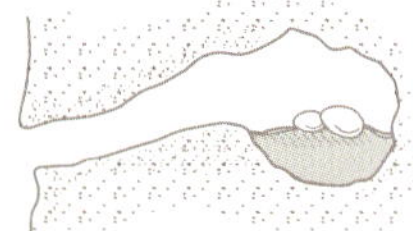

**TERRIER**
Les perroquets et les martins-pêcheurs creusent leurs nids le long des berges.

**NIDS COUSUS**
Les couturières cousent ensemble deux larges feuilles avec des brins d'herbe : le nid est situé à l'intérieur.

**NID EN PLATEFORME**
Les éperviers accumulent un grand nombre de branches qui forment une base solide pour y déposer les oeufs.

## Types et localisations

Les nids sont classés en fonction du type de matériel utilisé et de leur localisation. Leurs caractéristiques dépendent de la chaleur dont les œufs ont besoin et du niveau de protection requis. Plus l'espèce subit une pression importante de la part des prédateurs, plus les nids sont inaccessibles et cachés. Certains, dissimulés dans un creux d'arbre ou dans le sol, offrent une grande sécurité et une bonne isolation. Ceux construits en boue séchée ont une bonne solidité. Un nid typique ressemble à une coupelle et peut être installé dans une grande variété d'endroits, couramment entre les branches d'un arbre.

## Comment le nid est-il construit ?

Les nids en forme de coupe sont construits à la fourche de deux ou trois branches. L'oiseau dispose des brindilles et des herbes en plateforme et certains éléments sont entrelacés avec les branches pour plus de solidité. Les matériaux sont agencés selon une forme circulaire. La base étant réalisée, l'oiseau utilise des matériaux plus petits et plus collants comme de la toile d'araignée, des soies de chenilles ou certaines fibres végétales. L'intérieur est finalement tapissé de plumes ou d'autres éléments chaud et doux. En règle générale, le mâle et la femelle participent à l'élaboration du nid et quelques centaines de voyages sont nécessaires pour le terminer. Dans certaines espèces, le mâle construit le nid au cours de la parade nuptiale, dans d'autres le même nid est utilisé plusieurs années de suite.

**PAROIS**
Les parois sont les parties les plus importantes et les plus caractéristiques du nid. Les matériaux utilisés varient en fonction des espèces et de leur habitat.
**BASE**
Elle forme les fondations du nid. C'est la première partie construite par l'oiseau, généralement constituée de matériaux très solides.
**FOND**
Il est composé de fibres, de poils et de plumes. Ces matières isolent les œufs du froid et aident à l'incubation.
1
2
3


**Le tisserin**
Il édifie son nid à partir de feuilles et d'herbes tissées. Les mâles doivent parfois en construire plusieurs pour séduire une femelle.

**BASE**
L'oiseau rassemble des brindilles à la fourche d'un arbre pour établir les fondations du nid et aménager une plate-forme. Ensuite, il lie cette structure à l'arbre pour la rendre plus robuste.

**CONSTUCTION**
L'oiseau entremêle des herbes, des brindilles, des poils. Il les fixe et leur donne une forme circulaire. À un stade plus avancé, il utilise des matériaux adhésifs comme de la toile d'araignée.

**FINITION**
L'oiseau utilise de la mousse et du duvet pour adoucir l'intérieur, mais aussi pour améliorer l'isolation contre le vent et le froid.

## Structure

La forme en coupelle est parfaite pour éviter que les œufs ne roulent hors du nid. Pour que la construction soit plus robuste, différents matériaux sont utilisés. Des pièces plus petites et plus flexibles sont insérées dans la base, le fond et les parois pour améliorer la cohésion de l'ensemble. Des matériaux apportent une meilleure isolation et préservent la chaleur durant l'incubation et la croissance des oisillons. Les oiseaux construisent des parois plus hautes et plus épaisses face au vent et plus légères face au soleil. Le nid est conçu comme un incubateur qui conserve la chaleur. L'extérieur comporte souvent une finition en camouflage qui le protège des prédateurs.

# L'œuf

Le mode de reproduction des oiseaux est hérité de leurs ancêtres, les dinosaures théropodes. En règle générale, ils pondent un nombre d'œufs correspondant à leurs capacités de couvaison et de soins jusqu'à ce que les oisillons soient indépendants. Selon leur environnement, les œufs d'une même espèce peuvent avoir une forme et des couleurs variables. Ils varient aussi grandement en taille : un œuf d'autruche est 2 000 fois plus gros qu'un œuf de colibri.

## Formation de l'œuf

Les oiseaux n'ont qu'un seul ovaire fonctionnel, le gauche, qui grossit durant la saison de reproduction. Des ovules peuvent descendre pour donner les œufs infertiles utilisés dans notre alimentation. Si l'ovule est fécondé, le développement embryonnaire commence. Dans tous les cas, l'ovule descend jusqu'au cloaque en quelques heures ou quelques jours. La coquille commence à être formée dans l'isthme, grâce à une sécrétion de calcium et fini de se solidifier au contact de l'air.

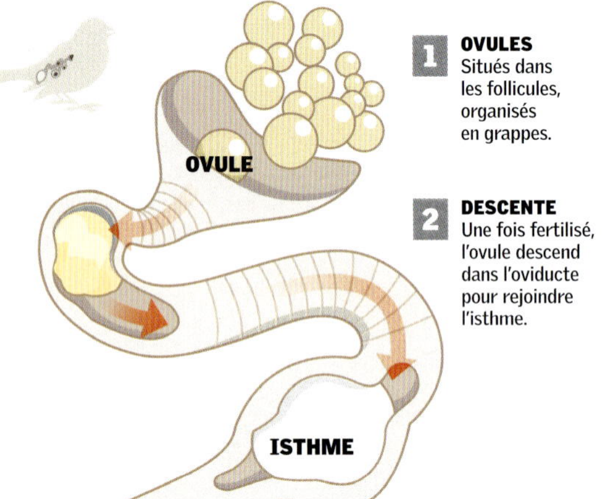


**1 OVULES** Situés dans les follicules, organisés en grappes.

**2 DESCENTE** Une fois fertilisé, l'ovule descend dans l'oviducte pour rejoindre l'isthme.

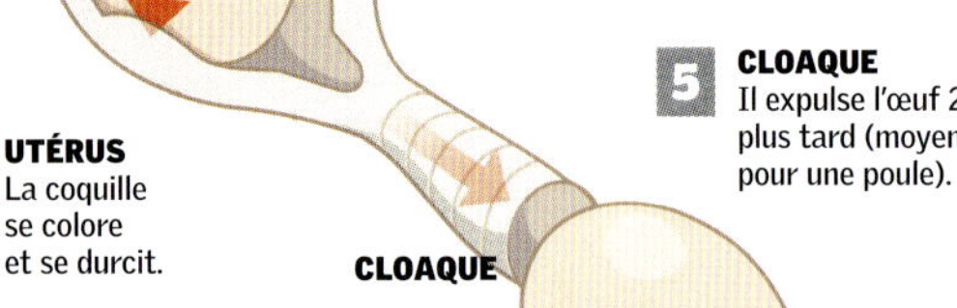


**3 COQUILLE** Formation des membranes et de la coquille.

**4 UTÉRUS** La coquille se colore et se durcit.

**5 CLOAQUE** Il expulse l'œuf 24 h plus tard (moyenne pour une poule).

### COUVÉE

Un groupe d'œufs pondus en même temps est appelé une couvée. Durant la période de reproduction, un moineau peut avoir plusieurs couvées et si un œuf est perdu, il est rapidement remplacé.

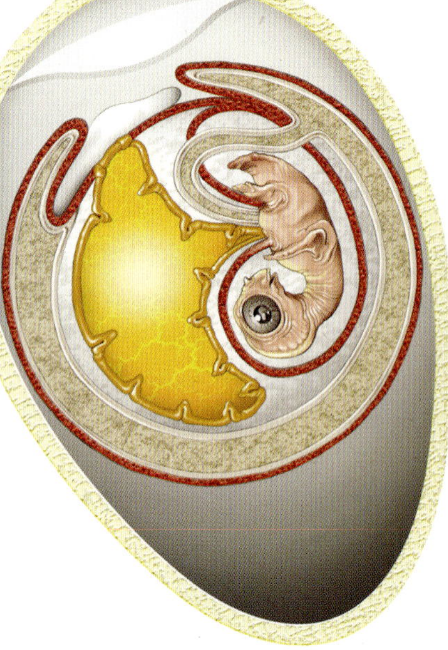

3 La plupart des organes sont présents après quelques heures de couvaison.

2 Au cours de sa croissance, l'embryon produit des déchets qui sont stockés dans l'allantoïde.

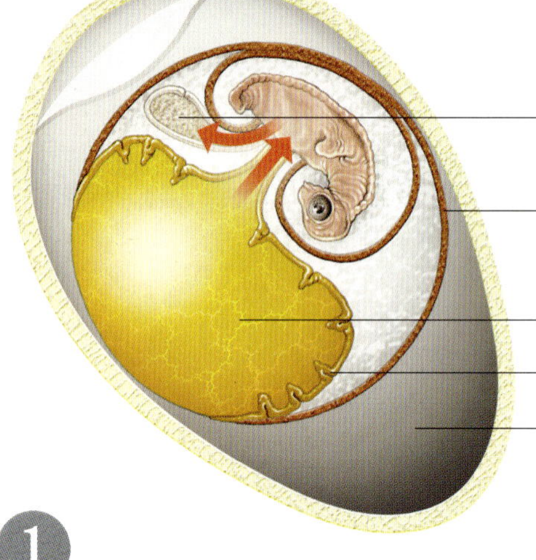


1 Un œuf comporte une vésicule germinative sur la face du vitellus. Ce vitellus est maintenu au centre de l'albumine par un cordons de protéines appelé chalaze.

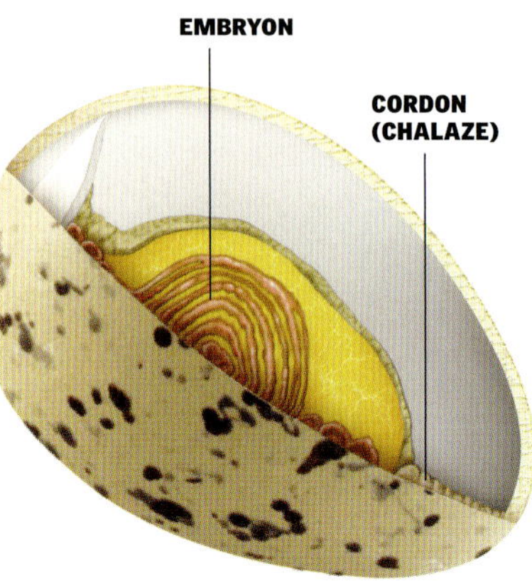


### FORME

Elle dépend des pressions exercées par les parois de l'oviducte. La partie la plus large émerge en premier.

Ovale : forme la plus fréquente

Conique : prévient des chutes.

Sphérique : réduit la surface.

### COULEUR ET TEXTURE

Les parents reconnaissent leurs œufs à leur forme et leur couleur.

Œuf pâle

Œuf foncé

Œuf tacheté

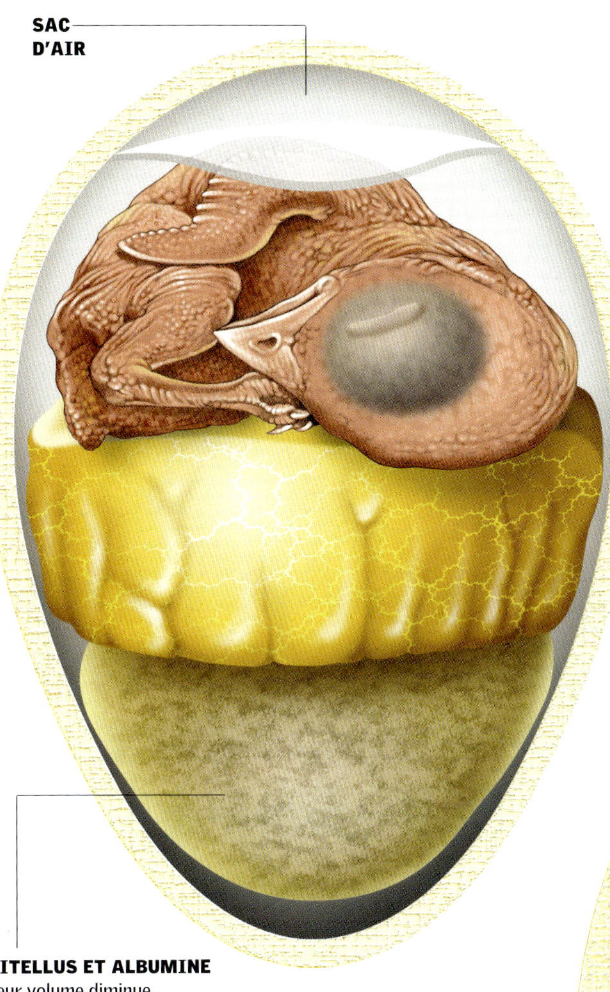


**VITELLUS ET ALBUMINE**
Leur volume diminue.

## 4

Le bec et les écailles des pattes durcissent vers la fin du développement, lorsque l'oisillon atteint une taille voisine de celle de l'œuf. Ensuite, l'oisillon change de position et se prépare à briser sa coquille.

### TAILLE

Il n'existe pas de rapport absolu entre la taille d'un oiseau et celle de son œuf.

**500 g** ŒUF DE KIWI

**60 g** ŒUF DE POULE

## 5

Lorsque l'oisillon est prêt, il prend toute la place disponible dans l'oeuf. Recroquevillé, les pattes repliées contre sa poitrine, il peut facilement briser sa coquille par de petits mouvements. Il s'aide également de sa dent d'éclosion, une excroissance située à la pointe du bec.

### LA COQUILLE

Formée d'une couche résistante de carbonate de calcium, elle possède des pores qui permettent les échanges gazeux avec l'extérieur. Les bactéries sont arrêtées par deux membranes de la coquille.

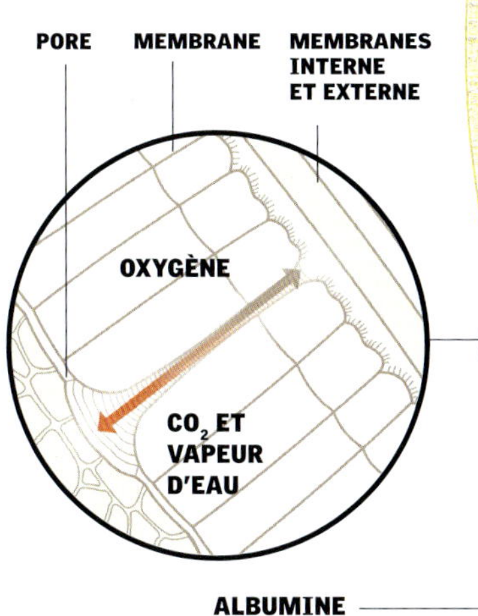


**8%**

**C'EST LE VOLUME TOTAL QU'OCCUPE LA COQUILLE DANS L'ŒUF.**

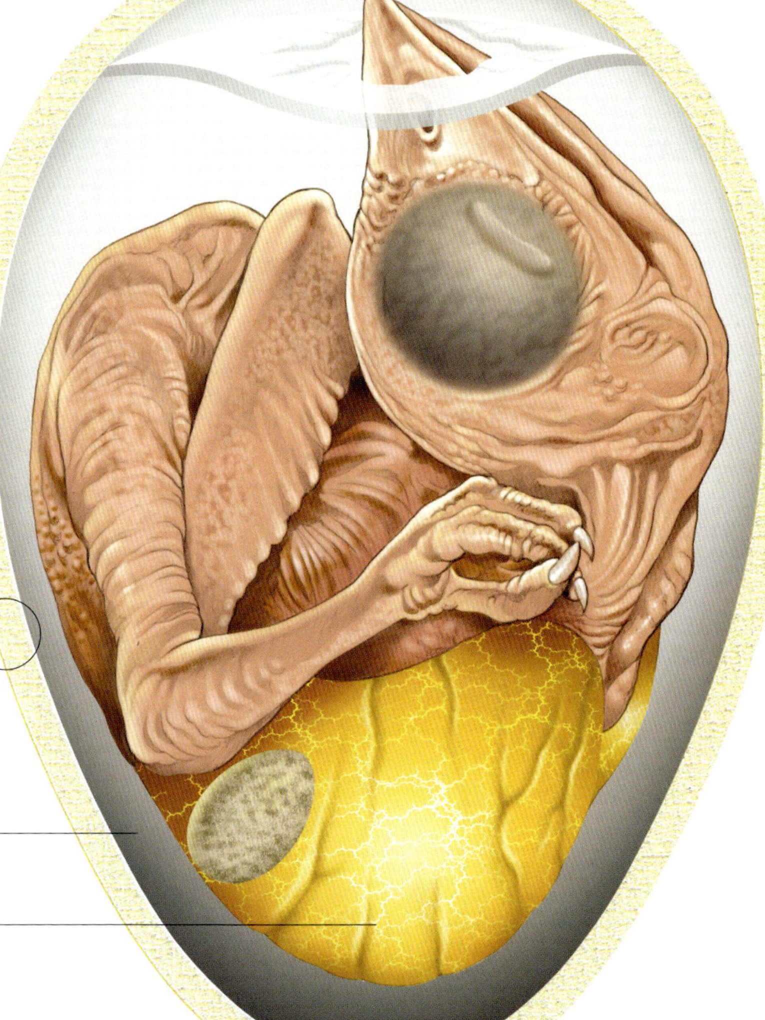

**ALBUMINE**
Elle a été consommée.

**VITELLUS**
Utilisé pour la croissance de l'embryon.

# L'éclosion

Quand un oisillon est prêt à éclore, il se manifeste à l'intérieur de l'œuf pour communiquer avec ses parents. Ensuite, il commence à frapper la coquille avec sa dent d'éclosion qu'il perdra peu après sa naissance. Il change de position pour fracturer différentes zones de la coquille et exerce une pression avec son cou et ses pattes. Ce travail exige beaucoup d'efforts et prend entre 30 et 40 minutes, jusqu'à trois ou quatre jours chez les kiwis et les albatros. Le plus souvent, les oisillons naissent nus et aveugles et sont justes capables d'ouvrir le bec pour recevoir de la nourriture.

**COUVAISON**

Pour son développement, l'embryon a besoin d'une température constante de 37 à 38 °C. Ses parents entretiennent cette chaleur en se posant sur les œufs avec leur plaque incubatrice.

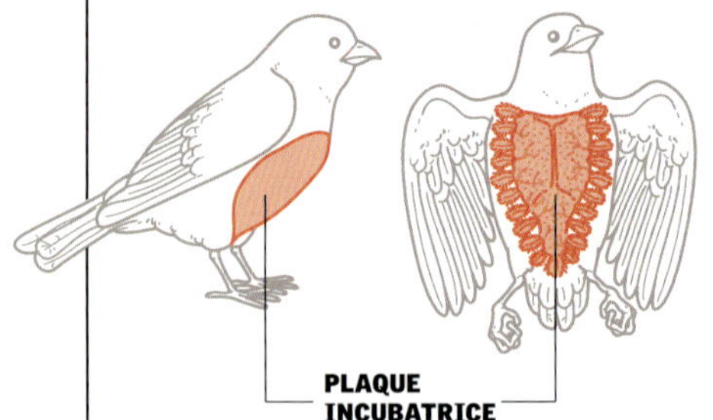


Pendant la couvaison, certaines espèces perdent des plumes au niveau de la poitrine et augmentent leur vascularisation dans cette zone, appelée plaque incubatrice, pour communiquer plus de chaleur aux œufs.

**DURÉE**

La durée de la couvaison varie beaucoup : entre 10 et 80 jours selon les espèces.

**PIGEON**
Mâle et femelle assurent la couvaison et ont chacun une plaque incubatrice.
18 jours

**MANCHOT**
Mâle et femelle assurent la couvaison. Le mâle possède une poche spéciale pour couver.
62 jours

**ALBATROS**
Sans plaque incubatrice, les parents conservent l'œuf entre les pattes et le ventre.
80 jours

## Briser la coquille

Au cours de cette étape, de quelques minutes à trois ou quatre jours selon les espèces, en règle générale, les parents n'interviennent pas pour aider leurs jeunes. Après éclosion, la coquille est rejetée loin du nid pour éviter d'attirer l'attention des prédateurs. La communication entre les oisillons est également très importante. Les piaillements des oisillons déjà éclos stimulent les retardataires et inversement, les cris des retardataires ralentissent les autres pour que tous soient prêts en même temps et que leur croissance soit synchronisée.

**35 minutes**
**C'EST LE TEMPS QU'IL FAUT À UN MOINEAU POUR SORTIR DE SA COQUILLE.**

### Briser la coquille

L'oisillon se retourne de manière à ce que son bec vise la médiane de l'œuf, la zone la plus fragile. Ensuite, il perce le sac d'air, puis la coquille pour prendre sa première bouffée d'air.

**SIGNALER SON ARRIVÉE**

L'oisillon appelle ses parents et ces derniers l'encouragent à poursuivre son effort.

**BRÉCHAGE**

Entre chaque séquence de bréchage, l'oisillon fait de longues pauses.

## Adaptations à l'éclosion

Sortir d'un œuf n'est pas une mince affaire, car l'espace est étroit et les muscles des oisillons sont faibles. Ces derniers disposent de quelques adaptations, la dent d'éclosion et les muscles d'éclosion, pour accomplir cette tâche. La « dent » est utilisée pour faire la première perforation qui permet à l'air de rentrer dans la coquille. Les muscles exercent la force nécessaire pour écarter les différents fragments de coquille. La dent et les muscles d'éclosion disparaissent peu de temps après la naissance.

**MUSCLE D'ÉCLOSION**
Il exerce une pression sur la coquille pour la briser.

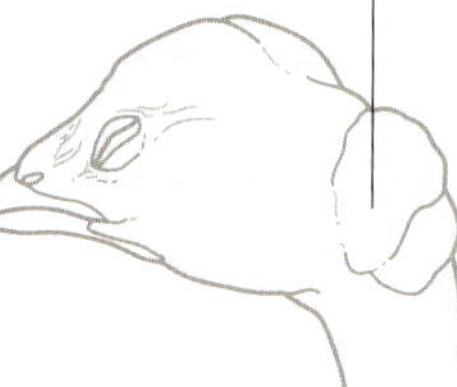

**DENT D'ÉCLOSION**
Cette protubérance sur le bec frappe la coquille. Elle n'est pas présente chez toutes les espèces.

### 4 Un oiseau est né

Après éclosion, les oisillons recherchent immédiatement la chaleur de leurs parents et réclament de la nourriture. Quand les naissances ne sont pas simultanées, naître en premier est un gros avantage si la nourriture est rare.

**UN GROS EFFORT**

Sortir de l'oeuf demande beaucoup d'énergie de la part de l'oisillon.

MEMBRANE

COQUILLE

### 3 Sortir de l'œuf

L'oisillon sort de sa coquille à l'aide de ses pattes et en rampant sur le ventre. Cette étape est plus difficile pour les oiseaux qui naissent sans plumes car ils sont moins développés.

### 2 Ouverture de la coquille

Après avoir fait un trou, l'oisillon agrandit la fissure en frappant la coquille à d'autres endroits. L'air entre, sèche la membrane et facilite l'éclosion.

**Qu'est-ce qui sort en premier ?**
La tête sort généralement la première car le bec brise la coquille, mais pour les oiseaux terrestres ou limicoles, ce sont les ailes qui sortent en premier. La plupart des oiseaux sortent de l'œuf en poussant avec leurs pattes.

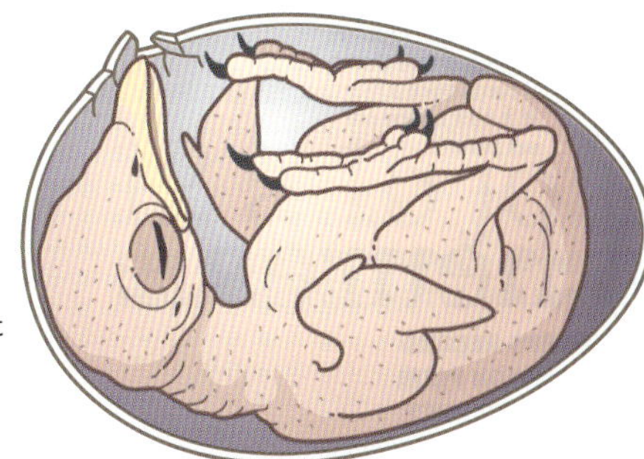

# Diversité et distribution

L'habitat d'un oiseau, c'est-à-dire son environnement naturel spécifique, lui fournit des ressources alimentaires, des endroits pour construire son nid et des cachettes pour échapper aux prédateurs. De manière très générale, les espèces sont plus nombreuses dans les régions tropicales que partout ailleurs.

**CANARD**
Il plonge la tête mais reste en surface. Ce canard se nourrit de petits escargots et de larves aquatiques.

Au cours de leur évolution, les oiseaux se sont diversifiés pour occuper une grande variété d'environnements. Aujourd'hui, des espèces sont adaptées à la vie marine ou aquatique (sur les étendues d'eau douce), dans les forêts, les prairies ou encore les déserts. Ces espèces ont toutes acquis des caractéristiques physiques et des comportements bien particuliers.

# Répartition

Étant très mobiles, les oiseaux ont pu conquérir tous les milieux. Quelques espèces sont assez cosmopolites, mais la plupart sont inféodées à un environnement bien particulier, défini par ses caractéristiques climatiques et géographiques. Buffon, au XVIIe siècle, fut le premier à faire le constat que les espèces animales n'étaient pas réparties de manière homogène. En analysant cette répartition, il s'est aperçu que chaque région possédait sa propre faune. Après les travaux de Charles Darwin et de Philip Sclater, il devint évident que les organismes vivaient au sein d'écosystèmes bien spécifiques.

AMÉRIQUE DU NORD

AMÉRIQUE CENTRALE

AMÉRIQUE DU SUD

*Océan Atlantique*

*Océan Pacifique*

**MACAREUX MOINE**
*Fratercula artica*

## Néarctique

**732 Espèces**
62 Familles

7 %

**CARACTÉRISTIQUES**

- Barrière climatique liée au froid et isolement océanique
- Nombreuses espèces migratrices
- Nombreux oiseaux insectivores et aquatiques
- Similarités avec le paléarctique

**Avifaune endémique : plongeons et macareux**

## Océanien

**187 Espèces**
15 Familles

2 %

**CARACTÉRISTIQUES**

- Vaste domaine aux climats variables
- Oiseaux planeurs, plongeurs et nageurs
- Nombreux oiseaux piscivores
- Nombreuses espèces cosmopolites

Avifaune endémique : **albatros, chionis, pétrels, manchots et mouettes**

## Adaptations à l'environnement

Les oiseaux sont présents dans tous les types d'habitats, bien que le plus grand nombre vive dans les régions tropicales. Leurs capacités d'adaptation sont remarquables. De la jungle aux déserts, des montagnes aux côtes, et même sur la mer, les oiseaux se sont parfaitement acclimatés. Ils ont subi de grandes évolutions, tant dans la forme que dans le comportement. Le manchot empereur niche en Antarctique et porte son œuf sur ses pattes pendant plus de 60 jours. Le ganga de Lichtenstein possède une éponge de plumes pour porter de l'eau à ses petits et les colibris ont des ailes qui leur permettent toutes sortes de manœuvres en vol.

## Néotropique

**3370 Espèces**
86 Familles

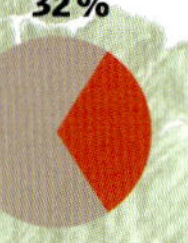

32 %

**CARACTÉRISTIQUES**

- Long isolement géographique
- Nombreuses espèces primitives
- Nombreux frugivores

Avifaune endémique : **nandous, tinamous, guacharos, hoatzins, cotingas et grisin à dos rayé**

Cette région abrite la plus grande diversité d'oiseaux. La variété observée dans la région tropicale d'Amérique du Sud est 1,5 fois plus importante que celle de la région tropicale africaine. Avec plus de 1700 espèces, la Colombie, le Brésil et le Pérou sont les pays ayant l'avifaune la plus riche. Même l'Équateur, un pays beaucoup plus petit, abrite plus de 1500 espèces d'oiseaux.

**HOATZIN HUPPÉ**
*Opisthocomus hoazin*

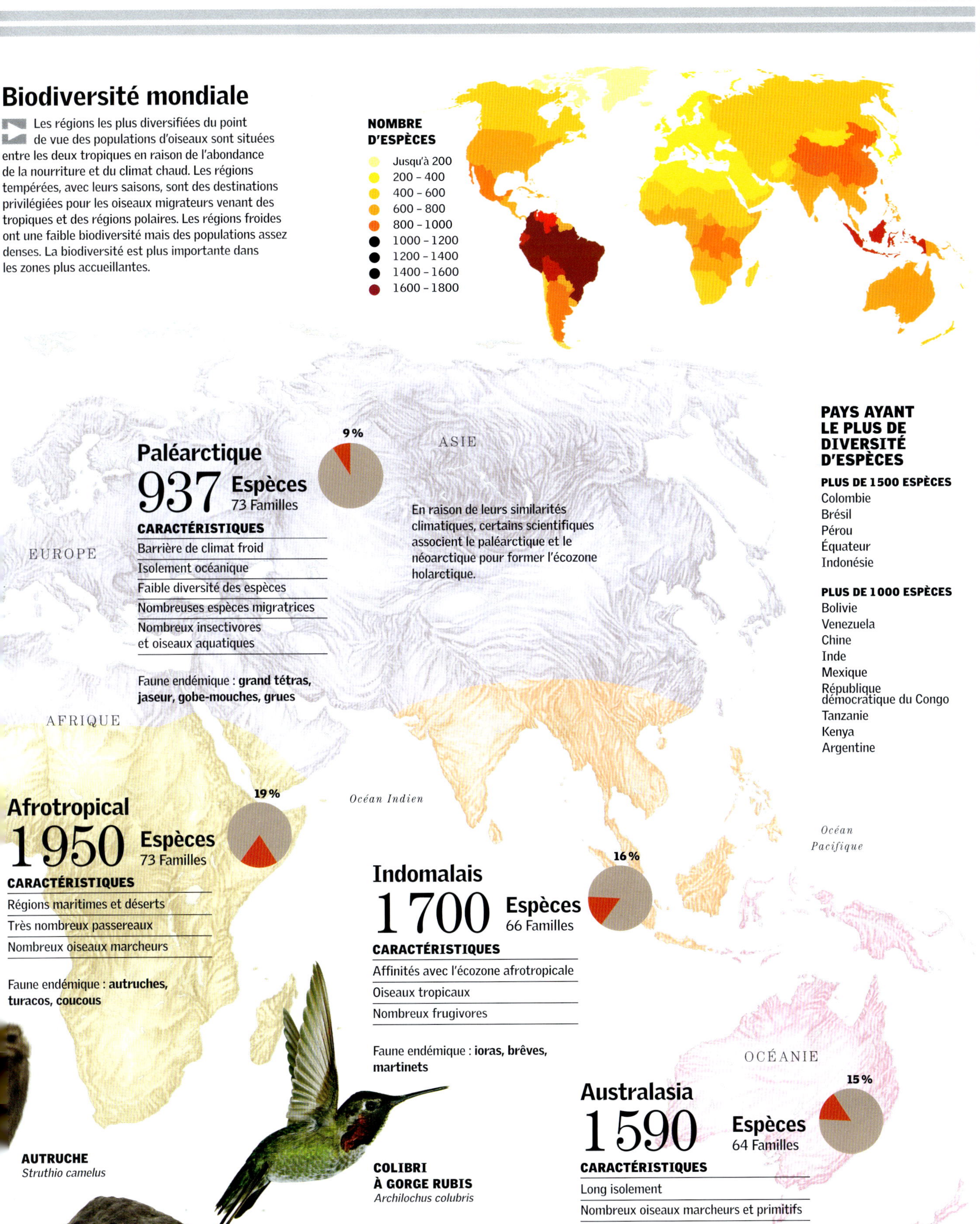


## Biodiversité mondiale

Les régions les plus diversifiées du point de vue des populations d'oiseaux sont situées entre les deux tropiques en raison de l'abondance de la nourriture et du climat chaud. Les régions tempérées, avec leurs saisons, sont des destinations privilégiées pour les oiseaux migrateurs venant des tropiques et des régions polaires. Les régions froides ont une faible biodiversité mais des populations assez denses. La biodiversité est plus importante dans les zones plus accueillantes.

### Paléarctique

**937 Espèces**
73 Familles

**CARACTÉRISTIQUES**
- Barrière de climat froid
- Isolement océanique
- Faible diversité des espèces
- Nombreuses espèces migratrices
- Nombreux insectivores et oiseaux aquatiques

Faune endémique : **grand tétras, jaseur, gobe-mouches, grues**

En raison de leurs similarités climatiques, certains scientifiques associent le paléarctique et le néoarctique pour former l'écozone holarctique.

### PAYS AYANT LE PLUS DE DIVERSITÉ D'ESPÈCES

**PLUS DE 1 500 ESPÈCES**
Colombie
Brésil
Pérou
Équateur
Indonésie

**PLUS DE 1 000 ESPÈCES**
Bolivie
Venezuela
Chine
Inde
Mexique
République démocratique du Congo
Tanzanie
Kenya
Argentine

### Afrotropical

**1 950 Espèces**
73 Familles

**CARACTÉRISTIQUES**
- Régions maritimes et déserts
- Très nombreux passereaux
- Nombreux oiseaux marcheurs

Faune endémique : **autruches, turacos, coucous**

### Indomalais

**1 700 Espèces**
66 Familles

**CARACTÉRISTIQUES**
- Affinités avec l'écozone afrotropicale
- Oiseaux tropicaux
- Nombreux frugivores

Faune endémique : **ioras, brêves, martinets**

### Australasia

**1 590 Espèces**
64 Familles

**CARACTÉRISTIQUES**
- Long isolement
- Nombreux oiseaux marcheurs et primitifs

Faune endémique : **émeus, kiwis, cacatoès, oiseaux de paradis**

**AUTRUCHE**
*Struthio camelus*

**COLIBRI À GORGE RUBIS**
*Archilochus colubris*

# Inaptes au vol

Quelques oiseaux ont perdu leur aptitude à voler, caractéristique associée à une modification des ailes. Pour certaines espèces, c'est leur grande taille (plus de 20 kg) qui est source de leur « handicap ». C'est le cas des oiseaux coureurs comme les autruches, les casoars, les émeus, les kiwis ou les nandous. D'autres espèces sont devenues d'excellentes nageuses, comme les manchots, et ont développé des qualités aquatiques remarquables.

**AUTRUCHE**
Il existe une seule espèce, habitant l'est et le sud de l'Afrique. Les adultes mesurent jusqu'à 2,75 m et pèsent 150 kg.

## Super nageurs

Le corps des manchots est recouvert de trois couches de plumes superposées. Le manchot a des membres courts et un profil très aérodynamique qui lui permettent de nager vite et avec une grande agilité. Son plumage, dense et imperméable, sa couche de graisse, l'isolent des basses températures des régions où il vit. Ses os étant rigides et compacts, il peut plonger facilement. Cette adaptation le distingue des oiseaux volants qui ont des os légers et caverneux.

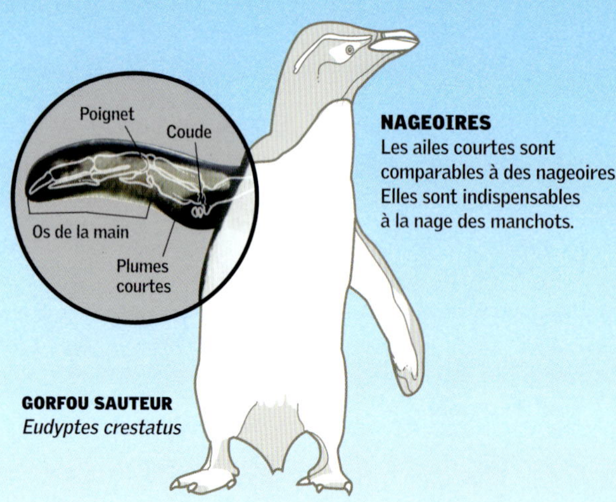


**NAGEOIRES**
Les ailes courtes sont comparables à des nageoires. Elles sont indispensables à la nage des manchots.

**GORFOU SAUTEUR**
*Eudyptes crestatus*

PETITE TÊTE

LONG COU

AILES ATROPHIÉES

PELVIS

STERNUM PLAT

OS ROBUSTE

STERNUM EN FORME DE QUILLE

### LA NAGE DU MANCHOT

**CHASSE**
Les ailes font office de nageoires. Les pieds, avec chacun quatre doigts palmés, pointent vers l'arrière, et la queue sert de gouvernail.

**RESPIRATION**
Quand ils recherchent de la nourriture, les manchots doivent revenir en surface pour respirer.

**RELAXATION**
Le sternum en forme de quille des autres oiseaux offre une grande surface pour la fixation des muscles pectoraux impliqués dans le vol, mais les oiseaux coureurs ont un sternum plus petit et leurs ailes sont moins mobiles.

### POITRINE D'UN COUREUR

Le sternum en forme de quille des oiseaux offre une grande surface pour la fixation des muscles pectoraux impliqués dans le vol. Les oiseaux coureurs ont un sternum plus petit et leurs ailes sont moins mobiles.

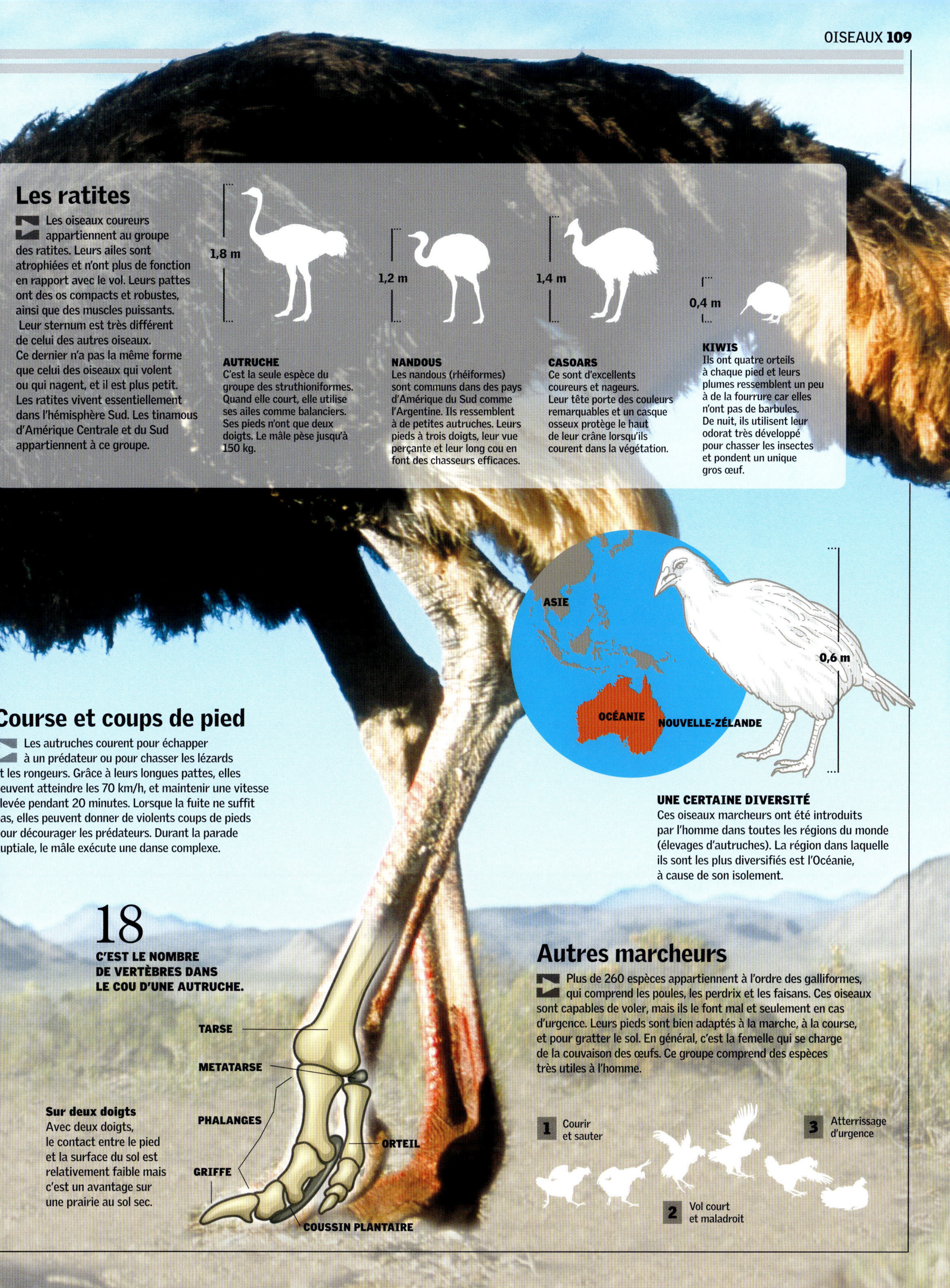


## Les ratites

Les oiseaux coureurs appartiennent au groupe des ratites. Leurs ailes sont atrophiées et n'ont plus de fonction en rapport avec le vol. Leurs pattes ont des os compacts et robustes, ainsi que des muscles puissants. Leur sternum est très différent de celui des autres oiseaux. Ce dernier n'a pas la même forme que celui des oiseaux qui volent ou qui nagent, et il est plus petit. Les ratites vivent essentiellement dans l'hémisphère Sud. Les tinamous d'Amérique Centrale et du Sud appartiennent à ce groupe.

**AUTRUCHE**
C'est la seule espèce du groupe des struthioniformes. Quand elle court, elle utilise ses ailes comme balanciers. Ses pieds n'ont que deux doigts. Le mâle pèse jusqu'à 150 kg.

**NANDOUS**
Les nandous (rhéiformes) sont communs dans des pays d'Amérique du Sud comme l'Argentine. Ils ressemblent à de petites autruches. Leurs pieds à trois doigts, leur vue perçante et leur long cou en font des chasseurs efficaces.

**CASOARS**
Ce sont d'excellents coureurs et nageurs. Leur tête porte des couleurs remarquables et un casque osseux protège le haut de leur crâne lorsqu'ils courent dans la végétation.

**KIWIS**
Ils ont quatre orteils à chaque pied et leurs plumes ressemblent un peu à de la fourrure car elles n'ont pas de barbules. De nuit, ils utilisent leur odorat très développé pour chasser les insectes et pondent un unique gros œuf.

## Course et coups de pied

Les autruches courent pour échapper à un prédateur ou pour chasser les lézards t les rongeurs. Grâce à leurs longues pattes, elles euvent atteindre les 70 km/h, et maintenir une vitesse levée pendant 20 minutes. Lorsque la fuite ne suffit as, elles peuvent donner de violents coups de pieds our décourager les prédateurs. Durant la parade uptiale, le mâle exécute une danse complexe.

**UNE CERTAINE DIVERSITÉ**
Ces oiseaux marcheurs ont été introduits par l'homme dans toutes les régions du monde (élevages d'autruches). La région dans laquelle ils sont les plus diversifiés est l'Océanie, à cause de son isolement.

18

**C'EST LE NOMBRE DE VERTÈBRES DANS LE COU D'UNE AUTRUCHE.**

## Autres marcheurs

Plus de 260 espèces appartiennent à l'ordre des galliformes, qui comprend les poules, les perdrix et les faisans. Ces oiseaux sont capables de voler, mais ils le font mal et seulement en cas d'urgence. Leurs pieds sont bien adaptés à la marche, à la course, et pour gratter le sol. En général, c'est la femelle qui se charge de la couvaison des œufs. Ce groupe comprend des espèces très utiles à l'homme.

**Sur deux doigts**
Avec deux doigts, le contact entre le pied et la surface du sol est relativement faible mais c'est un avantage sur une prairie au sol sec.

# Les oiseaux marins

Sur plus de 10 000 espèces d'oiseaux vivant sur Terre, environ 300 ont adopté un mode de vie marin. Pour survivre dans ce milieu, les oiseaux de mer présentent de multiples adaptations. Par exemple, ils disposent d'un système excréteur plus efficace que celui des autres oiseaux, avec une glande spécialisée dans l'élimination d'excès de sel. Certains oiseaux marin sont plus aquatiques qu'aériens, mais la plupart vivent le long des côtes et ont des comportements mixtes. Les albatros ou les pétrels peuvent voler pendant des mois sans toucher terre (oiseaux pélagiques).

## Adaptations

Les oiseaux marins sont naturellement au contact de l'eau, en particulier ceux qui pêchent en mer. Ils ont tout d'abord une bonne capacité à flotter. La pointe de leur bec est équipée d'un crochet pour saisir les poissons et leurs pattes sont palmées.

L'eau salée n'est pas un problème ; ils peuvent même en boire. Chez les oiseaux pélagiques, l'odorat joue un rôle important car il leur permet de détecter les bancs de poissons. Ils utilisent également ce sens pour retrouver leur nid au sein des colonies.

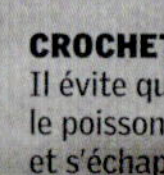

**CROCHET**
Il évite qu
le poisson
et s'échap

Bec de cormoran

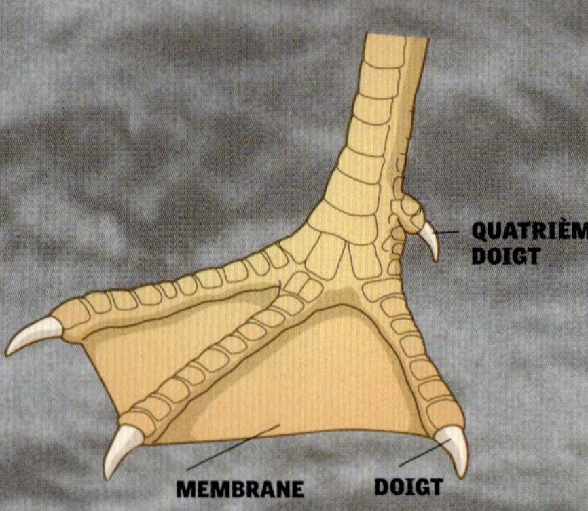


**PATTES TOTIPALMÉES**
Caractéristique des oiseaux marins, le doigt postérieur est lié aux autres par une membrane. Cela crée une grande surface qui permet une poussée plus puissante lors de la nage, mais donne une démarche maladroite.

**45 m**

**PROFONDEUR MAXIMALE QU'ATTEIGNENT LES PLONGEONS AMÉRICAINS, OISEAUX QUI HIVERNENT EN BORD DE MER.**

**PLONGEON HUARD**
*Gavia immer*
Pratiquement incapables de marcher, les plongeons sont d'excellents nageurs et plongeurs. Ils nichent au bord des lacs intérieurs en été.

### TYPES D'OISEAUX MARINS

**CORMORAN IMPÉRIAL**
*Phalocrocorax atriceps*
Ce grand plongeur côtier a des os solides et de grandes pattes. Son plumage n'étant pas huilé, il peut plus facilement plonger.

**PÉLICAN BRUN**
*Pelecanus occidentalis*
Il reste le long des côtes et utilise son jabot comme un filet de pêche.

**GOÉLAND ARGENTÉ**
*Larus argentatus*
C'est un pêcheur vorace et un très bon planeur. Cette espèce est cosmopolite.

**FOU DU CAP**
*Morus capensis*
Remarquable pêcheur, ce fou vit en Afrique. Pour se rafraîchir, il a une zone de peau nue sur la poitrine.

NARINES TUBULAIRES
Les albatros en ont une de chaque côté du bec. Chez les pétrels, les narines fusionnent en haut du bec pour former un tube nasal unique.
BEC
Il est composé de plusieurs plaques dures.
GLANDE
LOBE
CIRCULATION SANGUINE
CIRCULATION DE SOLUTION SALINE
CANAL EXCRÉTEUR
PÊCHE EN PLONGÉE
1
L'oiseau pique pour gagner de la vitesse.
2
Il replie ses ailes et allonge son cou pour plonger dans l'eau et atteindre le banc de poissons.
3
L'oiseau immerge son corps le plus possible pour attraper le poisson. Son plumage l'aide à revenir en surface.

## Glande à sel

Vivre près de l'océan nécessite quelques ajustements physiologiques. Le plus remarquable est la présence d'une glande à sel, qui élimine le sel en excès. Grâce à elle, les oiseaux marins peuvent même boire de l'eau de mer sans souffrir de déshydratation comme ce serait le cas pour un être humain. La glande est très efficace : 20 à 30 minutes après avoir bu une solution saline (à 4 %) comparable à de l'eau de mer, un oiseau marin élimine par ses narines une solution saline à 5 % sous forme de gouttes d'eau.

## Techniques de pêche

Beaucoup d'oiseaux marins plongent pour pêcher. De cette manière, ils peuvent capturer des proies situées plus profondément sous la surface. Pour atteindre une plus grande profondeur, ils volent à plusieurs mètres de haut, replient leurs ailes, et plongent la tête en avant. Grâce à la flottabilité de leurs plumes, ils remontent rapidement à la surface.

# Les oiseaux aquatiques

Ces oiseaux d'eau douce comprennent des représentants très divers, des martins-pêcheurs aux canards, en passant par les hérons. Ils vivent près des rivières, des lacs ou des étangs pendant au moins une partie de l'année et sont adaptés à la vie aquatique. Certains sont d'excellents nageurs, d'autres sont de bons plongeurs, d'autres encore ont de longues pattes (échassiers). Ils ont des régimes alimentaires très variés et beaucoup sont omnivores.

## Canards et oies

L'ordre des ansériformes comprend des oiseaux assez familiers : les canards et les oies, par exemple. Ils ont des pattes courtes et palmées et des becs plats comportant des lamelles cornées qui leur permettent de filtrer l'eau ou de tamiser la vase du fond d'un étang pour prendre leur nourriture. Ils peuvent aussi capturer des poissons. La plupart des ansériformes sont omnivores et aquatiques, mais quelques espèces vivent essentiellement sur la terre ferme. Ils sont très largement répartis dans le monde.

**CANARD DE BARBARIE** *Cairina moschata*

**OIE RIEUSE** *Cygnus melancoryphus*

**CYGNE À COU NOIR** *Anser albifrons*

**PALMURE REPLIÉE**

**PALMURE OUVERTE**

### DES PATTES POUR NAGER

Pour avancer, le canard écarte les doigts de sa patte et se propulse en prenant appui sur la palmure. Ensuite, il replie ses doigts pour ramener sa patte vers l'avant. Pour tourner, il pousse avec la patte du côté opposé.

### LE CANARD PÊCHE EN SURFACE

**1** Le canard nage et tente de repérer sa nourriture sous l'eau.

**2** Il plonge sa tête sous l'eau, et pousse vivement avec ses pattes en allongeant le cou.

**3** Il flotte la tête en bas et farfouille avec son bec.

**NARINES**
Ouvertes et ovales

**LAMELLES**
Autour du bec

## Plongeurs et pêcheurs

Les oiseaux plongeurs appartiennent à l'ordre des podicipédiformes. Ils se nourrissent de petits poissons ou d'insectes aquatiques, et sont maladroits sur la terre ferme. Les coraciiformes, comme le martin-pêcheur, guettent leurs proies en surveillant le fil de l'eau. Dès qu'ils remarquent un poisson, ils plongent et le saisissent avec leur bec. Dans l'ordre des charadriiformes, les courlis marchent le long des berges en cherchant leur nourriture, leurs longues pattes les maintenant hors de l'eau.

**GRÈBE**
*Podiceps*

**ŒDICNÈME CRIARD**
*Burhinus oedicnemus*

**MARTIN-PÊCHEUR**
*Alcedo atthis*

### LES BECS DE CANARD

Ils sont plats et larges, légèrement creusés au milieu. Leur forme est assez standard et varie peu, mais quelques espèces ont un tout petit bec (canard mandarin).

2,7 cm

**BEC EN FORME DE PELLE**
Forme typique chez de nombreux canards..

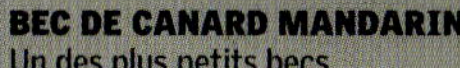

**BEC DE CANARD MANDARIN**
Un des plus petits becs.

**BEC D'UN IBIS**
Il est long et fin, idéal pour fouiller la vase.

**DENDROCYGNE FAUVE**
*Dendrocygna bicolor*

## Les échassiers

Ils forment un groupe artificiel, car les différents échassiers n'ont pas de proche parenté évolutive. Ils sont simplement réunis en raison de leurs adaptations comparables à un même milieu : bec et cou longs et très mobiles, pattes fines et longues pour marcher dans l'eau pendant qu'ils pêchent. Les hérons forment un groupe particulier parce qu'ils sont très cosmopolites et possèdent un duvet poudreux (pulviplumes). Les ibis et les cigognes ont également une large distribution. Les oiseaux ayant un bec en sabot ou en spatule vivent essentiellement en Afrique.

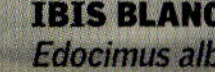

**IBIS BLANC**
*Edocimus albus*

**IBIS** (*Ibis*)
Certains sont filtreurs d'autres pêcheurs.

**CIGOGNE** (*Ciconia*)
Elle pêche avec son long bec.

**BEC-EN-SABOT DU NIL** (*Balaeniceps rex*)
Il se nourrit de poissons, de serpents, voire de charognes.

**HÉRON** (*Ardea cinerea*)
Il pêche avec son bec effilé.

**SPATULE BLANCHE**
(*Platalea leucorodia*)
Elle mange divers animaux aquatiques.

**OMBRETTE AFRICAINE**
(*Scopus umbretta*)
Elle pêche et chasse de petits animaux.

**PATTES D'UN IBIS**
Elles hissent le corps de l'oiseau au-dessus de l'eau, mais suffisamment près pour qu'il atteigne le fond avec son bec.

# Les rapaces

Les rapaces sont des chasseurs et des carnivores de nature, experts en détection et en capture de proies. Leur vue est trois fois plus fine que celle des êtres humains et leur ouïe est très efficace pour localiser les proies. Ils possèdent des serres puissantes et aiguisées, très efficaces pour tuer de petits animaux. Leur bec en forme de crochet est aussi une arme redoutable, pouvant briser un cou instantanément. On distingue les rapaces diurnes et les nocturnes. Les aigles, les faucons, les vautours et les chouettes sont représentatifs de la diversité des rapaces.

## Diurnes et nocturnes

Aigles, faucons, balbuzards, condors et vautours sont des rapaces diurnes, tandis que les chouettes et les hiboux sont nocturnes. Ces deux groupes ne sont pas étroitement apparentés. Leurs proies sont principalement des petits mammifères, des reptiles et des insectes. Les oiseaux nocturnes disposent d'adaptations particulières : une vision très développée avec des yeux situés sur la face, et une audition particulièrement fine. Les plumes de leurs ailes ne font aucun bruit pendant le vol ce qui leur permet de surprendre leurs proies. Enfin, pour les protéger eux-mêmes pendant leur sommeil, leur plumage tacheté leur assure un excellent camouflage parmi les arbres.

**HIBOU GRAND-DUC**
*Bubo bubo*
Ses oreilles de chaque côté de la tête permettent de localiser les proies avec précision.

**PYGARGUE À TÊTE BLANCHE**
*Haliaeetus leucocephalus*
Son champ de vision est de 220° et celui de sa vision stéréoscopique de 50°.

**CIRE**
Partie charnue du bec

## Becs

Le bec des oiseaux de proie est crochu. Quelques rapaces (milans) ont une « dent » qui fonctionne comme un couteau, leur permettant de tuer leur victime, puis d'arracher la peau et les muscles. La structure et la forme du bec varient selon les espèces. Les charognards (les vautours et les condors, par exemple) ont un bec moins robuste car ils se nourrissent de chairs attendries par la décomposition. D'autres espèces, comme les faucons, saisissent leurs proies avec leurs serres et les achèvent d'un coup de bec qui leur brise la colonne vertébrale.

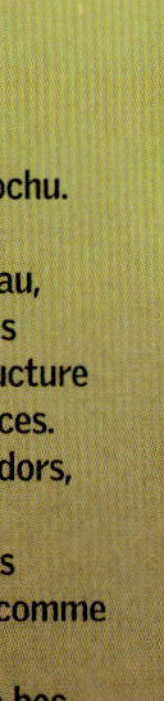

**CROCHET**
Partie recourbée du bec

**NARINE**
L'olfaction aide à la localisation des proies.

**BUSE À QUEUE BARRÉE**
*Buteo albonotatus*

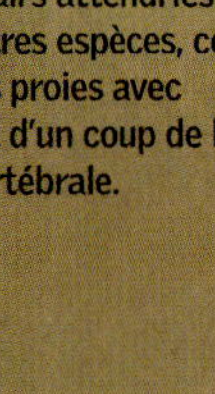

**PYGARGUE À TÊTE BLANCHE**
Son bec crochu est commun à beaucoup de rapaces.

**ÉPERVIER**
Son bec lui permet d'extraire des escargots de leur coquille.

**FAUCON**
Il peut briser la nuque de ses proies d'un seul coup de bec.

**AUTOUR**
Son bec lui permet de saisir des proies aussi grosses qu'un lièvre.

**PELOTES DE RÉJECTION**
Les chouettes régurgitent sous forme de pelote des éléments indigestes (comme les os, les poils, les coquilles). Leur étude permet de définir très précisément le régime alimentaire au cours des saisons.

## COMMENT CHASSENT LES VAUTOURS

**1** Les vautours se nourrissent principalement de charognes, bien qu'ils soient capables d'attaquer des animaux vivants lorsque l'occasion se présente.

**2** Grâce à leur aptitude à utiliser les ascendances thermiques, ils trouvent leur nourriture sans dépenser beaucoup d'énergie.

**3** Une fois que la charogne est trouvée, ils examinent les lieux pour pouvoir s'envoler en cas d'urgence.

## DIMENSIONS

Les ailes des rapaces sont bien adaptées à leur type de vol et peuvent atteindre 3 m d'envergure.

**CONDORS**
0,95–2,9 m

**AIGLES**
1,35–2,45 m

**BUSARDS**
1,2–1,5 m

**MILANS**
0,8–1,95 m

**BUSE BICOLORE**
1,05–1,35 m

**FAUCONS**
0,67–1,25 m

## PATTES

Les rapaces attrapent et tuent leurs proies avec leurs serres, et déchirent les chairs avec leur bec. Les serres sont donc des éléments anatomiques importants pour ces espèces. Les doigts sont terminés par des griffes que l'oiseau utilise comme des pinces pour saisir sa proie en vol. Le balbuzard a, en plus, des écailles sur les pattes pour maintenir les poissons.

**VAUTOUR FAUVE**
Ses longues serres agrippent mal.

**AIGLE PÊCHEUR**
Ses pattes possèdent des écailles rugueuses pour saisir plus facilement les poissons.

**AUTOUR**
Il a des callosités au bout des pattes.

**ÉPERVIER**
Ses pattes ont des tarses courts et des doigts puissants.

# Les passereaux

L'ordre des passériformes forme le groupe d'oiseaux le plus vaste et le plus diversifié. Leurs pattes sont adaptées à la position perchée. On les appelle « oiseaux chanteurs » car ils produisent des sons et des chants complexes grâce à leur syrinx. Beaucoup de passereaux vivent dans les arbres ou les arbustes, mais peuvent aussi venir sautiller sur le sol. Ils occupent de nombreux types d'habitats terrestres partout dans le monde, des déserts aux zones boisées. Leurs oisillons sont généralement nidicoles et peu matures à l'éclosion. Les passereaux ont souvent un plumage coloré.

## Le plus petit

Les passereaux sont petits par rapport aux autres oiseaux. Leur taille varie de 5 cm pour le colibri d'Hélène (*Mellisuga helenae*), à 19 cm pour l'hirondelle du Chili (*Tachycineta leucopyga*), et jusqu'à 65 cm pour le grand corbeau (*Corvus corax*).

**COLIBRIS**
**5 CM**
Ils trouvent leur énergie dans le nectar des fleurs et peuvent doubler leur poids en un repas. Ils ont besoin d'une grande quantité d'énergie en raison de leur vol frénétique.

**HIRONDELLES**
**19 CM**
Elles font preuve d'une grande agilité en vol. Ces oiseaux migrateurs ont une morphologie adaptée aux longs voyages.

**CORBEAUX**
**65 CM**
Ils mangent de tout : des fruits, des insectes, des reptiles, des petits mammifères et des oiseaux. Les corbeaux sont de grands omnivores.

**PASSÉRIFORMES**

Les passereaux sont répartis dans près d'une centaine de familles comptant plus de 5 400 espèces.

50 %

**DES OISEAUX APPARTIENNENT À L'ORDRE DES PASSÉRIFORMES.**

## ILS N'ONT PAS LE PIED MARIN

Les passereaux sont présents dans toutes les régions du monde, sauf sur le continent polaire austral, car les ressources alimentaires sont rares et aucun n'est adapté au milieu maritime. Ils ont en commun une grande vivacité en vol. Le xénique de Stephens (Xenicus lyalli), aujourd'hui disparu, était probablement le seul passereau incapable de voler. Les nombreuses familles sont de tailles très variables : eurylaimidés 20 espèces, paridés 59 ou furnariidés 307.

**MÉNURIDÉS**

Cette famille ne comporte que deux espèces de passériformes qui ne vivent qu'en Australie. Leur chant est très mélodieux et ils sont d'excellents imitateurs des autres oiseaux. Ils peuvent même imiter le bruit des sabots d'un cheval !

**CHANTEUSE**
Cette hirondelle bleu et blanc (*Notiochelidon cyanoleuca*) produit un chant très agréable lorsqu'elle vole ou reste perchée. D'autres oiseaux comme les alouettes, les chardonnerets ou les canaris sont aussi de bons chanteurs.

**BEC FORT ET COURT**
Le bec d'une hirondelle est très court. Elle l'utilise pour capturer les insectes en plein vol.

**SYRINX**
Cet organe producteur de son est localisé dans la trachée. Les muscles de la syrinx modifient les parois des bronches dans lesquelles passe l'air pour produire les vocalisations qui caractérisent les oiseaux chanteurs.

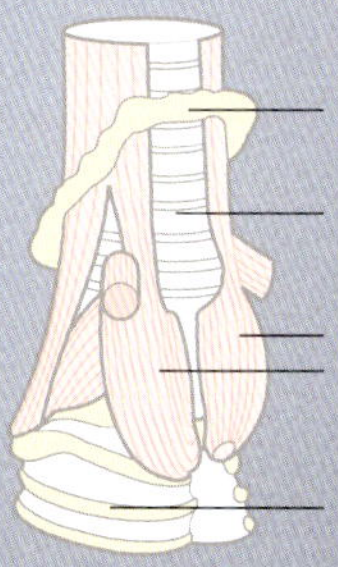

CARTILAGE DE LA SYRINX
ANNEAUX TRACHÉAUX
MUSCLES BRONCHIQUES
ANNEAU BRONCHIAL

## VIVRE AUX ANTIPODES

Les hirondelles bleu et blanc vivent entre les deux hémisphères. Elles élèvent leurs petits dans le Nord et passent l'hiver dans le Sud, migrant jusqu'en Terre de Feu (sud du Chili et de l'Argentine). Elles ont un remarquable sens de l'orientation car elles retrouvent leur nid au retour.

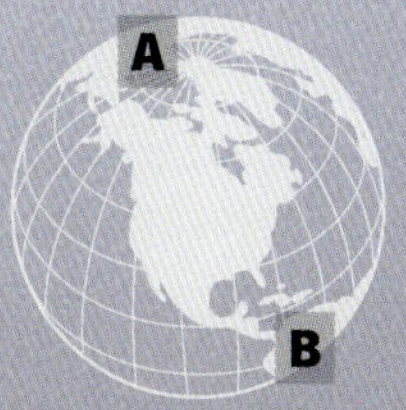

**A** En été, durant la saison de reproduction, elles vivent dans l'hémisphère nord sur le continent nord américain. En général, les oiseaux du Néotropique se reproduisent au-dessus du tropique du Cancer.

**B** Quand l'hiver s'annonce dans l'hémisphère Nord, elles migrent en masse vers le sud, de la zone Caraïbe à l'Amérique du Sud. L'hirondelle rustique parcourt près de 22 000 km pendant sa migration entre les États-Unis et le sud de l'Argentine.

**HIRONDELLE RUSTIQUE**
*Hirundo rustica*
Elle passe une grande partie de son temps à voyager dans les zones tempérées.

**DES PATTES POUR SE PERCHER**
Trois orteils de la patte sont dirigés vers l'avant et l'hallux bien développé est orienté vers l'arrière. Cette patte est idéale pour se percher sur les branches.

**EURYLAIME VERT**
Natif de Bornéo et Sumatra, il habite les zones de végétation dense de ces régions tropicales. Il se nourrit principalement de figues et d'autres fruits, parfois d'insectes. Le couple construit un nid en forme de poire, suspendu au-dessus de l'eau.

**FURNARIIDÉS**
Certaines espèces de cette famille construisent un nid d'argile ayant un peu la forme d'un four arrondi. D'autres font un tressage de paille et de feuilles, d'autres encore creusent des tunnels dans le sol.

# 3 REPTILES

# Le monde des reptiles

Cet œil d'iguane est entouré d'écailles typiques des reptiles. La couleur joue un rôle primordial dans la vie des reptiles tels que l'iguane. Elle permet de différencier les mâles des femelles et, à l'heure de la parade nuptiale, les iguanes communiquent en affichant des couleurs vives et en arborant leur repli de peau sous le cou (fanon). Comme

**BONNE VISION**
L'iguane voit très bien, même les couleurs. Il a des paupières transparentes, comme la plupart des reptiles.

tous les reptiles, ce sont des animaux à « sang froid » : ils ne maintiennent pas leur température corporelle constante. Ainsi, lézards et serpents s'exposent au soleil pour réchauffer leur corps.

La plupart des reptiles sont carnivores, excepté certaines tortues et quelques iguanes. Par rapport aux amphibiens, la plupart des reptiles se montrent indépendants vis-à-vis du milieu aquatique.

# Des écailles sur la peau

Les reptiles sont des vertébrés : leur corps est donc soutenu par une colonne vertébrale. Leur peau est dure, sèche et écailleuse. Comme les oiseaux, la plupart des reptiles naissent dans des œufs, pondus à terre. Les petits sortent de l'œuf totalement formés sans passer par un état de larve. Les premiers reptiles sont apparus il y a environ 340 millions d'années (Paléozoïque). Puis ils ont évolué et proliféré au cours du Mésozoïque, surnommé l'âge d'or des reptiles. Sur les 23 ordres de reptiles existant alors, seuls 4 persistent de nos jours.

**SCINQUE À QUEUE PRÉHENSILE**
*Corucia zebrata*

**MEMBRANES EMBRYONNAIRES**
Il y en a deux: l'amnios protecteur et l'allantoïde respiratoire (ou membrane fœtale vasculaire).

**4765**
**ESPÈCES DE LÉZARDS**

**YEUX**
Presque toujours petits. Les animaux diurnes ont une pupille ronde.

**MEMBRANE NICTITANTE**
Elle part de l'angle interne et s'étend sur l'œil pour le recouvrir.

**CAÏMAN NOIR**
*Melanosuchus niger*

## Habitat

Les reptiles vivent dans des environnements incroyablement variés ; des déserts les plus chauds et arides aux forêts tropicales les plus humides. Ils font preuve d'une grande capacité d'adaptation. Ils peuplent tous les continents sauf l'Antarctique et la plupart des pays possède au moins une espèce de reptile terrestre. Ils sont très nombreux dans les régions tropicales et subtropicales d'Afrique, d'Asie, d'Australie et d'Amérique car la chaleur qui y règne et l'abondance des proies favorisent leur développement.

## Crocodiles

Ils se distinguent généralement par leur grande taille. Du cou à la queue, leur dos est recouvert de rangées de plaques osseuses ressemblant à des épines ou des dents. Les crocodiles sont apparus il y a 200 millions d'années et ce sont les plus proches parents vivants des dinosaures et des oiseaux. Leur cœur est divisé en quatre cavités, leur cerveau est particulièrement développé et la musculature de leur estomac est si développée qu'il ressemble au gésier des oiseaux. Les espèces les plus grandes sont dangereuses.

**OVIPARES**
La plupart des reptiles sont ovipares (pondent des œufs) mais des serpents et certains lézards sont ovovivipares (les œufs sont conservés dans le ventre de la mère).

**THORAX ET ABDOMEN**
Ils ne sont pas séparés par un diaphragme. Les alligators respirent en s'aidant des muscles de la paroi du corps.

**ALLIGATOR AMÉRICAIN**
*Alligator mississippiensis*

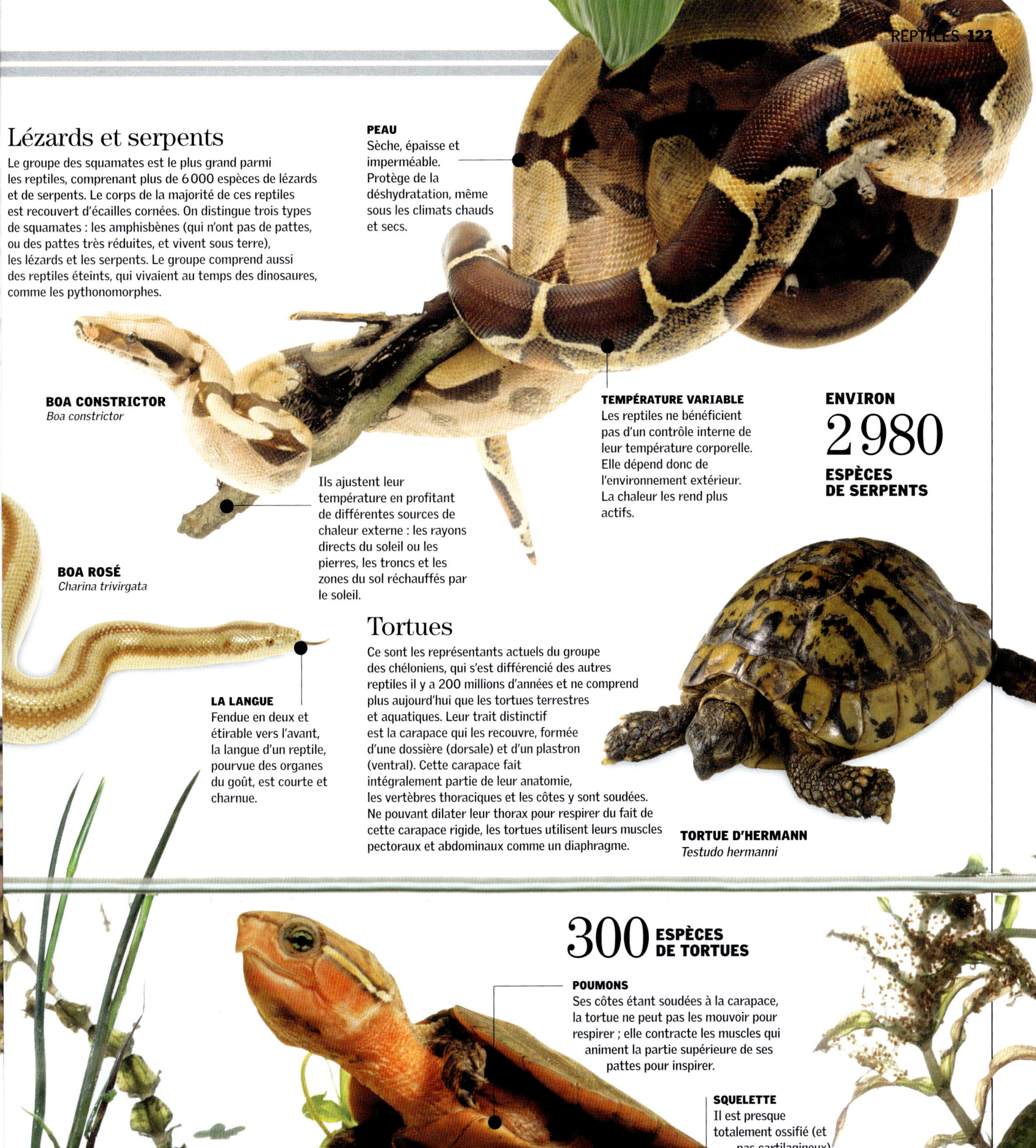

## Lézards et serpents

Le groupe des squamates est le plus grand parmi les reptiles, comprenant plus de 6 000 espèces de lézards et de serpents. Le corps de la majorité de ces reptiles est recouvert d'écailles cornées. On distingue trois types de squamates : les amphisbènes (qui n'ont pas de pattes, ou des pattes très réduites, et vivent sous terre), les lézards et les serpents. Le groupe comprend aussi des reptiles éteints, qui vivaient au temps des dinosaures, comme les pythonomorphes.

**PEAU**
Sèche, épaisse et imperméable. Protège de la déshydratation, même sous les climats chauds et secs.

**BOA CONSTRICTOR**
*Boa constrictor*

**TEMPÉRATURE VARIABLE**
Les reptiles ne bénéficient pas d'un contrôle interne de leur température corporelle. Elle dépend donc de l'environnement extérieur. La chaleur les rend plus actifs.

**ENVIRON**
2 980
**ESPÈCES DE SERPENTS**

Ils ajustent leur température en profitant de différentes sources de chaleur externe : les rayons directs du soleil ou les pierres, les troncs et les zones du sol réchauffés par le soleil.

**BOA ROSÉ**
*Charina trivirgata*

**LA LANGUE**
Fendue en deux et étirable vers l'avant, la langue d'un reptile, pourvue des organes du goût, est courte et charnue.

## Tortues

Ce sont les représentants actuels du groupe des chéloniens, qui s'est différencié des autres reptiles il y a 200 millions d'années et ne comprend plus aujourd'hui que les tortues terrestres et aquatiques. Leur trait distinctif est la carapace qui les recouvre, formée d'une dossière (dorsale) et d'un plastron (ventral). Cette carapace fait intégralement partie de leur anatomie, les vertèbres thoraciques et les côtes y sont soudées. Ne pouvant dilater leur thorax pour respirer du fait de cette carapace rigide, les tortues utilisent leurs muscles pectoraux et abdominaux comme un diaphragme.

**TORTUE D'HERMANN**
*Testudo hermanni*

300 **ESPÈCES DE TORTUES**

**POUMONS**
Ses côtes étant soudées à la carapace, la tortue ne peut pas les mouvoir pour respirer ; elle contracte les muscles qui animent la partie supérieure de ses pattes pour inspirer.

**SQUELETTE**
Il est presque totalement ossifié (et pas cartilagineux).

**TORTUE AQUATIQUE D'AMÉRIQUE CENTRALE**
*Dermatemys mawii*

# Des proies au menu

Le régime de base des reptiles est carnivore, mais certains sont végétariens. Beaucoup de lézards se nourrissent d'insectes et les serpents de petits vertébrés (oiseaux, rongeurs, poissons, amphibiens ou autres reptiles), dévorant aussi des œufs d'oiseaux. La tortue peinte mange de la viande et des végétaux (omnivore). Les reptiles, comme les autres animaux, font partie de chaînes alimentaires, dont ils occupent différents niveaux selon leur régime.

## Herbivores

Ce régime est plutôt typique d'autres groupes d'animaux, mais certains reptiles ne se nourrissent que de végétaux. L'iguane marin ne mange que des algues : il plonge pour les brouter sur les rochers.

**IGUANE VERT**

Appelé aussi iguane commun, c'est l'un des rares reptiles herbivores. Il se nourrit de feuilles et de certains fruits.

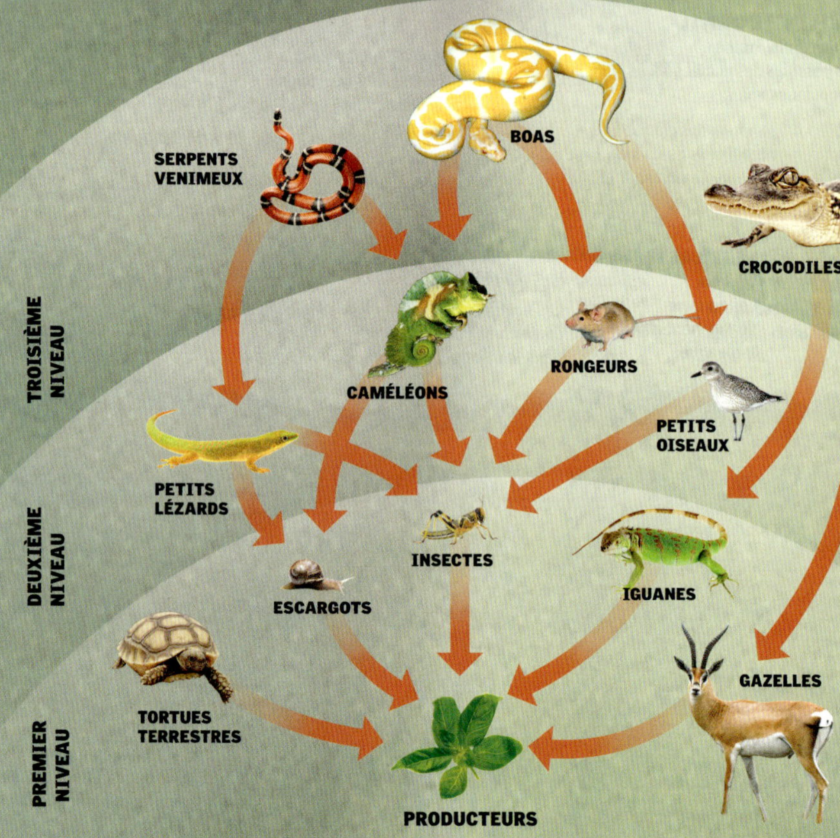


## La chaîne alimentaire

Les végétaux sont les seuls vrais « producteurs » de la chaîne alimentaire car, par photosynthèse, ils transforment le carbone de l'air en une substance organique. Ils sont mangés par les herbivores, ou consommateurs de premier niveau, eux-mêmes mangés par les consommateurs de deuxième niveau. Les animaux (dont certains reptiles) qui mangent d'autres carnivores sont les consommateurs de troisième niveau de la chaîne alimentaire.

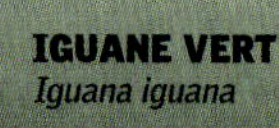

**IGUANE VERT**
*Iguana iguana*

## Digestion

Dans le cas des serpents qui avalent leur proie en entier, la digestion prend des semaines, voire des mois car leur suc gastrique digère même les os de leurs proies.

**SERPENTS**

Ils peuvent distendre leur gueule et des parties de leur tube digestif pour avaler leurs proies en entier. Leurs dents ne sont pas faites pour mâcher mais pour chasser, et retenir leur proie (et, chez certains, empoisonner).

**RADIOGRAPHIE**
Ce serpent a avalé une grenouille entière.

## Carnivores

Atouts d'un reptile prédateur : un instinct opportuniste, de bons réflexes, une langue avec des terminaisons nerveuses très sensibles, des muqueuses buccales aidant à l'ingestion de la proie et un système immunitaire puissant.

**CROCODILES**

Mangent des vertébrés et des invertébrés. Les jeunes consomment surtout des invertébrés terrestres et aquatiques et les adultes mangent principalement du poisson.

**TORTUE DES BOIS**
*Clemmys insculpta*

## Omnivores

Beaucoup de tortues agrémentent de proies leur menu végétarien (mollusques, vers et larves d'insectes peu mobiles), mais certaines sont strictement carnivores. La tortue caouanne, qui mesure plus d'un mètre, mange des éponges, des mollusques, des crustacés, des poissons et des algues.

**VIPÈRE DE SCHLEGEL**
*Bothriechis schlegeli*

# Reproduction

La plupart des reptiles pondent : ils sont « ovipares ». Certains pondent beaucoup d'œufs, les déposent dans un nid bien protégé, ou les cachent sous la terre ou le sable, et les laissent se développer seuls. Les tortues marines, en particulier les tortues vertes, viennent pondre dans le sable des plages, laissant leurs œufs, au risque qu'ils soient découverts par des prédateurs. Mais les femelles d'autres espèces restent près du nid et protègent farouchement leurs œufs.

**ANACONDA VERT**
*Eunectes murinus*
Un anaconda peut avoir plus de 50 petits, qui mesurent près de 1 m de long à la naissance.

## Coquille de l'œuf

Les petits reptiles se développent dans l'amnios, un sac rempli de liquide à l'intérieur de l'œuf. La plupart des œufs ont une coquille lisse et souple, mais certaines peuvent être plus dures. Le fœtus absorbe l'oxygène et l'humidité dont il a besoin à travers la coquille, et se nourrit du liquide de l'œuf.

**APPAREIL REPRODUCTEUR FEMELLE**
Il comprend deux ovaires contenant les ovules, libérés dans deux conduits débouchant sur le cloaque. La fécondation a lieu dans la partie haute du conduit.

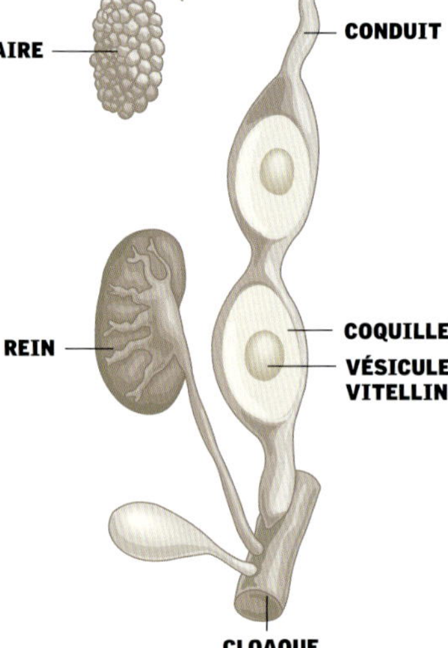


### Pondre

L'oviparité est le mode de reproduction consistant à pondre des œufs dans lesquels les petits se développent avant d'éclore. Les conditions d'incubation varient selon les espèces : certaines laissent les œufs dans des nids ou les cachent sous la terre ou le sable ; chez d'autres espèces comme les crocodiles, la femelle peut contrôler la température du nid.

### Croissance

L'œuf est enterré par la mère et l'embryon commence à se développer. L'œuf apporte l'alimentation nécessaire.

### Fracture

La pression exercée sur la coquille du fait des mouvements de l'animal dans un espace si exigu entraîne la fracture de la coquille de l'intérieur.

**TORTUE LÉOPARD**

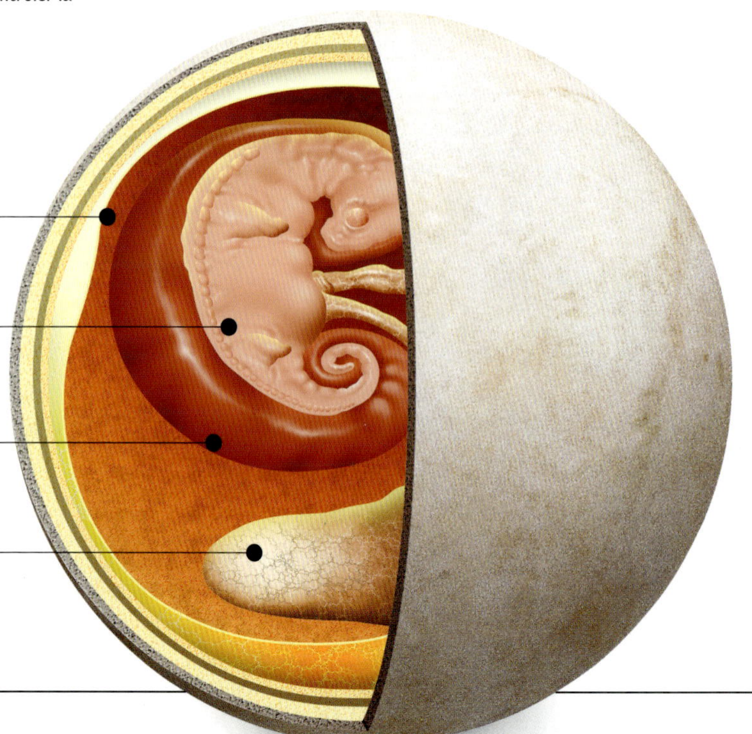

**COQUILLE**
Permet l'entrée d'oxygène pour la respiration de l'embryon.

**EMBRYON**
Protégé de la sécheresse, il peut survivre sans eau.

**SAC VITELLIN**
Réserve alimentaire entourant l'embryon.

**ALLANTOÏDE**
Permet la respiration et l'évacuation des déchets.

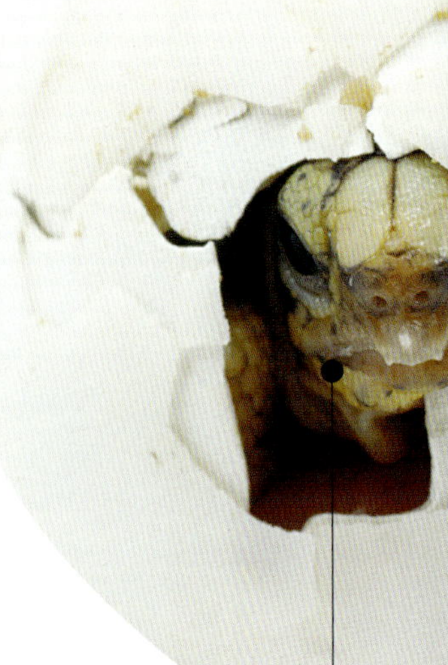

**DENT DE L'ŒUF**
Dent cornée située sur le museau qui permet de percer la coquille à l'éclosion.

## Ovovivipares

Les œufs restent dans le corps de la mère qui, au lieu de pondre, donne naissance à des petits, qui sont des modèles réduits des adultes. Ils ne reçoivent aucun soin de leurs parents.

# 145 à 160 jours

**C'EST LA DURÉE D'INCUBATION DE LA TORTUE LÉOPARD.**

## Sortie

La tortue peut mettre une journée à sortir. Elle a encore, pendu à son ventre, le sac vitellin qui lui a fourni sa nourriture pendant l'incubation.

**BOUCHE**
C'est la première à apparaître.

**PATTES**
Elles sont bien mobiles dès l'éclosion.

**CARAPACE**
Elle est déjà totalement formée à la naissance.

3

## Éclosion

La tortue, prête à sortir, commence à casser sa coquille avec son corps. C'est l'éclosion.

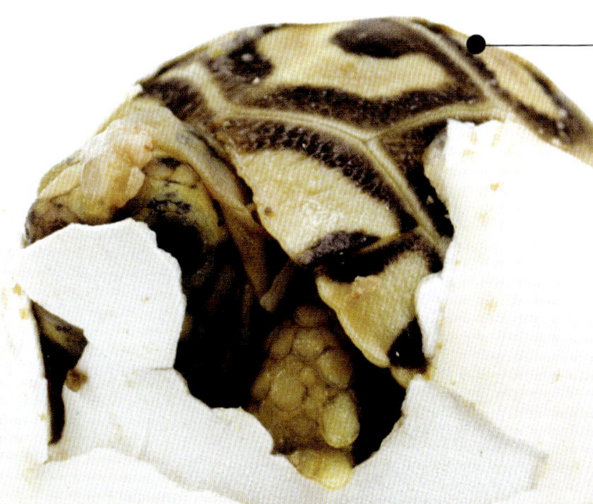

**CARAPACE**
En grandissant elle finit par briser la coquille.

**TORTUE LÉOPARD**
*Stigmochelys pardalis*

| | |
|---|---|
| **HABITAT** | Afrique |
| **RÉGIME** | Herbivore |
| **TAILLE** | 60-65 cm |
| **POIDS** | 35 kg |

**FER-DE-LANCE**
*Bothrops atrox*

Il peut pondre jusqu'à 80 œufs en une seule fois, chacun donnant un petit de 30 cm.

**CONSISTANCE DES ŒUFS**

La coquille peut être molle ou rigide : celle des œufs de lézard et de serpent est molle, mais celle des œufs de tortues et de crocodiles est dure.

**DURE**

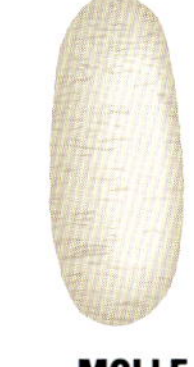

**MOLLE**

## Vivipares

Comme chez la plupart des mammifères, tout le cycle du développement embryonnaire a lieu dans le corps de la mère et l'embryon est nourri au contact des tissus maternels

# Crocodiles, lézards, tortues et serpent…

Certains crocodiles, avec leur grande taille et leurs puissantes mâchoires, font partie des prédateurs les plus dangereux. Un jeune crocodile se nourrit de petits poissons, de grenouilles et d'insectes, mais l'adulte de grande taille s'attaque à de grosses proies, voire à l'homme. Savez-vous que les lézards, avec leurs nombreuses espèces de toutes formes et tailles,

**PYTHON VERT**
Ce python vert arboricole s'enroule souvent autour d'une branche et attend ses proies, prêt à attaquer un petit mammifère ou un oiseau.

sont les reptiles les plus répandus de nos jours ? Découvrez aussi le monde surprenant des serpents, leur anatomie, leur habitat, et comment certains s'enroulent autour de leurs proies pour les étouffer.

Même si les tortues semblent pacifiques, beaucoup sont carnivores et chassent de petits invertébrés, des poissons et d'autres animaux.

# Le dragon de Komodo

Si le plus grand lézard du monde est appelé « dragon de Komodo », c'est à cause de son allure menaçante, et parce qu'il vit sur un groupe d'îles d'Indonésie, dont celle de Komodo. Il peut atteindre 3 m de long et peser environ 150 kg, et appartient au groupe des varans. C'est un carnivore, connu pour ses attaques féroces sur ses proies. Il peut tuer un cerf d'une seule morsure car elle est venimeuse et sa salive contient de nombreuses bactéries nocives

**DRAGON DE KOMODO**
*Varanus komodoensis*

| | |
|---|---|
| **TERRITOIRE** | 2 300 km² |
| **NOMBRE DE DRAGONS** | environ 5 000 |

**PEAU ÉPAISSE**
Recouverte d'écailles noires, marron ou gris foncé.

**GRIFFES**
Ses cinq griffes, très acérées, lui permettent de tenir sa proie mourante.

**ESTOMAC**
Comme pour la plupart des reptiles, son estomac peut se distendre énormément et lui permettre d'engloutir en un seul repas l'équivalent de 70 % de son poids.

**TAILLE ET POIDS**
Les mâles peuvent dépasser 3 m. Les femelles sont un peu plus petites.

**DRAGON DE KOMODO** — Poids 150 kg — 3 m de long

**IGUANE** — Poids 10 kg — 1 m de long

**HOMME** — Poids 80 kg — 1,8 m de haut

# 5 000 lézards

**DE LA FAMILLE DES VARANIDÉS VIVENT EN LIBERTÉ SUR 6 PETITES ÎLES INDONÉSIENNES, Y COMPRIS L'ÎLE DE KOMODO.**

## Une longue chasse

Le sens de l'odorat très aiguisé du dragon de Komodo lui permet de repérer des animaux situés à 3 km. Il traque ses proies en s'aidant de sa langue fourchue qui détecte les odeurs des molécules dans l'air. L'organe de Jacobson situé dans sa bouche lui permet de repérer plus vite ses proies et de consommer moins d'énergie pour les traquer.

**ODORAT**

Avec son odorat très développé, il peut détecter l'odeur d'une viande en décomposition à 5 km de distance.

**SALIVE**

Contient des bactéries dangereuses pour les proies mais pas pour le dragon de Komodo, qui contient dans son sang des molécules antibactériennes.

**LANGUE**

Fourchue, elle sert au goût, à l'odorat et au toucher. Elle peut percevoir la présence de diverses particules aéroportées, aidant à la détection des proies.

## Salive mortelle

La salive du dragon de Komodo est à la fois venimeuse et infectieuse, car pleine de bactéries qui peuvent tuer une proie par infection. Il lui suffit pour cela de mordre une seule fois. L'analyse de sa salive a mis en évidence 60 types de bactéries dont 54 causent des infections. Ces bactéries, comme *Pasteurella multocida* (la plus mortelle), *Streptococcus*, *Staphylococcus*, *Pseudomonas* et *Klebsiella* entraînent la putréfaction des cadavres. Associées, elles forment une arme mortelle.

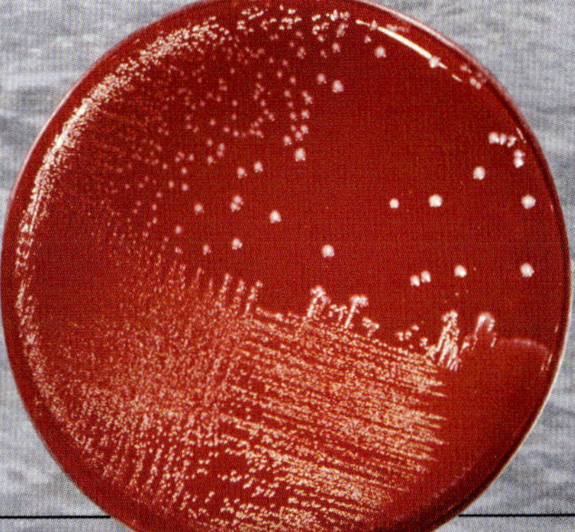

***PASTEURELLA MULTOCIDA***

Bactérie qui infecte le tube digestif et l'appareil respiratoire des mammifères et des oiseaux.

## Comment il chasse

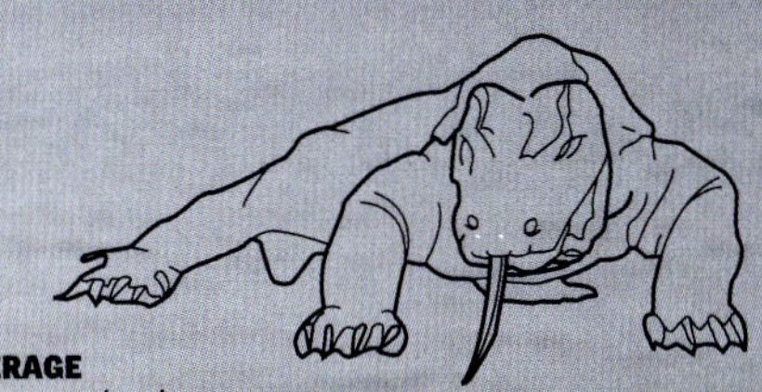

**1 REPÉRAGE**

Le dragon recherche sa nourriture avec sa langue fourchue. Lorsqu'il poursuit sa proie il peut atteindre la vitesse de 18 km/h.

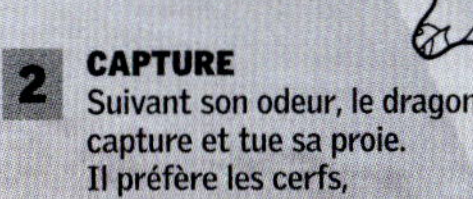

**2 CAPTURE**

Suivant son odeur, le dragon capture et tue sa proie. Il préfère les cerfs, les chèvres et les cochons sauvages.

**3 REPAS**

Il avale la proie entière ou des morceaux grâce aux articulations souples de ses mâchoires et de son crâne. Il digère la peau et les os, mais régurgite les cornes.

**4 LUTTE**

Humant la nourriture, d'autres dragons s'approchent et les plus gros obtiennent la plus grosse part. Les jeunes gardent leurs distances car les adultes peuvent être cannibales.

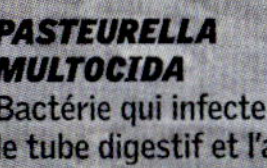

# Changer de couleur

Le caméléon est bien connu pour sa capacité à changer de couleur, mais aussi celle de projeter loin sa langue en une fraction de seconde pour capturer un insecte. Il vit surtout en Afrique. C'est un excellent grimpeur, grâce à sa queue et ses doigts formant une pince. Il possède un champ de vision de 360 degrés et ses yeux peuvent bouger indépendamment l'un de l'autre. Son corps aplati l'aide à rester en équilibre et à se cacher entre les feuilles.

**QUEUE PRÉHENSIL**
Il enroule sa longue queue pour se maintenir sur la branche sans utiliser ses pattes.

**OS**
Il agit comme un support pour libérer la langue.

## Langue protractile

La langue, longue et légère, du caméléon est collante et étirable. Elle peut jaillir de sa bouche tel un projectile pour se coller à une proie.

**CONTRACTION**

Plusieurs feuillets de collagène entre la langue et le muscle accélérateur sont comprimés en un ressort qui conserve l'énergie nécessaire pour projeter la langue à l'extérieur.

## Changement de couleur

Contrairement ce qu'on croit, ce n'est pas la recherche d'un camouflage parfait en toute condition qui fait changer de couleur la peau du caméléon, mais plutôt les besoins de la reproduction (parade nuptiale), une réaction à un changement de lumière, de température ou à la présence d'un prédateur. L'activation hormonale de cellules pigmentaires, localisées en profondeur dans la peau (derme), entraîne leur changement de couleur, rendant le caméléon moins visible ou, au contraire, très visible.

**CELLULES PIGMENTAIRES**

**A** Les mélanophores font paraître la peau plus sombre ou plus claire, tandis que les chromatophores font changer sa couleur et les iridophores lui donnent une irisation.

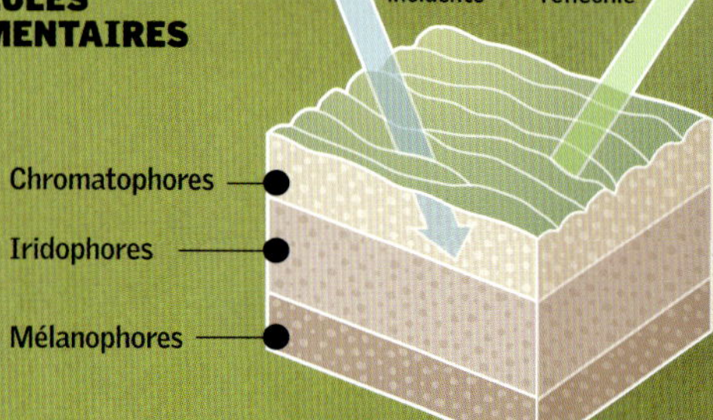

**CAMÉLÉON PANTHÈRE**
*Furcifer pardalis*

| | |
|---|---|
| **RÉPARTITION** | Madagascar |
| **HABITAT** | Régions côtières |
| **MODE DE VIE** | Diurne |

## Régime alimentaire

Ce chasseur diurne attend que sa proie passe à proximité. Il se nourrit d'insectes et d'autres invertébrés, préférant les crickets, les cafards, les papillons et leurs larves. Il mange aussi des oisillons et des souriceaux.

# Jusqu'à 600%

**DE LA LONGUEUR DE LA LANGUE SONT REPLIÉS DANS LA GUEULE.**

**LANGUE**
Recouverte d'un tissu de collagène.

**EXTRÉMITÉ**
Sa surface gluante adhère efficacement à la proie.

2 **DÉROULEMENT**

Le muscle accélérateur libère les feuillets de collagène comprimés, projetant la langue vers sa cible.

3 **RÉTRACTION**

Le tissu élastique se contracte à nouveau, pour enrouler la langue et la ramener dans la gueule, la proie collée dessus.

**PATTES**

Les doigts sont divisés en deux groupes, deux vers l'extérieur et trois vers l'intérieur, formant une pince.

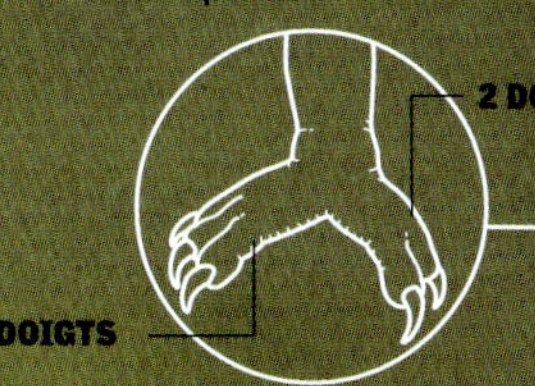


**B** Les mélanophores contiennent de la mélanine, un pigment sombre, et régulent la quantité de lumière réfléchie.

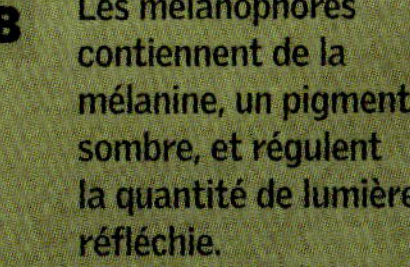

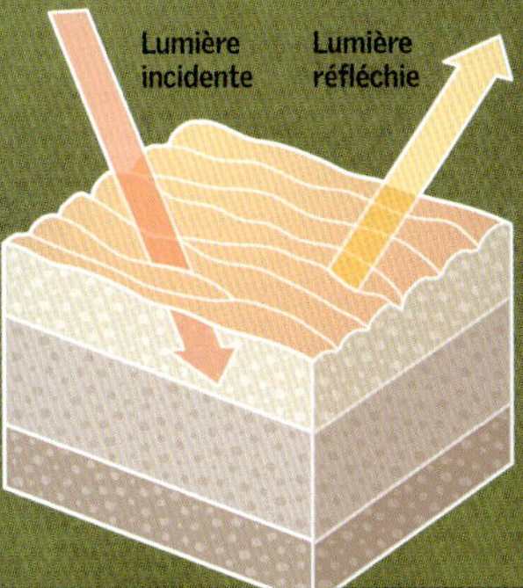

# Vénérés et craints

Le crocodile et ses proches parents, l'alligator, le caïman et le gavial, ont des origines très anciennes. Il existaient déjà du temps des dinosaures et n'ont pas beaucoup changé depuis 65 millions d'années. Ils peuvent rester très longtemps immobiles, se chauffant au soleil ou se reposant dans l'eau. Mais ils savent aussi nager, sauter et même courir vite pour attaquer une proie, avec force et précision. Malgré cette férocité, la femelle crocodile s'occupent bien mieux de ses petits que n'importe quel autre reptile.

**MÂCHOIRE INFÉRIEURE**
On ne voit pas l dents inférieure lorsque la gueu fermée.

**ÉCAILLES**
Aplaties sur la queue.

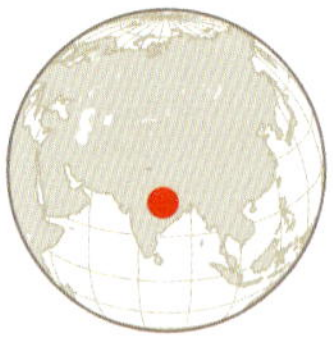

**GAVIAL**
*Gavialis gangeticus*

| HABITAT | Eau douce |
|---|---|
| NOMBRE D'ESPÈCES | Une |
| DANGER | Non agressif |

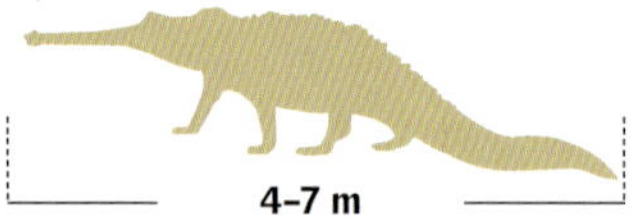

4–7 m

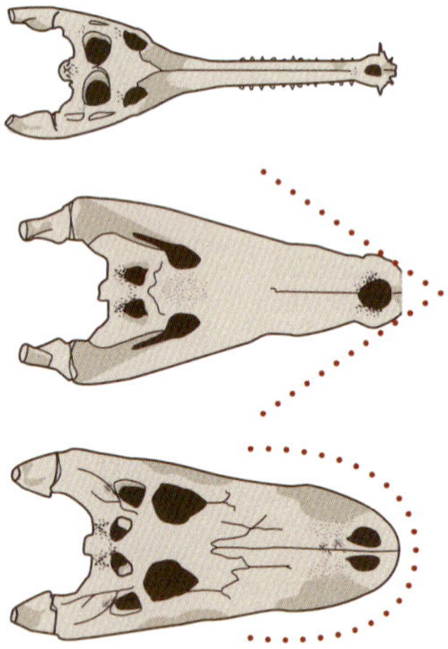

**GAVIAL**
Son museau, très effilé, a de longues dents à l'avant.

**CROCODILE**
Son museau en V est plus étroit que celui de l'alligator.

**ALLIGATOR**
Son museau en U est large et court.

## Le gavial

C'est le plus étrange des crocodiles. Avec son long museau étroit, il balaye l'eau et saisit les poissons glissants de ses petites dents pointues, tournées vers l'extérieur et parfaitement encastrées. Les mâles adultes envoient de l'air dans une sorte de bosse nasale pour émettre un bourdonnement sonore qui repousse leurs rivaux.

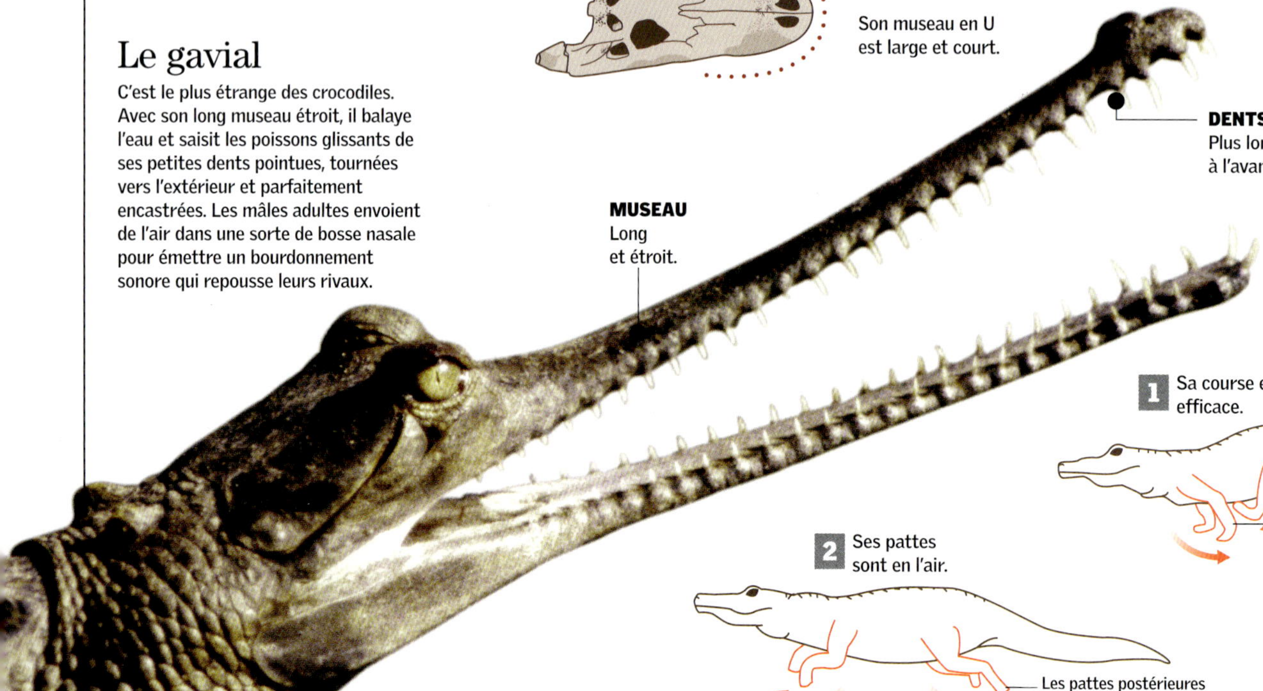

**DENTS**
Plus longues à l'avant.

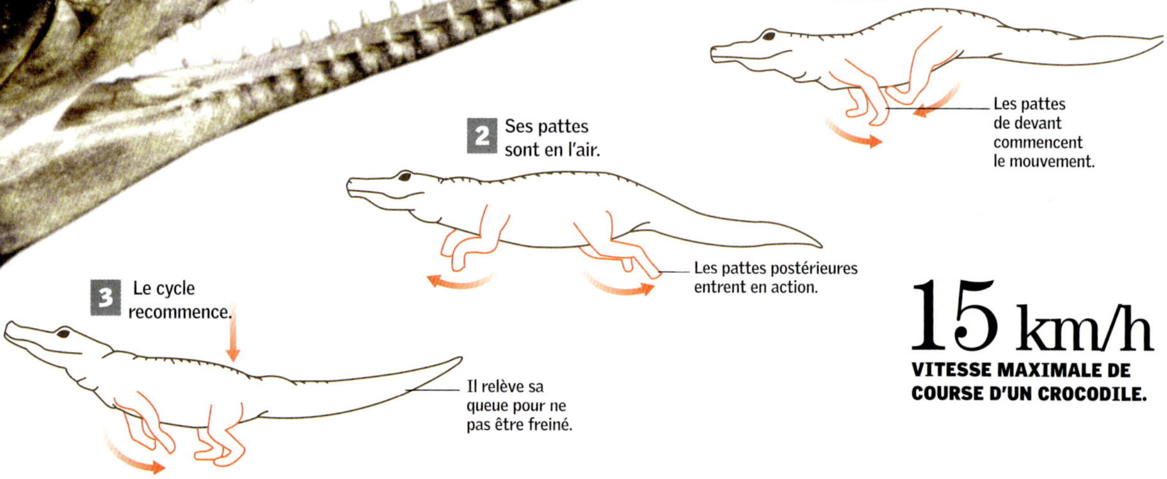

**MUSEAU**
Long et étroit.

**1** Sa course est très efficace.

Les pattes de devant commencent le mouvement.

**2** Ses pattes sont en l'air.

Les pattes postérieures entrent en action.

**3** Le cycle recommence.

Il relève sa queue pour ne pas être freiné.

**15 km/h**
**VITESSE MAXIMALE DE COURSE D'UN CROCODILE.**

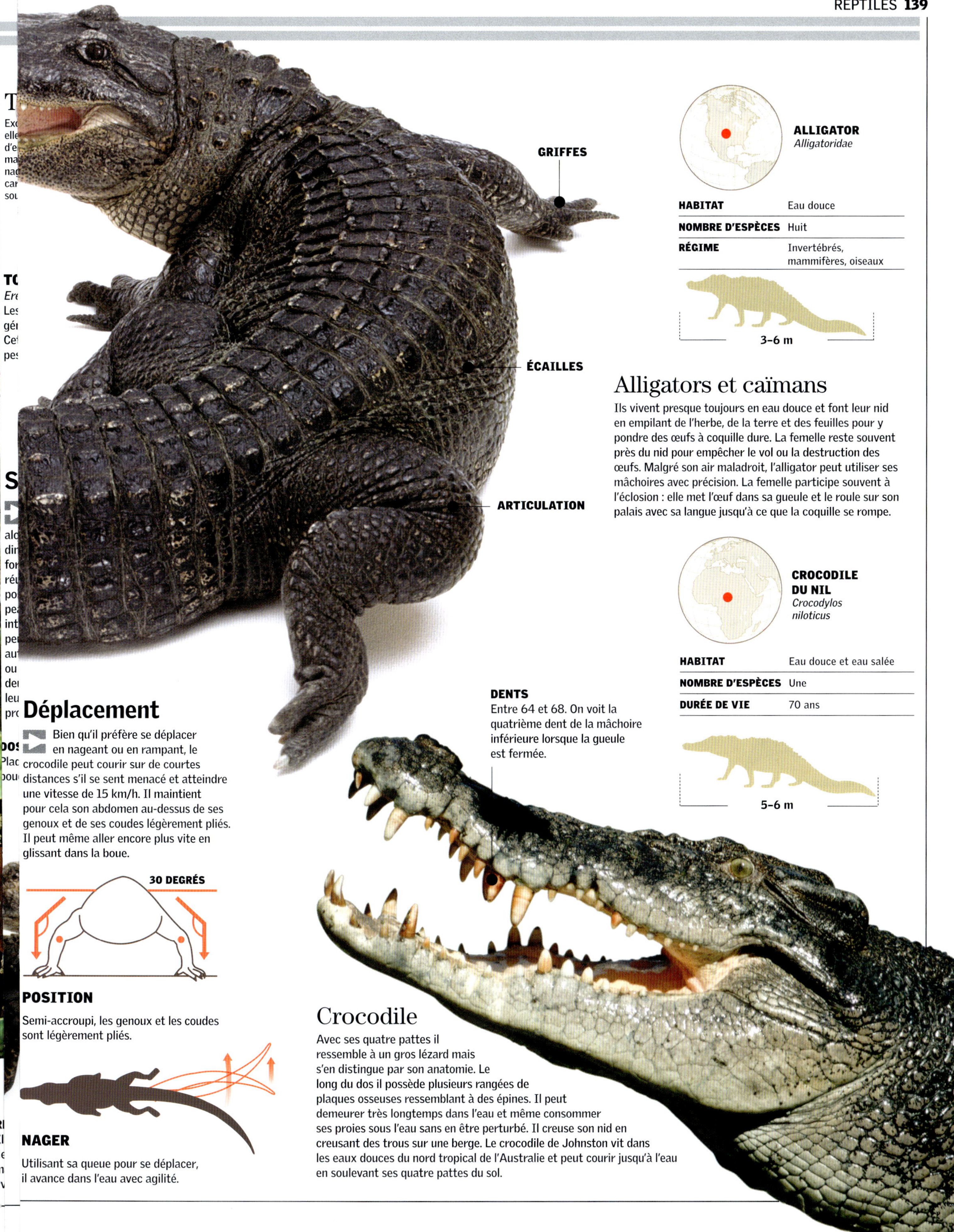


**ALLIGATOR**
*Alligatoridae*

| | |
|---|---|
| **HABITAT** | Eau douce |
| **NOMBRE D'ESPÈCES** | Huit |
| **RÉGIME** | Invertébrés, mammifères, oiseaux |

3–6 m

## Alligators et caïmans

Ils vivent presque toujours en eau douce et font leur nid en empilant de l'herbe, de la terre et des feuilles pour y pondre des œufs à coquille dure. La femelle reste souvent près du nid pour empêcher le vol ou la destruction des œufs. Malgré son air maladroit, l'alligator peut utiliser ses mâchoires avec précision. La femelle participe souvent à l'éclosion : elle met l'œuf dans sa gueule et le roule sur son palais avec sa langue jusqu'à ce que la coquille se rompe.

**CROCODILE DU NIL**
*Crocodylos niloticus*

| | |
|---|---|
| **HABITAT** | Eau douce et eau salée |
| **NOMBRE D'ESPÈCES** | Une |
| **DURÉE DE VIE** | 70 ans |

5–6 m

## Déplacement

Bien qu'il préfère se déplacer en nageant ou en rampant, le crocodile peut courir sur de courtes distances s'il se sent menacé et atteindre une vitesse de 15 km/h. Il maintient pour cela son abdomen au-dessus de ses genoux et de ses coudes légèrement pliés. Il peut même aller encore plus vite en glissant dans la boue.

**POSITION**

Semi-accroupi, les genoux et les coudes sont légèrement pliés.

**NAGER**

Utilisant sa queue pour se déplacer, il avance dans l'eau avec agilité.

**DENTS**

Entre 64 et 68. On voit la quatrième dent de la mâchoire inférieure lorsque la gueule est fermée.

## Crocodile

Avec ses quatre pattes il ressemble à un gros lézard mais s'en distingue par son anatomie. Le long du dos il possède plusieurs rangées de plaques osseuses ressemblant à des épines. Il peut demeurer très longtemps dans l'eau et même consommer ses proies sous l'eau sans en être perturbé. Il creuse son nid en creusant des trous sur une berge. Le crocodile de Johnston vit dans les eaux douces du nord tropical de l'Australie et peut courir jusqu'à l'eau en soulevant ses quatre pattes du sol.

# Étreinte mortelle

Les serpents montrent des procédés diversifiés pour tuer leurs proies. Les boas et les pythons sont constricteurs, ils tuent en asphyxiant leurs proies, alors que d'autres serpents utilisent leur venin. Bien que les boas et les pythons appartiennent au même groupe de serpents (qui comprend aussi les plus grandes espèces du monde, le fameux anaconda d'Amérique du Sud et le python réticulé d'Asie), leur système reproducteur est différent. Du fait de leur grande taille, ils sont lourds et se déplacent lentement, et ils constituent un gibier facile pour les chasseurs qui les tuent pour leur viande et leur peau.

**BOA D'AMAZONIE**
*Corallus hortulanus*

| | |
|---|---|
| **RÉPARTITION** | Amérique du Sud |
| **HABITAT** | Forêt tropicale |
| **LONGUEUR** | 2 m |

2 m

Dents incurvées

Tailles croissantes

Ligament souple

## 1 Dents

Le serpent recherche la tête de sa victime pour qu'elle ne soit pas capable de combattre. Il attrape sa proie avec ses dents de devant incurvées pour l'empêcher de s'échapper. Puis il va l'asphyxier en s'enroulant autour de son corps et en l'écrasant (étouffement).

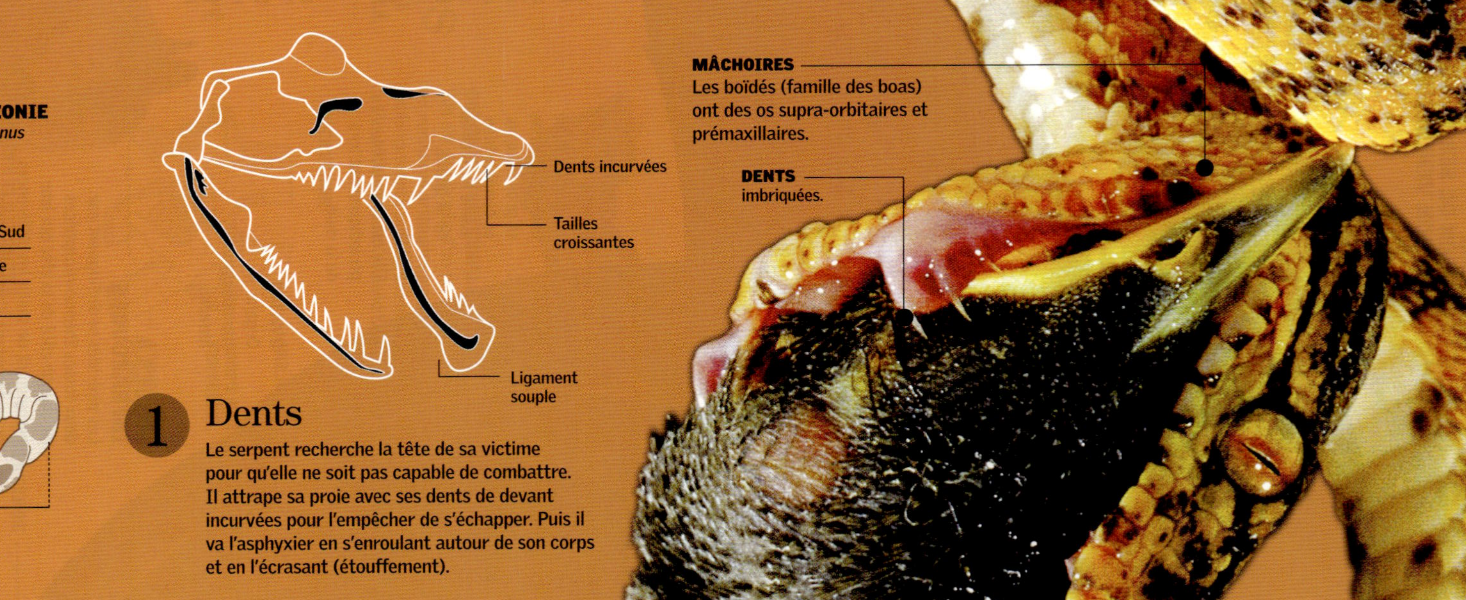
**MÂCHOIRES**
Les boïdés (famille des boas) ont des os supra-orbitaires et prémaxillaires.
**DENTS**
imbriquées.
**ÉCAILLES**
thermosensibles

## Boa arboricole

*Corallus hortulanus* vit dans les arbres. Sa couleur s'accorde avec celle de la végétation environnante, le cachant des oiseaux prédateurs. Il se tient fermement aux branches par sa queue préhensile et laisse pendre sa tête, pour sauter sur les oiseaux ou les mammifères de passage.

## 2 Étouffement

Le serpent maintient toujours fermement la tête de sa proie, tout enroulant son corps musclé autour d'elle, en une étreinte mortelle. La proie meurt vite étouffée car à chacune de ses respirations l'étreinte se resserre.



## 3 Ouverture maximale

Lorsque la proie est morte, le serpent relâche son étreinte et commence son repas. Il avale d'abord la tête : ses mâchoires s'écartent et sa peau se distend. Selon la taille de la proie, il mettra quelques minutes à plusieurs heures pour l'avaler.

La peau s'étire et les écailles se disjoignent.
Le corps de la proie progresse dans le tube digestif sous l'action des muscles du tronc.



**9 m**

**LONGUEUR MAXIMALE D'UN GRAND ANACONDA (*EUNECTES MURINUS*)**

## Ovoviviparité

**LES ŒUFS RESTENT DANS LE CORPS DE LA MÈRE.**

# Mâchoires et crocs

Les serpents primitifs ont un crâne lourd et peu de dents, mais la plupart des autres ont un crâne allégé et une articulation souple des mâchoires. Celles-ci s'écartent facilement, permettant au serpent d'avaler une proie plus large que l'ouverture naturelle de leur gueule. Chez les serpents venimeux, des dents particulières, situées sur la mâchoire supérieure ou le palais, forment des « crochets à venin ». Certaines espèces, grandes et puissantes, ont aussi des crochets rétractables qu'elles rabattent dans la bouche lorsqu'elles ne les utilisent pas.

## Anatomie crânienne

Elle est directement liée au régime de chaque espèce et, pour les serpents venimeux, au système d'injection du poison. La plupart des serpents ont un petit crâne et peuvent écarter leurs os des mâchoires en les faisant glisser le long d'un rail perpendiculaire formé par l'os carré. Cela permet d'augmenter considérablement l'ouverture de la gueule.

### ORGANE DE JACOBSON

Il permet aux serpents d'avoir un excellent odorat. Il est formé de deux cavités palatines dans lesquelles le serpent place sa langue après avoir « goûté » l'air ambiant. C'est pourquoi il sort continuellement sa langue.

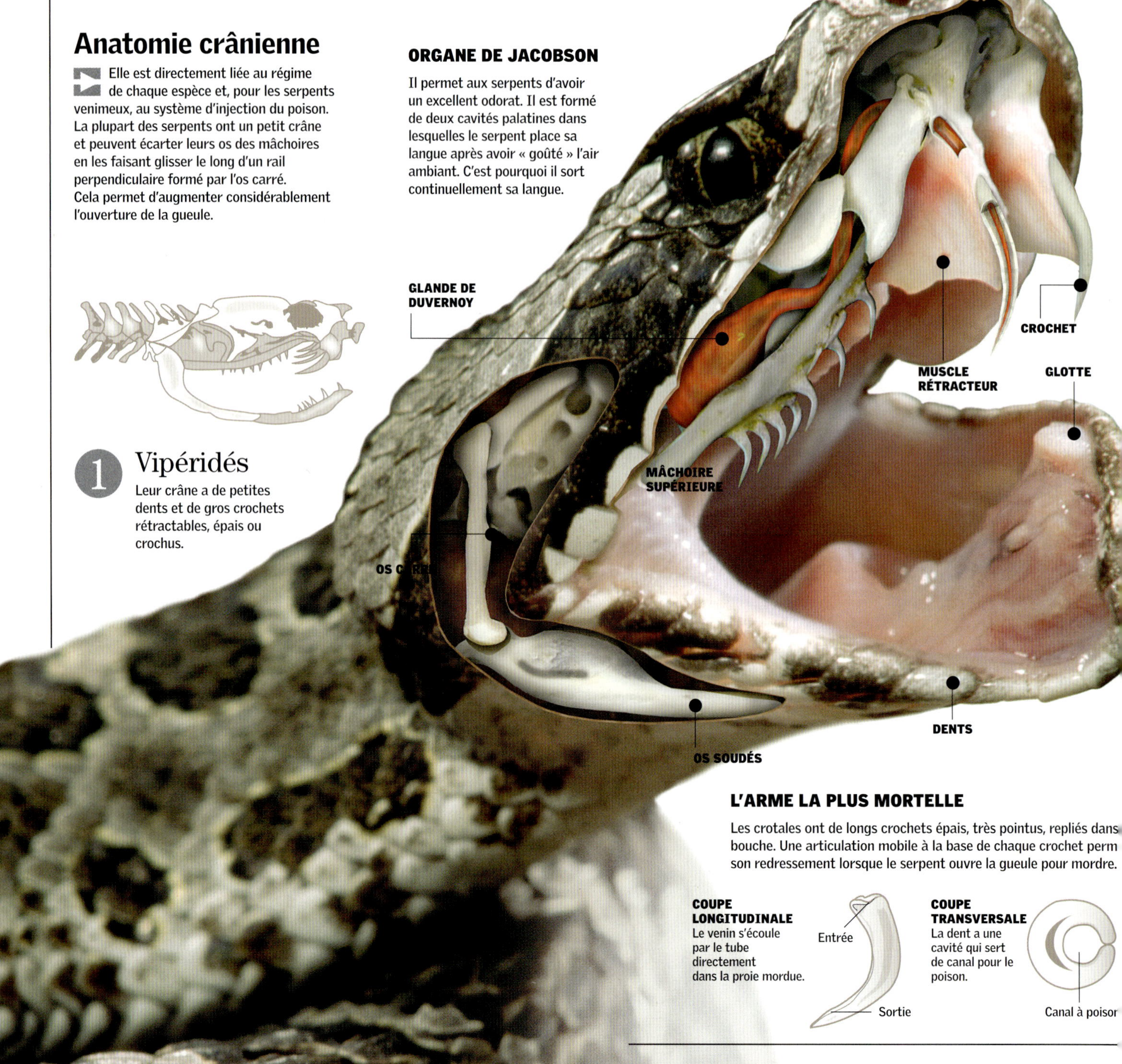


### 1 Vipéridés

Leur crâne a de petites dents et de gros crochets rétractables, épais ou crochus.

### L'ARME LA PLUS MORTELLE

Les crotales ont de longs crochets épais, très pointus, repliés dans bouche. Une articulation mobile à la base de chaque crochet perm son redressement lorsque le serpent ouvre la gueule pour mordre.

**COUPE LONGITUDINALE**
Le venin s'écoule par le tube directement dans la proie mordue.



**COUPE TRANSVERSALE**
La dent a une cavité qui sert de canal pour le poison.

## Serpents primitifs

Les boas et les pythons, serpents primitifs, n'ont ni crochets ni venin mais plusieurs rangées de petites dents recourbées vers l'intérieur pour tenir leurs proies et les avaler rapidement sans qu'elles puissent ressortir. Cette particularité leur permet de maintenir leur proie pour l'étouffer. Les serpents venimeux, de leur côté n'ont pas à maintenir leur proie parce qu'elle ne pourra pas aller bien loin après avoir reçu une injection de poison.

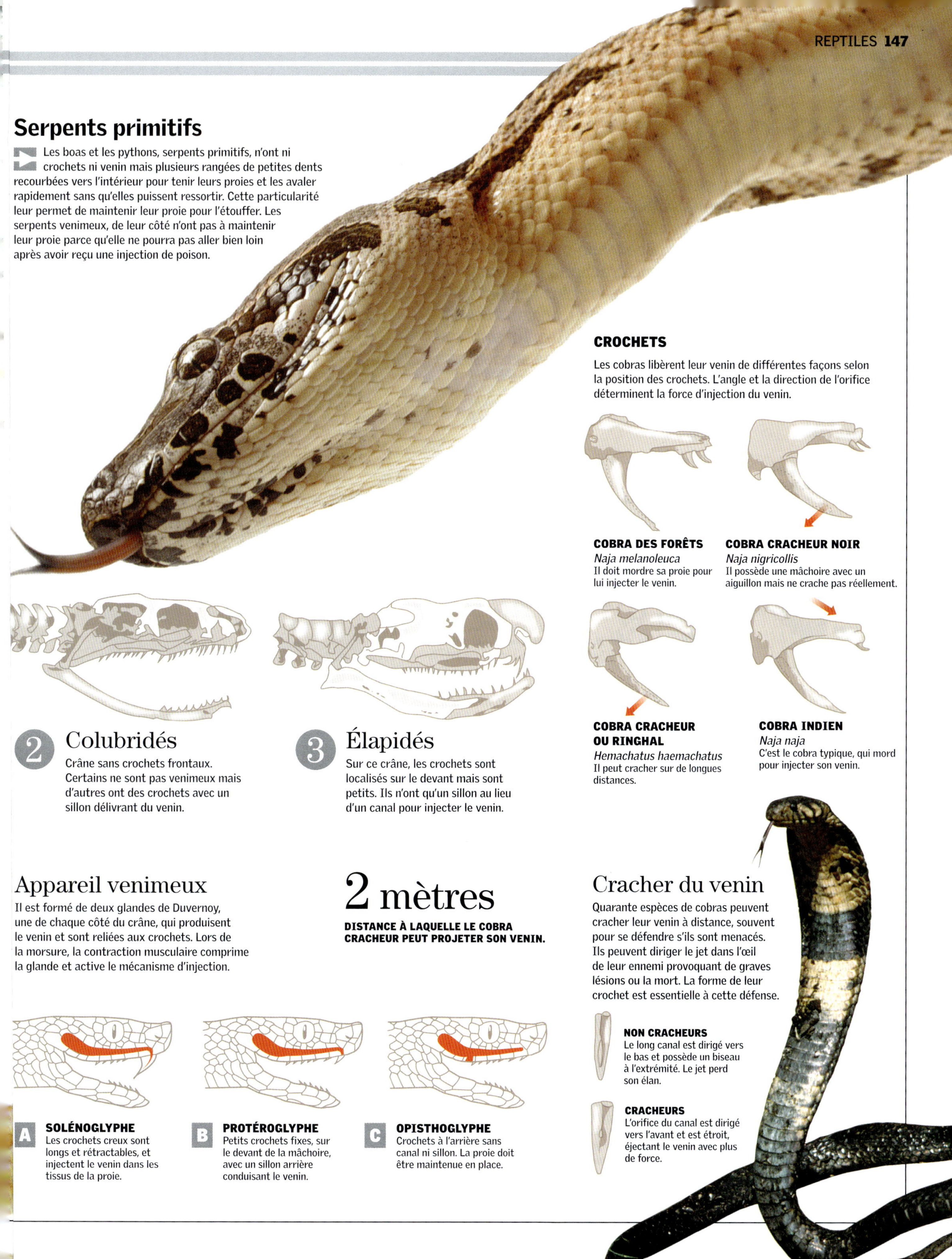

### CROCHETS

Les cobras libèrent leur venin de différentes façons selon la position des crochets. L'angle et la direction de l'orifice déterminent la force d'injection du venin.

**COBRA DES FORÊTS**
*Naja melanoleuca*
Il doit mordre sa proie pour lui injecter le venin.

**COBRA CRACHEUR NOIR**
*Naja nigricollis*
Il possède une mâchoire avec un aiguillon mais ne crache pas réellement.

**COBRA CRACHEUR OU RINGHAL**
*Hemachatus haemachatus*
Il peut cracher sur de longues distances.

**COBRA INDIEN**
*Naja naja*
C'est le cobra typique, qui mord pour injecter son venin.

### 2 Colubridés

Crâne sans crochets frontaux. Certains ne sont pas venimeux mais d'autres ont des crochets avec un sillon délivrant du venin.

### 3 Élapidés

Sur ce crâne, les crochets sont localisés sur le devant mais sont petits. Ils n'ont qu'un sillon au lieu d'un canal pour injecter le venin.

## Appareil venimeux

Il est formé de deux glandes de Duvernoy, une de chaque côté du crâne, qui produisent le venin et sont reliées aux crochets. Lors de la morsure, la contraction musculaire comprime la glande et active le mécanisme d'injection.

**A SOLÉNOGLYPHE**
Les crochets creux sont longs et rétractables, et injectent le venin dans les tissus de la proie.

**B PROTÉROGLYPHE**
Petits crochets fixes, sur le devant de la mâchoire, avec un sillon arrière conduisant le venin.

**C OPISTHOGLYPHE**
Crochets à l'arrière sans canal ni sillon. La proie doit être maintenue en place.

## 2 mètres

**DISTANCE À LAQUELLE LE COBRA CRACHEUR PEUT PROJETER SON VENIN.**

## Cracher du venin

Quarante espèces de cobras peuvent cracher leur venin à distance, souvent pour se défendre s'ils sont menacés. Ils peuvent diriger le jet dans l'œil de leur ennemi provoquant de graves lésions ou la mort. La forme de leur crochet est essentielle à cette défense.

**NON CRACHEURS**
Le long canal est dirigé vers le bas et possède un biseau à l'extrémité. Le jet perd son élan.

**CRACHEURS**
L'orifice du canal est dirigé vers l'avant et est étroit, éjectant le venin avec plus de force.

# Les poissons

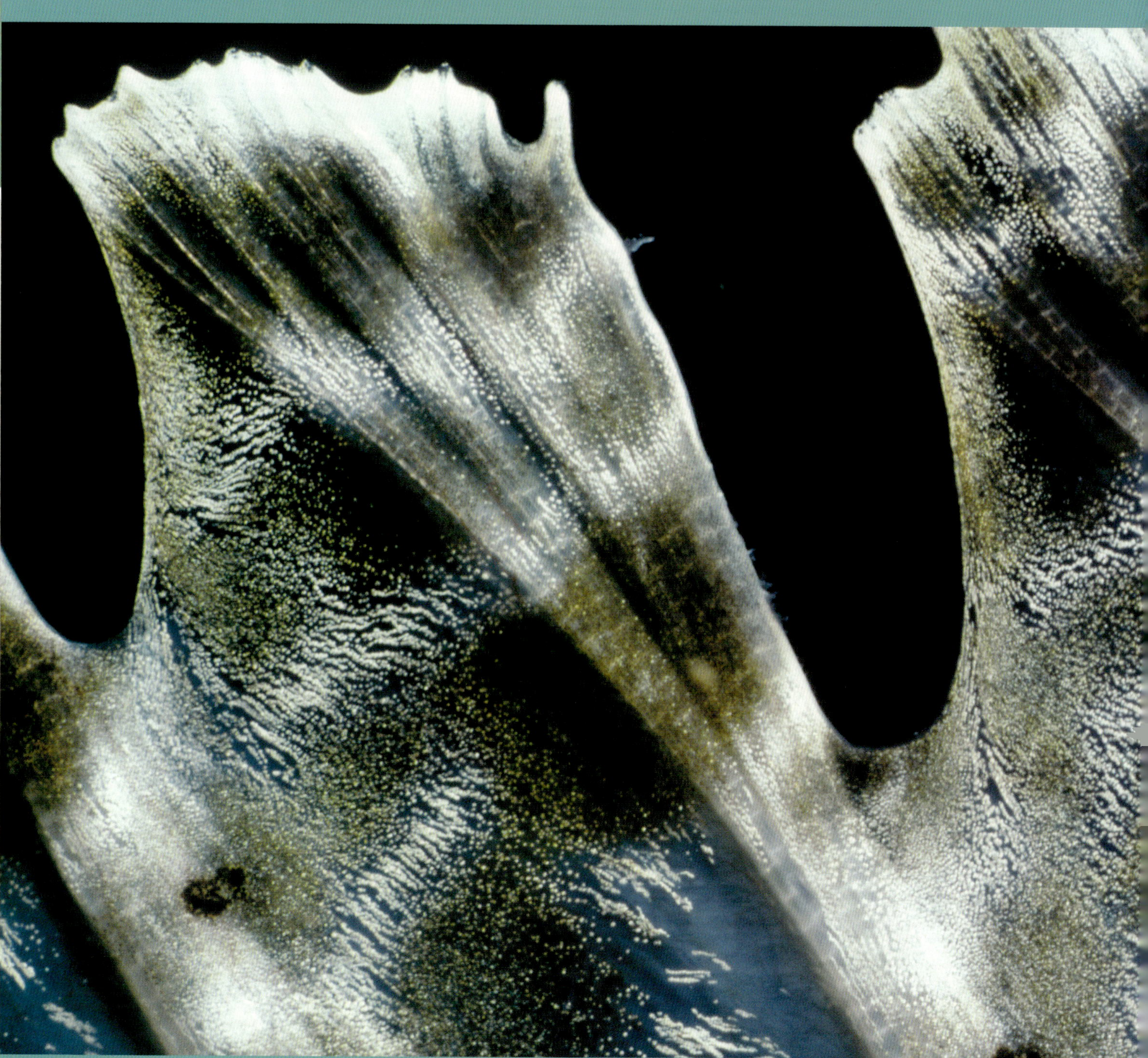

Au cours de l'évolution, les premiers vertébrés furent des poissons, dotés d'un squelette osseux. Les poissons primitifs, contrairement à la plupart de ceux d'aujourd'hui, n'avaient ni écailles ni mâchoires, et ne disposaient que d'une seule nageoire dorsale. Au fil du temps, ils se sont diversifiés en de nombreuses espèces adaptés

**NAGEOIRE DE POISSON-CROCODILE**
Ce poisson des mers chaudes et des récifs coralliens peut mesurer jusqu'à 54 cm de long.

aux environnements marins comme à l'eau douce. Leurs corps sont généralement fins, couverts d'écailles, et leurs nageoires leur permettent de se déplacer avec énergie et stabilité. Ces créatures à sang froid, sans poumon, respirent généralement à l'aide de branchies qui extraient l'oxygène dissous dans l'eau.

# Traits distinctifs

Certaines caractéristiques sont communes à presque tous les poissons. Ces animaux aquatiques sont, bien sûr, profilés pour une vie sous l'eau, ils ont des yeux sans paupière et le sang froid. Ils respirent grâce à des branchies et leur colonne vertébrale les range dans le groupe des vertébrés. Leurs nageoires leur permettent de se mouvoir dans différentes directions. Ils vivent dans les océans, des pôles à l'équateur, ou en eau douce. Certains migrent, mais très peu peuvent passer de l'eau de mer à l'eau douce, et vice versa. Des mammifères marins comme les dauphins et les baleines, montrent des ressemblances morphologiques avec eux.

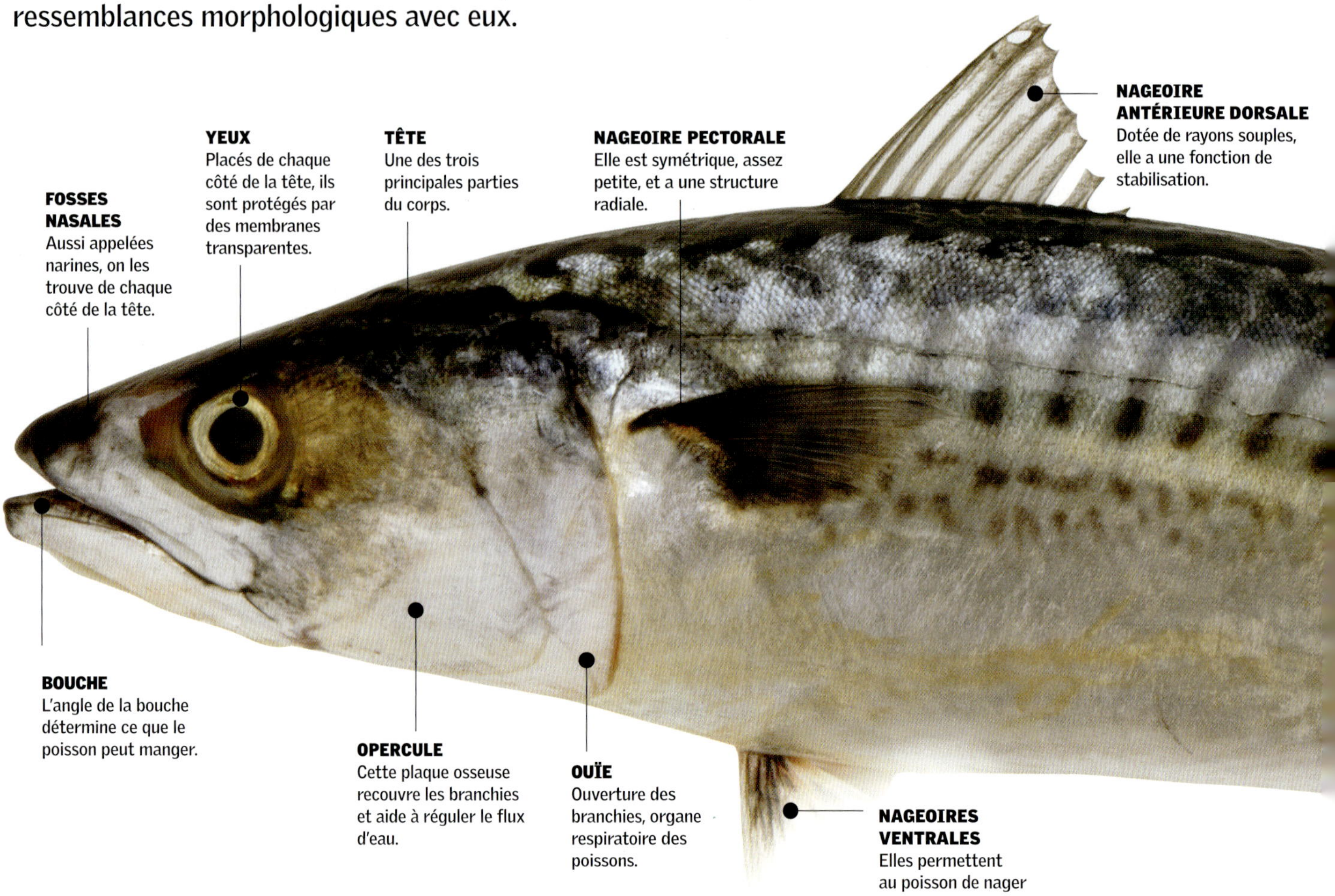

**FOSSES NASALES**
Aussi appelées narines, on les trouve de chaque côté de la tête.
**YEUX**
Placés de chaque côté de la tête, ils sont protégés par des membranes transparentes.
**TÊTE**
Une des trois principales parties du corps.
**NAGEOIRE PECTORALE**
Elle est symétrique, assez petite, et a une structure radiale.
**NAGEOIRE ANTÉRIEURE DORSALE**
Dotée de rayons souples, elle a une fonction de stabilisation.
**BOUCHE**
L'angle de la bouche détermine ce que le poisson peut manger.
**OPERCULE**
Cette plaque osseuse recouvre les branchies et aide à réguler le flux d'eau.
**OUÏE**
Ouverture des branchies, organe respiratoire des poissons.
**NAGEOIRES VENTRALES**
Elles permettent au poisson de nager vers le haut ou le bas.

## Le système respiratoire

Grâce à un processus appelé diffusion osmotique, l'oxygène se trouvant dans l'eau est transmis au sang par l'intermédiaire des branchies. Ces organes faisant partie du système respiratoire des poissons sont faits de filaments reliés par des arcs branchiaux. Pour la plupart des poissons osseux, l'eau passe par la bouche, se sépare en deux circuits, et ressort par les fentes branchiales.

Branchiospine
Filaments
SANG OXYGÉNÉ
Circulation de l'eau
Ouverture à la limite de l'opercule
Tubes capillaires
Circulatio du sang
Arc branchial
Filament branchial
SANG DÉSOXYGÉNÉ
Filament

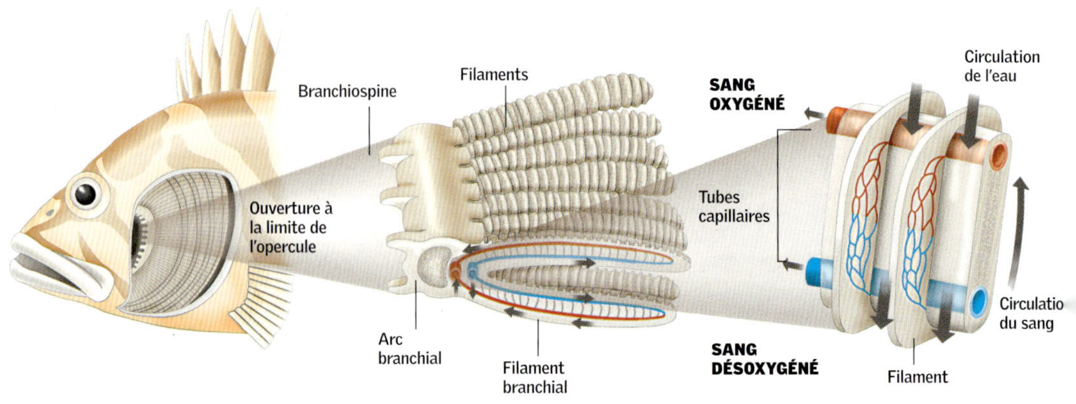

## Antiquité

Les cœlacanthes sont des poisons osseux aux nageoires charnues ; ils furent parmi les premiers animaux à poumons et ne sont représentés aujourd'hui que par quelques espèces.

**CŒLACANTHE**
*Latimeria chalumnae*

Cette espèce semblait éteinte depuis des millions d'années. Mais en 1938, on en a découvert un spécimen au large de l'Afrique du Sud, et depuis d'autres ont été trouvés.

## Poissons sans mâchoires

Du groupe des agnathes, considérés comme les premiers vertébrés, il ne demeure que les lamproies et les myxines.

**LAMPROIE MARINE**
*Lampetra*

Sa bouche arrondie et dentée lui permet de sucer le sang d'autres poissons. Il existe aussi des lamproies d'eau douce.

## Du cartilage

Les poisons cartilagineux, comme les raies et les requins, ont des squelettes assez flexibles avec peu ou pas d'os.

**RAIE**
*Raja miraletus*

La raie est très rapide. Ses larges nageoires provoquent des courants qui transportent plancton et petits poissons jusqu'à sa bouche.

## Arêtes osseuses

Les poissons osseux, ou ostéichtyens, forment le plus vaste groupe. Leur squelette est plus osseux que cartilagineux.

**MAQUEREAU**
*Scomber scombrus*

Ce poisson vit en bancs dans les eaux tempérées et fait l'objet d'une pêche intensive. Il peut vivre plus de dix ans.

**ÉCAILLES**
Les écailles sont imbriquées : elles se chevauchent en partie.

**NAGEOIRE DORSALE POSTÉRIEURE**
Souple, elle se trouve entre la nageoire dorsale et la queue.

**LIGNE LATÉRALE**
Des organes sensoriels se trouvent le long de cette ligne.

**NAGEOIRE ANALE**
Elle se divise en plusieurs parties.

**MUSCLE DE LA QUEUE**
C'est le muscle le plus puissant du poisson.

**NAGEOIRE CAUDALE**
Elle propulse le poisson vers l'avant.

**EN ACTION**

L'eau entre par la bouche, pénètre dans les branchies et une fois l'oxygène extrait, elle est évacuée à travers les fentes branchiales.

**OPERCULE**
Il ouvre et ferme ses ouvertures à travers lesquelles l'eau est évacuée.

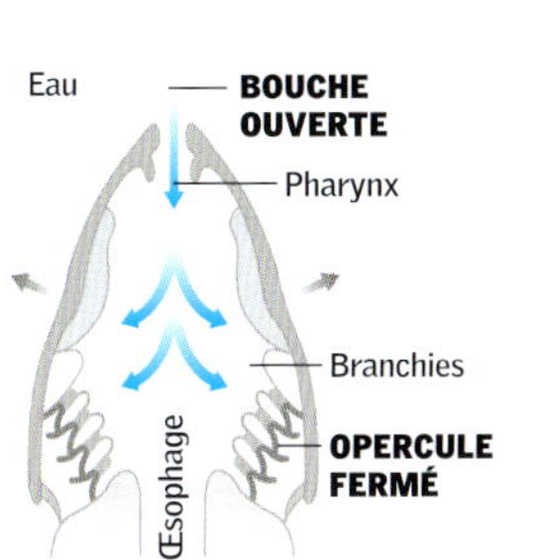


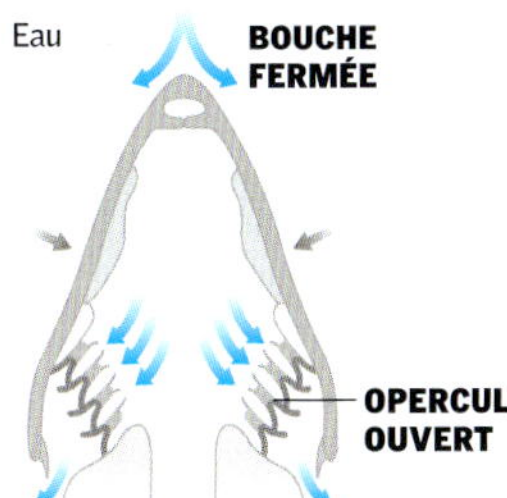


# 28 000

**C'EST LE NOMBRE D'ESPÈCES DE POISSONS CONNUES, CE QUI REPRÉSENTE PLUS DE LA MOITIÉ DES ESPÈCES DE VERTÉBRÉS.**

# Poissons osseux

Les poissons osseux (ostéichtyens) représentent le groupe le plus important. Depuis leur apparition, il y a 400 millions d'années, ils se sont bien diversifiés et on en dénombre près de 27 000 espèces, en mer et en eau douce. Leur squelette, presque entièrement osseux, les distingue des poissons cartilagineux, comme les requins. Leurs nageoires flexibles leurs permettent de contrôler précisément leurs mouvements.

## Structure solide

Le squelette d'un poisson osseux est divisé en trois parties : le crâne, la colonne vertébrale et les nageoires. L'opercule, qui protège les branchies, est osseux et le crâne sert de support à la mâchoire et aux arcs branchiaux. La colonne vertébrale soutient la musculature et relie les côtes à l'abdomen.

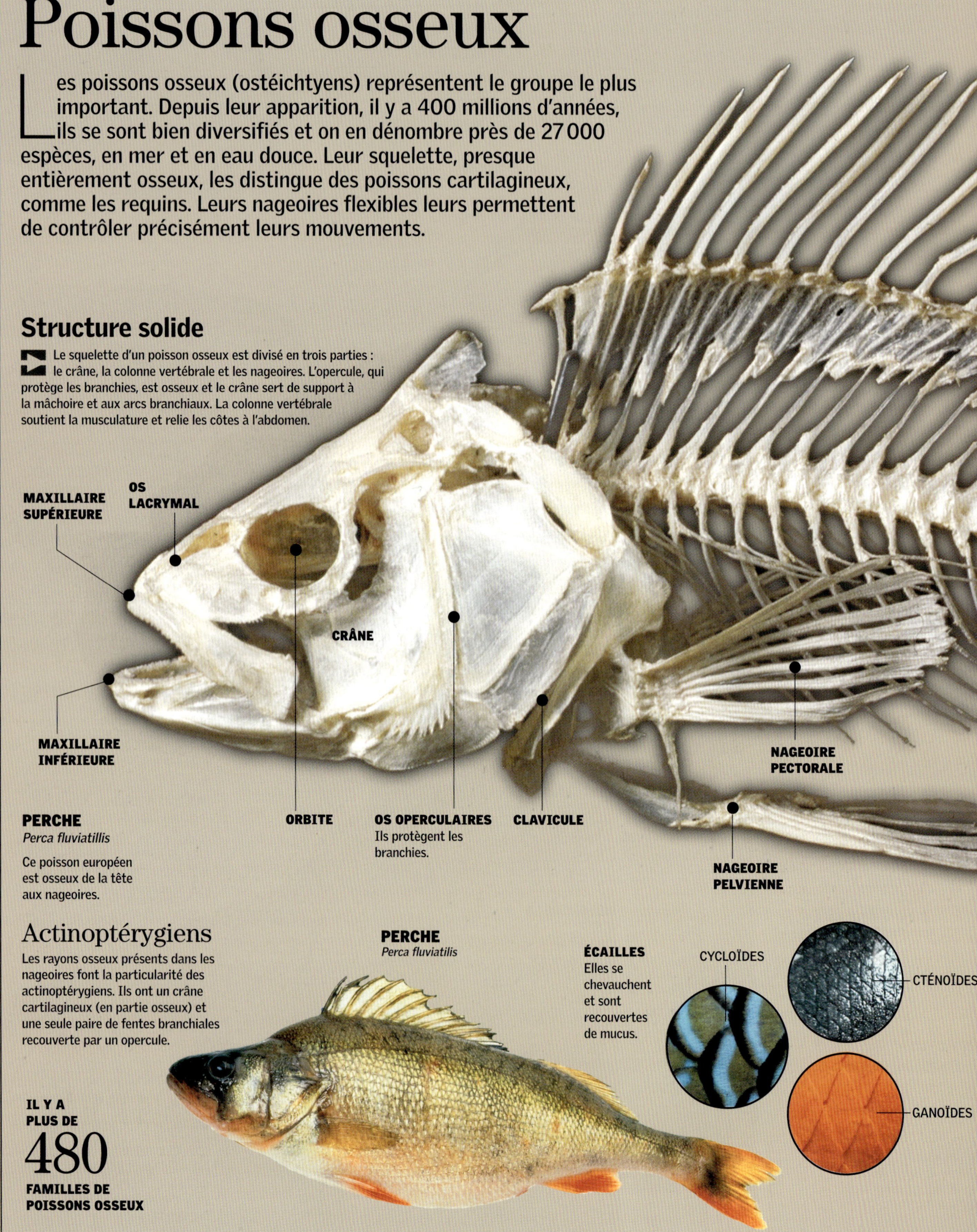


**PERCHE**
*Perca fluviatillis*

Ce poisson européen est osseux de la tête aux nageoires.

## Actinoptérygiens

Les rayons osseux présents dans les nageoires font la particularité des actinoptérygiens. Ils ont un crâne cartilagineux (en partie osseux) et une seule paire de fentes branchiales recouverte par un opercule.

**PERCHE**
*Perca fluviatilis*

**ÉCAILLES**
Elles se chevauchent et sont recouvertes de mucus.

**IL Y A PLUS DE**
**480**
**FAMILLES DE POISSONS OSSEUX**

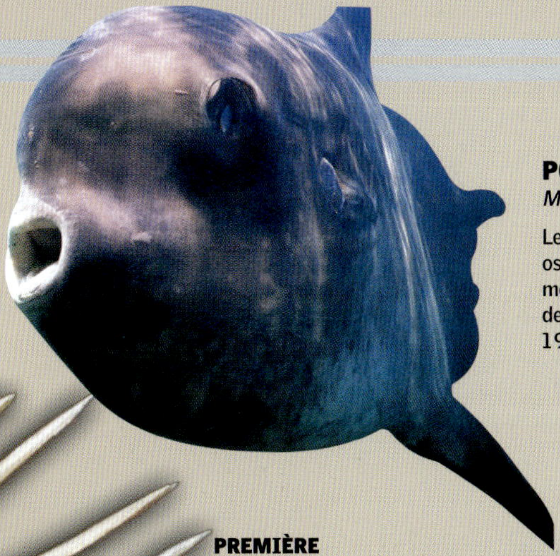

**POISSON-LUNE**
*Mola mola*

Le plus grand des ostéichtyens peut mesurer jusqu'à 3,3 m de long et peser 1900 kg.

## La vessie natatoire

Cet appendice des intestins régule la flottaison en s'emplissant ou se vidant de gaz (oxygène, dioxyde de carbone et azote). Les gaz, extraient du sang au niveau d'un réseau de capillaires appelé *rete mirabile,* quitte ensuite la vessie à travers une valve pour se dissoudre dans le sang.

**VIDE**
Quand le poisson vide sa vessie natatoire, il descend.

**PLEINE**
En réduisant sa densité, le poisson s'élève.

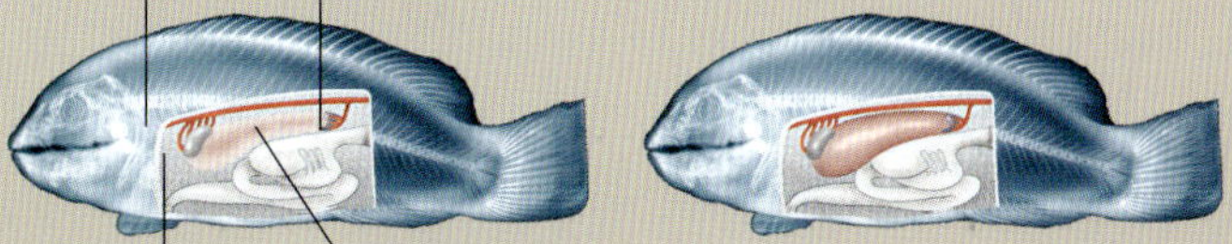

**RETE MIRABILE**
**AORTE DORSALE**
**ŒSOPHAGE**
**VESSIE NATATOIRE**

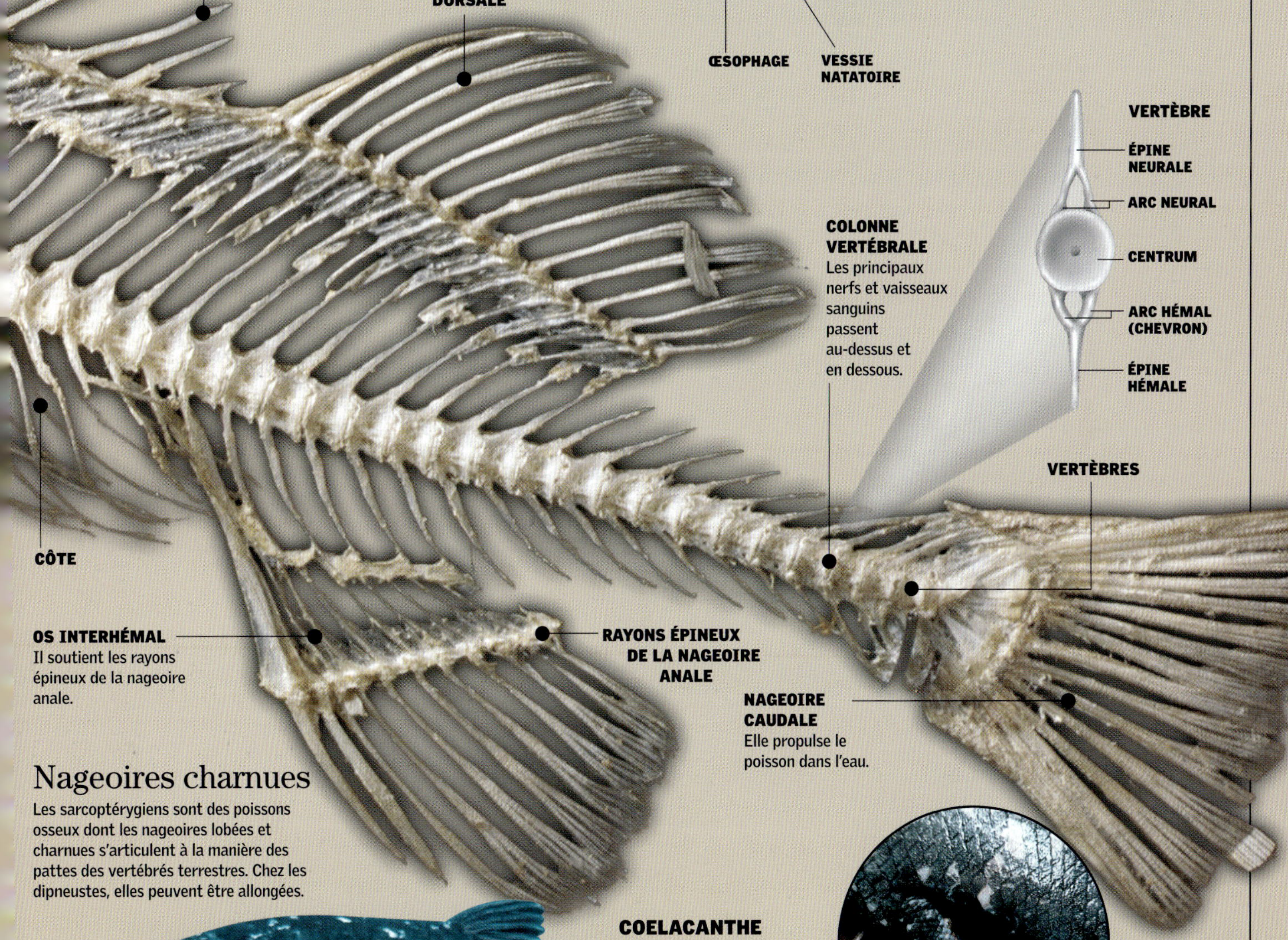

**PREMIÈRE NAGEOIRE DORSALE**

**SECONDE NAGEOIRE DORSALE**

**VERTÈBRE**
**ÉPINE NEURALE**
**ARC NEURAL**
**CENTRUM**
**ARC HÉMAL (CHEVRON)**
**ÉPINE HÉMALE**

**COLONNE VERTÉBRALE**
Les principaux nerfs et vaisseaux sanguins passent au-dessus et en dessous.

**VERTÈBRES**

**CÔTE**

**OS INTERHÉMAL**
Il soutient les rayons épineux de la nageoire anale.

**RAYONS ÉPINEUX DE LA NAGEOIRE ANALE**

**NAGEOIRE CAUDALE**
Elle propulse le poisson dans l'eau.

## Nageoires charnues

Les sarcoptérygiens sont des poissons osseux dont les nageoires lobées et charnues s'articulent à la manière des pattes des vertébrés terrestres. Chez les dipneustes, elles peuvent être allongées.

**COELACANTHE**
*Latimeria chalumnae*

**NAGEOIRE CHARNUE**

# Poissons cartilagineux

Le squelette de cartilage de ces poissons est renforcé, et aussi solide que de l'os. Leurs principaux représentants sont les requins, dotés de fortes mâchoires, de dents tranchantes et d'écailles solides. Contrairement aux poissons osseux, ils ne stabilisent pas leur nage à l'aide d'une vessie natatoire, mais par un autre moyen tout aussi efficace. Ce sont de bons nageurs, avec leur forme hydrodynamique, leur forte queue et leur tête plate.

## Les requins

Ils sont nombreux dans les eaux tropicales, mais certains évoluent aussi dans les mers tempérées ou froides. Leur forme allongée et leur bouche située sous leur museau sont caractéristiques. Ils ont 5 à 7 ouïes de chaque côté de la tête.

**1,2 tonnes**

**C'EST LE POIDS MOYEN D'UN REQUIN**

(LES PLUS PETITS FONT 15 G, LES PLUS GROS 30 T)

**LÉGER ET FLEXIBLE**
Le squelette est très souple, mais la colonne vertébrale en cartilage est ferme, grâce à des dépôts de calcium.

**COLONNE VERTÉBRALE**

**SANG**
Sa température n'est pas constante.

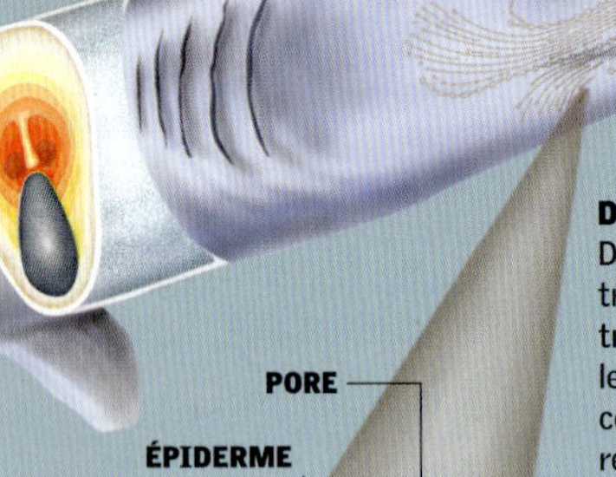

**NARINE**

**DENT DE REQUIN**
De forme triangulaire et très tranchantes, les dents sont continuellement remplacées.

**MUSCLES FOURNISSANT DE LA CHALEUR**

**PORE**

**ÉPIDERME**

**CELLULES SENSORIELLES**

**NERFS**

**CONDUIT GÉLATINEUX**

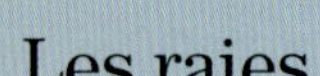

**AMPOULE DE LORENZINI**
Elle détecte les signaux électriques émis par une proie.

**SENS AIGUISÉS**
Les chondrichtyens ont un très bon odorat et sont sensibles aux champs électriques et à la chaleur (ampoules de Lorenzini).

## Les origines

Il y a 350 millions d'années, au carbonifère, les requins et les autres poissons cartilagineux étaient déjà bien diversifiés. Cette vertèbre cartilagineuse fossilisée d'un requin de cette période (de l'ère paléozoïque) a été trouvée dans le Kent, en Angleterre. La haute concentration d'urée dans le sang des chondrichtyens révèle une adaptation à l'eau salée et constitue une différence fondamentale avec leurs ancêtres d'eau douce.

## Les raies

Ces poissons aplatis possèdent deux grandes nageoires pectorales, une de chaque côté du corps. Ils les utilisent pour nager et donnent l'impression de voler dans l'eau. Leurs yeux se trouvent sur le dessus du corps tandis que leur bouche et leurs branchies sont placées en dessous.

**RAIE BOUCLÉE**
*Raja clavata*

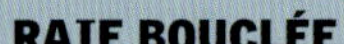

Cette espèce vit dans les océans froids à des profondeurs allant jusqu'à 500 m.

Les raies peuvent avoir 5 ou 6 paires d'ouïes alors que les chimères n'en possèdent qu'une.

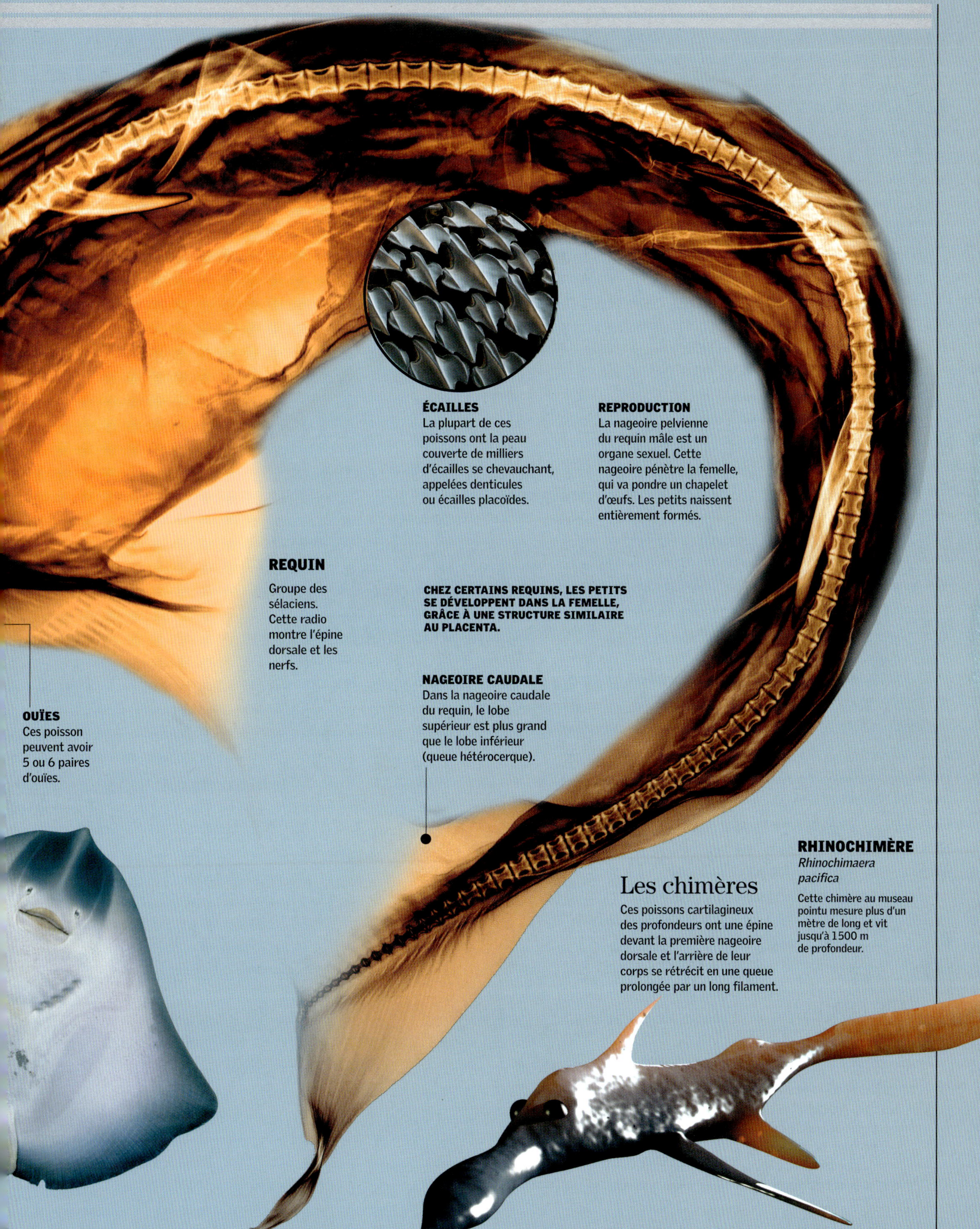

**ÉCAILLES**
La plupart de ces poissons ont la peau couverte de milliers d'écailles se chevauchant, appelées denticules ou écailles placoïdes.

**REPRODUCTION**
La nageoire pelvienne du requin mâle est un organe sexuel. Cette nageoire pénètre la femelle, qui va pondre un chapelet d'œufs. Les petits naissent entièrement formés.

**REQUIN**
Groupe des sélaciens. Cette radio montre l'épine dorsale et les nerfs.

**CHEZ CERTAINS REQUINS, LES PETITS SE DÉVELOPPENT DANS LA FEMELLE, GRÂCE À UNE STRUCTURE SIMILAIRE AU PLACENTA.**

**NAGEOIRE CAUDALE**
Dans la nageoire caudale du requin, le lobe supérieur est plus grand que le lobe inférieur (queue hétérocerque).

**OUÏES**
Ces poisson peuvent avoir 5 ou 6 paires d'ouïes.

## Les chimères

Ces poissons cartilagineux des profondeurs ont une épine devant la première nageoire dorsale et l'arrière de leur corps se rétrécit en une queue prolongée par un long filament.

**RHINOCHIMÈRE**
*Rhinochimaera pacifica*
Cette chimère au museau pointu mesure plus d'un mètre de long et vit jusqu'à 1500 m de profondeur.

# Anatomie

Les poissons sont des vertébrés. Ils possèdent pratiquement les mêmes organes internes que les reptiles et les mammifères. Leur squelette, osseux ou cartilagineux, sert de charpente à leur corps. Leur cerveau reçoit les informations des organes des sens (et de la ligne latérale) et assure la coordination des mouvements des muscles de la nage. Les poissons respirent par les branchies et ont généralement le corps recouvert d'écailles.

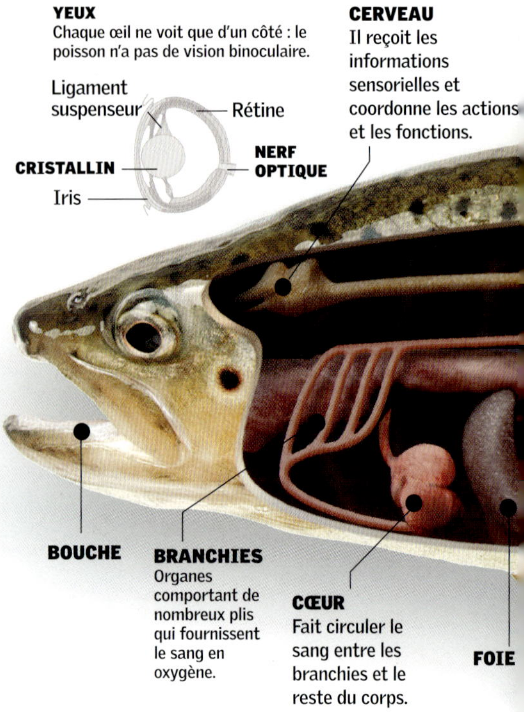

## Sans mâchoires

Les poissons sans mâchoires ou agnathes, tels que les lamproies (cyclostomes), possèdent une bouche circulaire armée de dents cornées. Ce sont des parasites, qui se fixent par leur bouche en ventouse sur d'autres poissons dont ils sucent le sang.

**45** C'EST LE NOMBRE D'ESPÈCES DE POISSONS SANS MÂCHOIRES.

**LAMPROIE**
*Lampetra*

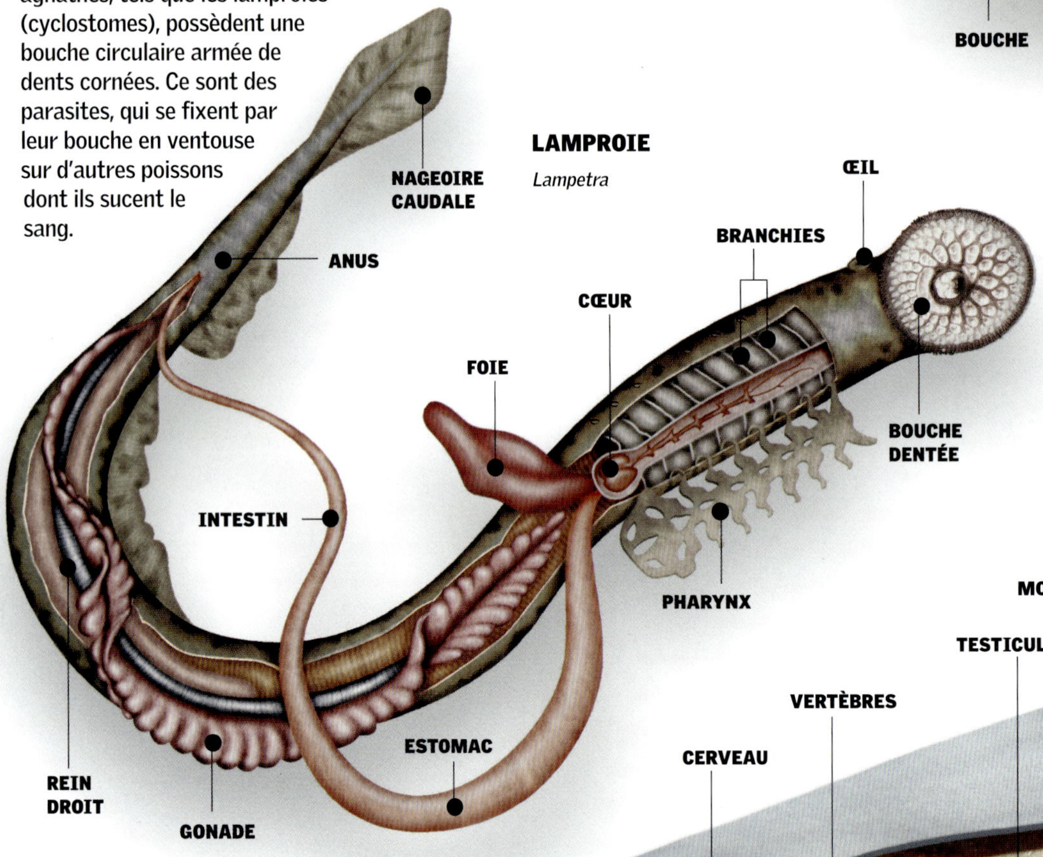

## Cartilagineux

Les chondrichtyens ont les mêmes organes qu'un poisson osseux, à l'exception de la vessie natatoire. Au bout de son intestin, une structure en tire-bouchon, la valvule spirale, augmente la surface d'absorption des nutriments.

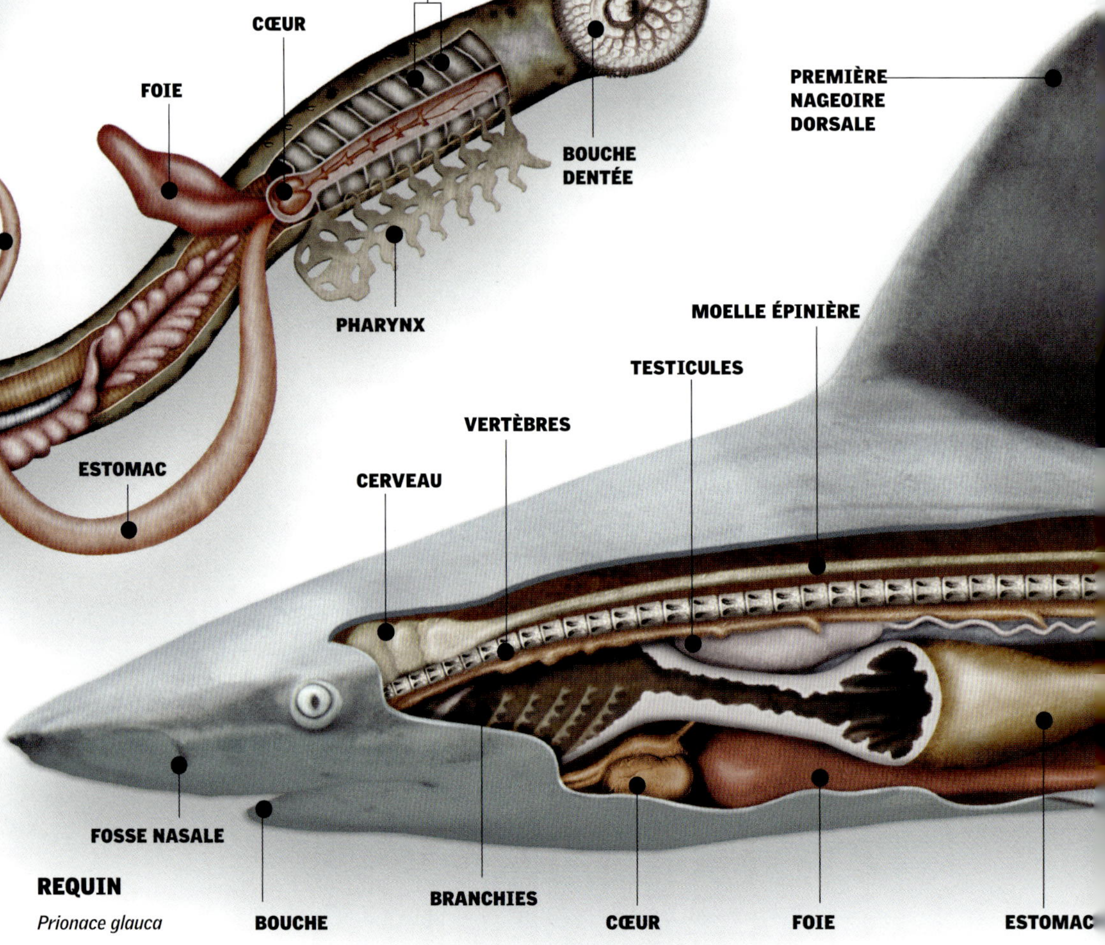

**REQUIN**
*Prionace glauca*

**10** LA SURFACE TOTALE DES BRANCHIES EST DIX FOIS SUPÉRIEURE À CELLE DU RESTE DU CORPS.

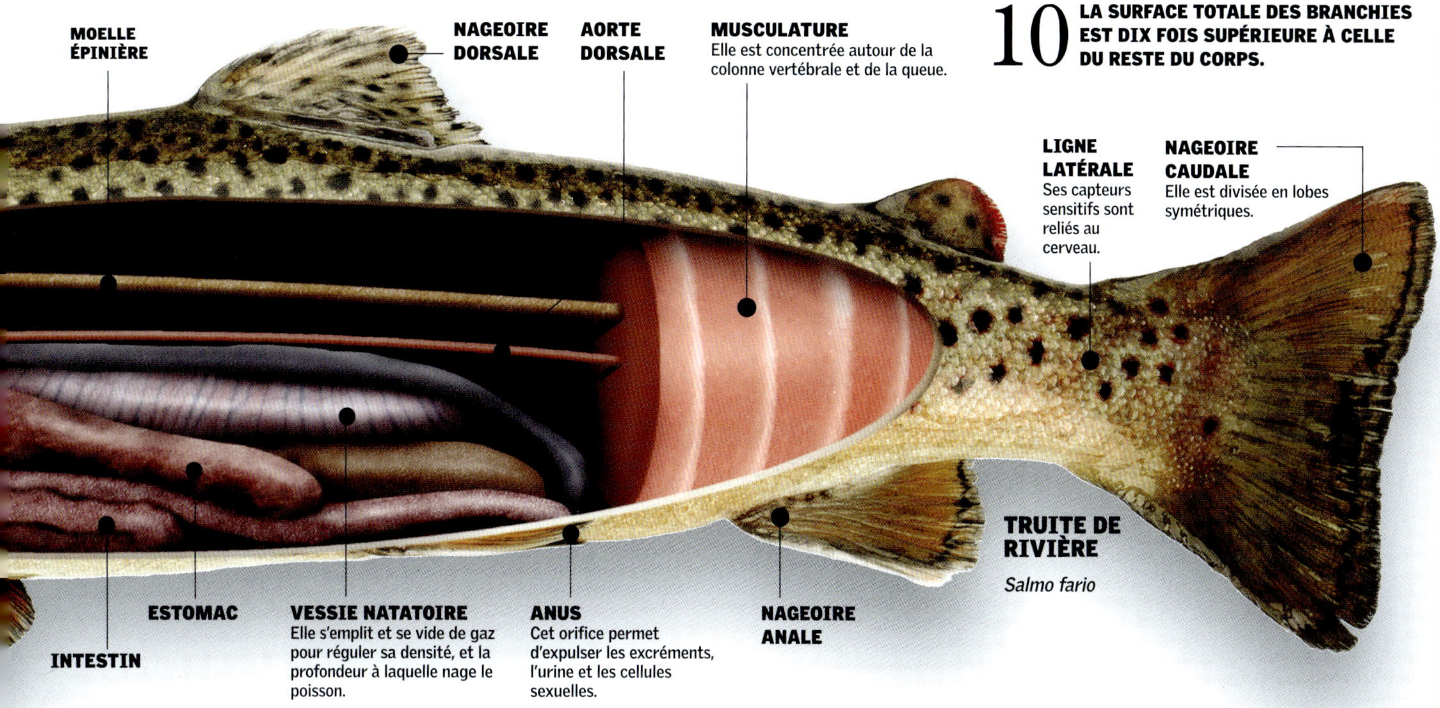

MOELLE ÉPINIÈRE
NAGEOIRE DORSALE
AORTE DORSALE
MUSCULATURE
Elle est concentrée autour de la colonne vertébrale et de la queue.
LIGNE LATÉRALE
Ses capteurs sensitifs sont reliés au cerveau.
NAGEOIRE CAUDALE
Elle est divisée en lobes symétriques.
TRUITE DE RIVIÈRE
Salmo fario
INTESTIN
ESTOMAC
VESSIE NATATOIRE
Elle s'emplit et se vide de gaz pour réguler sa densité, et la profondeur à laquelle nage le poisson.
ANUS
Cet orifice permet d'expulser les excréments, l'urine et les cellules sexuelles.
NAGEOIRE ANALE

## Osseux

Les viscères des ostéichtyens sont rassemblés dans l'avant et le bas de leur corps. Le reste de leur structure interne est essentiellement composé d'os (arêtes) et de muscles. Certains, comme la carpe, n'ont pas d'estomac mais un intestin étroitement enroulé.

### RÉGULATION DE LA SALINITÉ

**POISSONS D'EAU DOUCE**
Les poissons d'eau douce peuvent manquer de sel dans leur environnement. Ils boivent peu d'eau et trouvent un supplément de sel dans leur nourriture.

ABSORPTION DU SEL
ENTRÉE D'EAU
ÉLIMINATION DE L'EAU DANS L'URINE

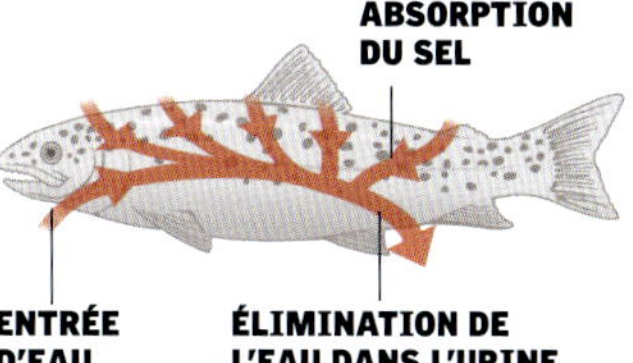

**POISSONS DE MER**
Ces poissons absorbent constamment de l'eau salée pour renouveler celle de leur corps, mais ils doivent éliminer l'excès de sel.

ENTRÉE D'EAU
ÉVACUATION DE L'EAU
EXCRÉTION DES SELS PAR LES BRANCHIES
EXCRÉTION DES SELS PAR L'URINE

INTESTIN
CANAL ÉJACULATEUR
VÉSICULE SÉMINALE
AORTE DORSALE
GLANDE RECTALE
SECONDE NAGEOIRE DORSALE
MUSCLES SEGMENTÉS
LOBE SUPÉRIEUR DE LA NAGEOIRE CAUDALE
LOBE INFÉRIEUR DE LA NAGEOIRE CAUDALE
VALVULE SPIRALE
CLOAQUE
REIN
NAGEOIRE ANALE

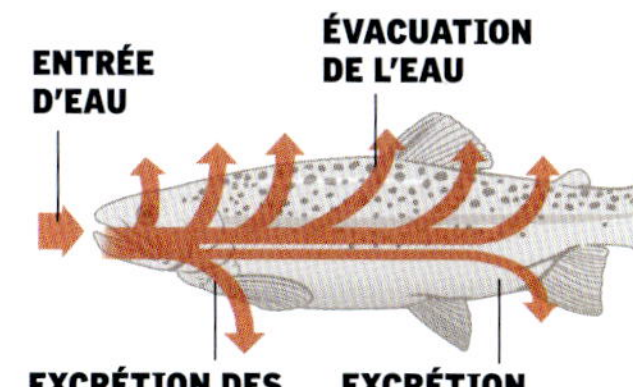

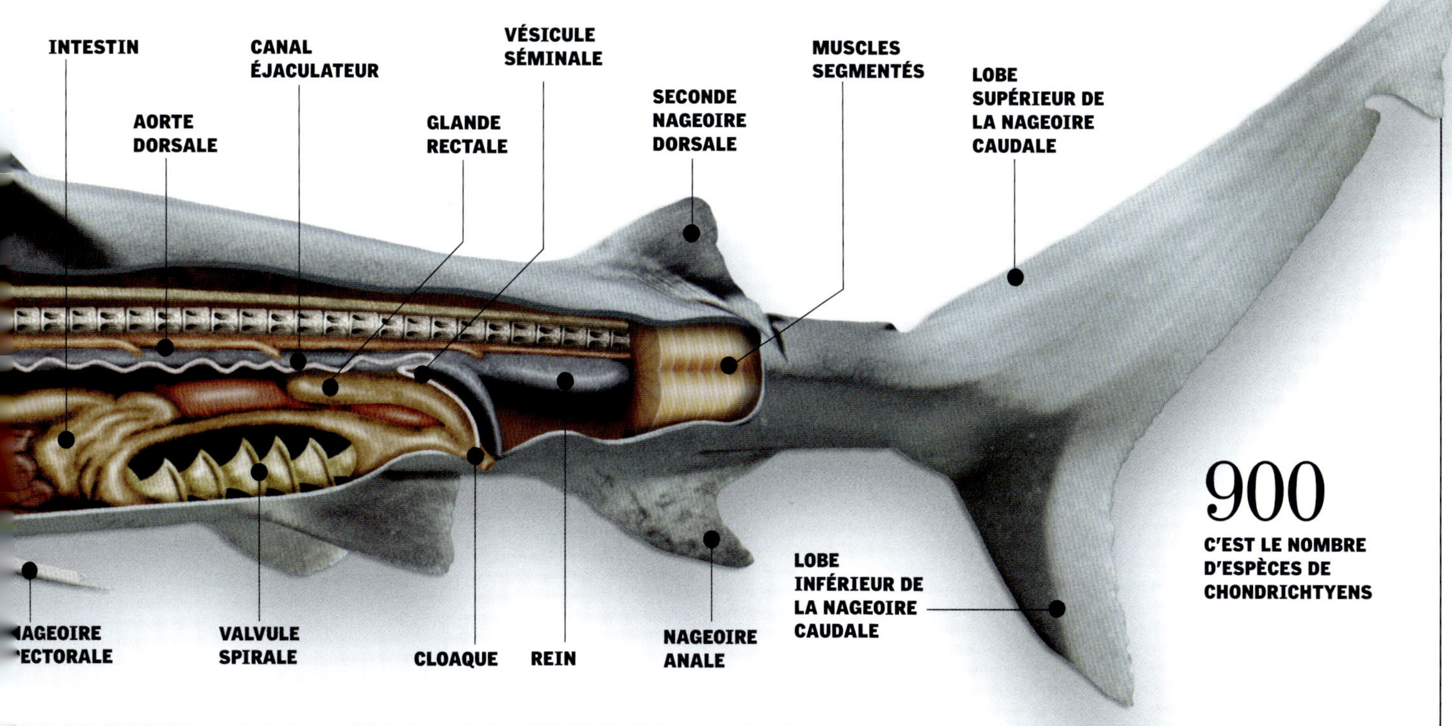

**900** C'EST LE NOMBRE D'ESPÈCES DE CHONDRICHTYENS

# Les écailles

La plupart des poissons sont couverts d'écailles transparentes. Deux poissons de la même espèce ont un nombre identique d'écailles, mais ce nombre varie entre espèces voisines. Les écailles qui se trouvent sur la ligne latérale portent de petits orifices mettant en contact le milieu extérieur avec les cellules sensorielles et leurs terminaisons nerveuses. On peut déterminer l'âge d'un poisson en étudiant ses écailles.

**ÉCAILLES FOSSILISÉES**

Ces écailles épaisses, brillantes et émaillées appartiennent au genre éteint des lépidotes, poissons carnivores du crétacé.

**RÉGÉNÉRATION DES ÉCAILLES**

Les écailles repoussent après une lésion, mais les nouvelles sont différentes des originelles.

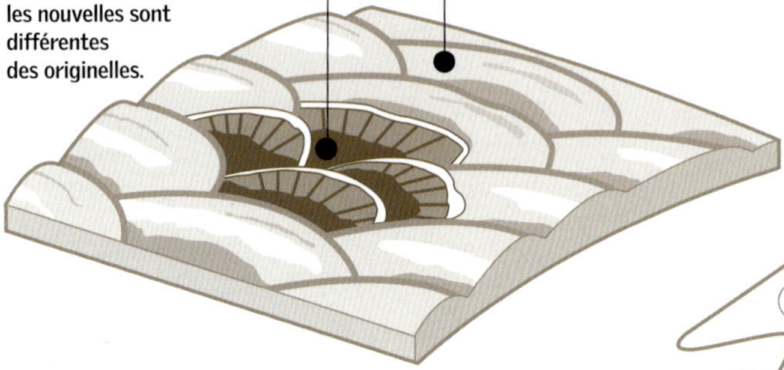

ÉCAILLES ORIGINELLES

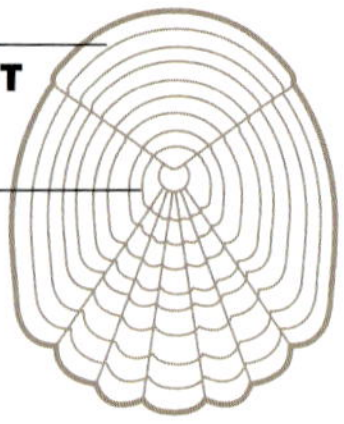

STRIE D'ACCROISSEMENT

ÉCAILLE CYCLOÏDE

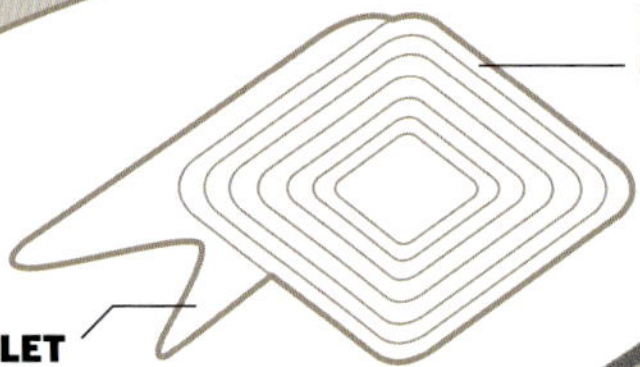

ÉCAILLE GANOÏDE

ONGLET ARTICULAIRE

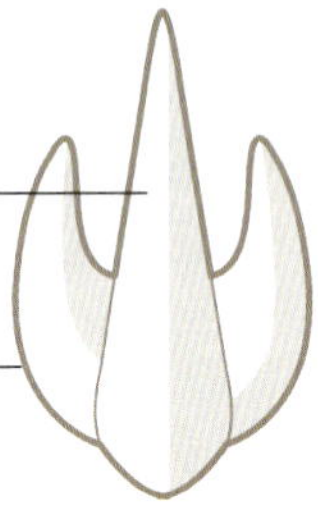

DENTICULE

BASE

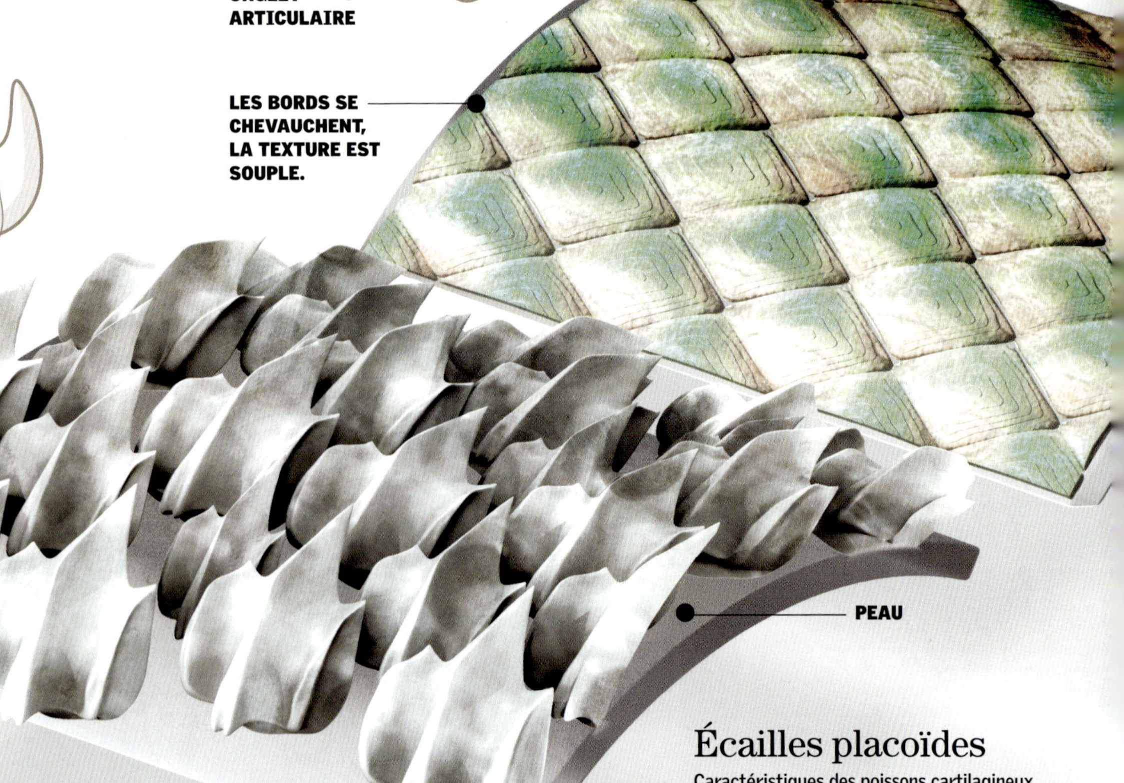

LES BORDS SE CHEVAUCHENT, LA TEXTURE EST SOUPLE.

ÉCAILLE DENTÉE AVEC ÉMAIL

PEAU

**REQUIN BLEU**
*Prionace glauca*

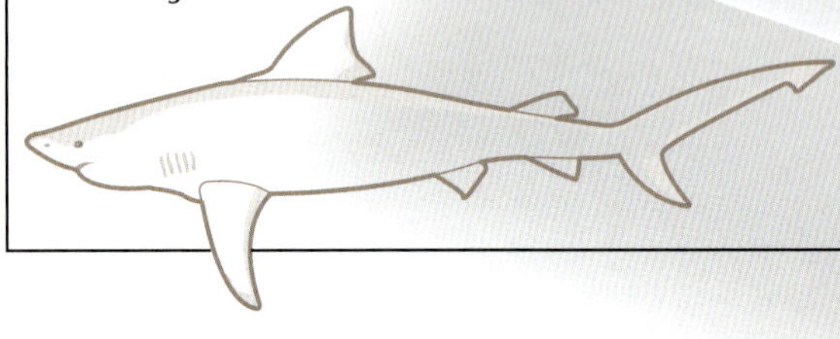

## Écailles placoïdes

Caractéristiques des poissons cartilagineux et notamment des requins, ces écailles sont faites comme les dents, de pulpe, de dentine et d'émail. Elles sont petites et garnies de denticules pointus et coupants.

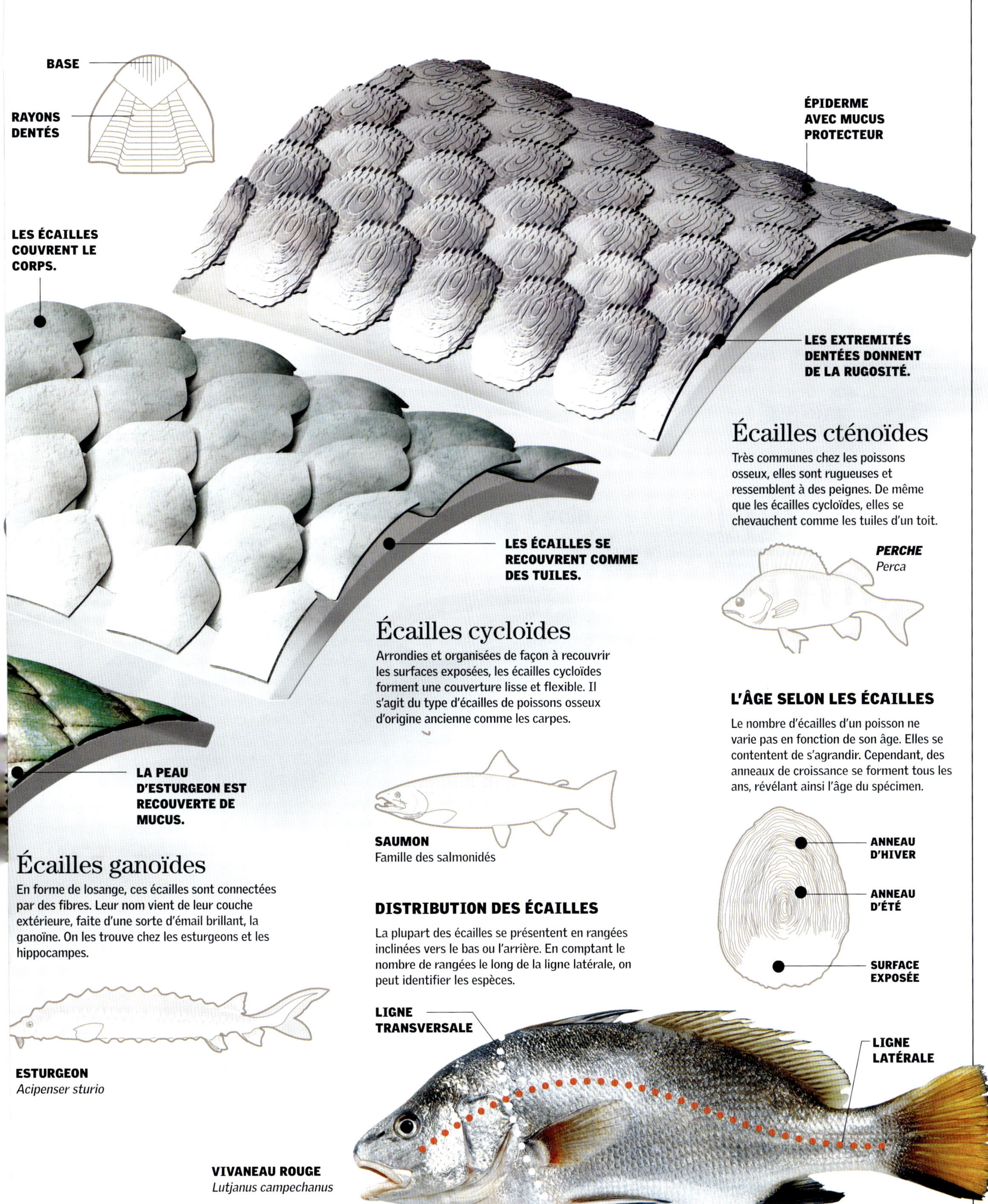

BASE
RAYONS DENTÉS
ÉPIDERME AVEC MUCUS PROTECTEUR
LES ÉCAILLES COUVRENT LE CORPS.
LES EXTREMITÉS DENTÉES DONNENT DE LA RUGOSITÉ.
LES ÉCAILLES SE RECOUVRENT COMME DES TUILES.
LA PEAU D'ESTURGEON EST RECOUVERTE DE MUCUS.
ANNEAU D'HIVER
ANNEAU D'ÉTÉ
SURFACE EXPOSÉE
LIGNE TRANSVERSALE
LIGNE LATÉRALE

## Écailles cténoïdes

Très communes chez les poissons osseux, elles sont rugueuses et ressemblent à des peignes. De même que les écailles cycloïdes, elles se chevauchent comme les tuiles d'un toit.

***PERCHE***
*Perca*

## Écailles cycloïdes

Arrondies et organisées de façon à recouvrir les surfaces exposées, les écailles cycloïdes forment une couverture lisse et flexible. Il s'agit du type d'écailles de poissons osseux d'origine ancienne comme les carpes.

**SAUMON**
Famille des salmonidés

### L'ÂGE SELON LES ÉCAILLES

Le nombre d'écailles d'un poisson ne varie pas en fonction de son âge. Elles se contentent de s'agrandir. Cependant, des anneaux de croissance se forment tous les ans, révélant ainsi l'âge du spécimen.

## Écailles ganoïdes

En forme de losange, ces écailles sont connectées par des fibres. Leur nom vient de leur couche extérieure, faite d'une sorte d'émail brillant, la ganoïne. On les trouve chez les esturgeons et les hippocampes.

**ESTURGEON**
*Acipenser sturio*

### DISTRIBUTION DES ÉCAILLES

La plupart des écailles se présentent en rangées inclinées vers le bas ou l'arrière. En comptant le nombre de rangées le long de la ligne latérale, on peut identifier les espèces.

**VIVANEAU ROUGE**
*Lutjanus campechanus*

# Le cycle de la vie

Dans un environnement marin, les animaux peuvent simplement libérer leurs cellules reproductrices dans l'eau. Cependant, pour que la fécondation se fasse, le mâle et la femelle doivent synchroniser leurs activités. Une fois le partenaire trouvé, chacun répand ses gamètes. Le choix du lieu et du moment est crucial car la survie des œufs dépend de la température de l'eau. Les rapports entre les générations varient d'une espèce à l'autre, d'un désintérêt total pour les œufs une fois pondus à une surveillance et une protection constantes des petits.

## Fécondation externe

Pour la plupart des poissons, la fécondation se fait à l'extérieur du corps de la femelle. Le mâle sécrète de la laitance près des œufs tout juste pondus. Généralement, les petits sont encore à l'état de larves lorsqu'ils sortent de l'œuf.

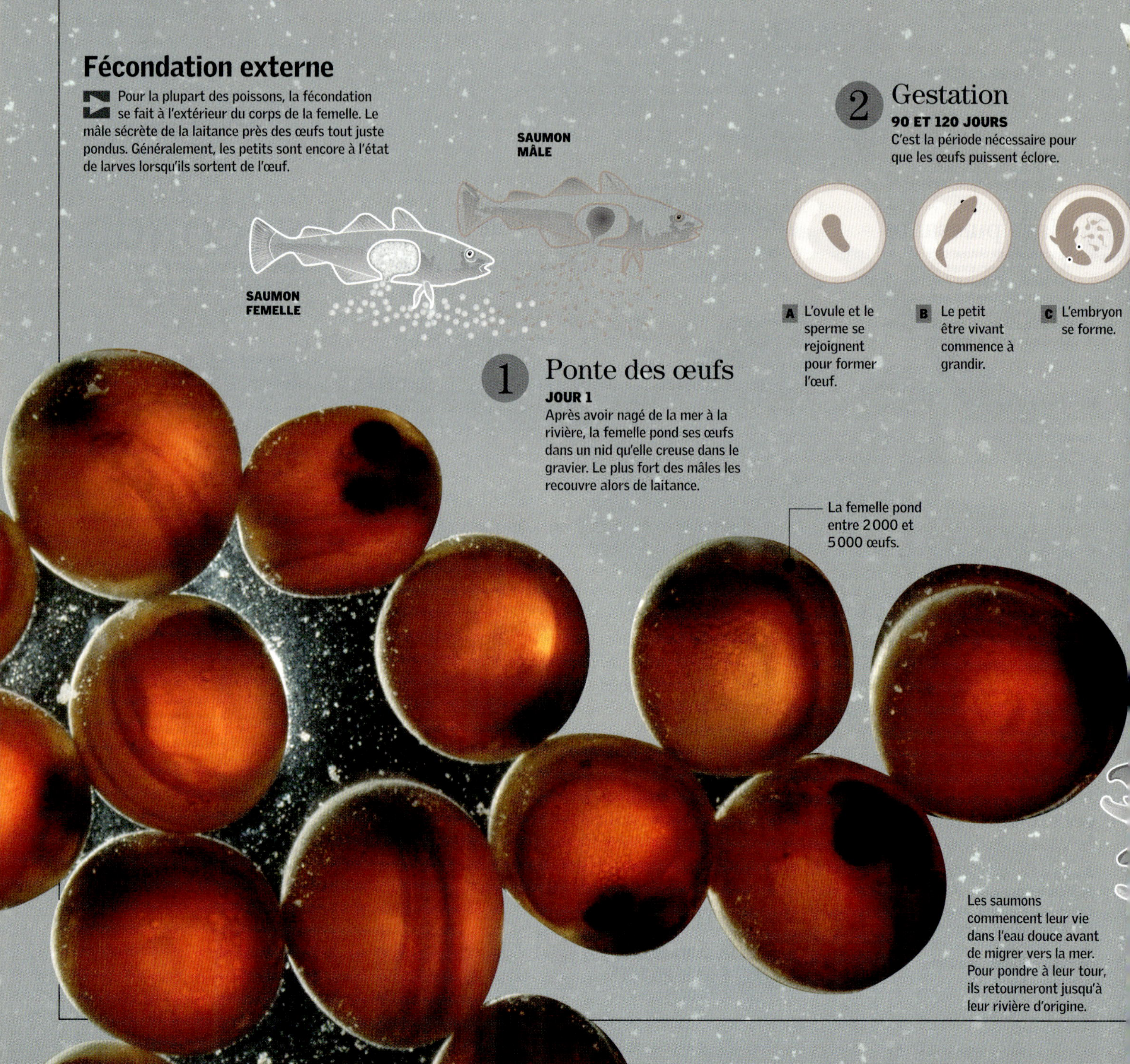
SAUMON MÂLE
SAUMON FEMELLE
La femelle pond entre 2000 et 5000 œufs.

### 2 Gestation

**90 ET 120 JOURS**

C'est la période nécessaire pour que les œufs puissent éclore.

- **A** L'ovule et le sperme se rejoignent pour former l'œuf.
- **B** Le petit être vivant commence à grandir.
- **C** L'embryon se forme.

### 1 Ponte des œufs

**JOUR 1**

Après avoir nagé de la mer à la rivière, la femelle pond ses œufs dans un nid qu'elle creuse dans le gravier. Le plus fort des mâles les recouvre alors de laitance.

Les saumons commencent leur vie dans l'eau douce avant de migrer vers la mer. Pour pondre à leur tour, ils retourneront jusqu'à leur rivière d'origine.

## 3 Jeune poisson (alevin)

**121 JOURS**

Il se nourrit du contenu de son sac vitellin.

# 6 ans

**C'EST LA DURÉE DE VIE D'UN SAUMON.**

## 5 Adultes

**6 ANS**

Les saumons adultes ont des organes reproducteurs opérationnels, et ils retournent se reproduire à leur rivière natale.

## 4 Jeunes saumons

**2 ANS**

Les alevins grandissent jusqu'à devenir de jeunes et petits saumons. Ils migrent vers la mer, où ils vont vivre pendant 4 ans.

## Parents

**L'OPISTOGNATHE À FRONT DORÉ (*OPISTHOGNATHUS AURIFRONS*) INCUBE SES OEUFS DANS SA BOUCHE.**

## Incubation buccale

L'incubation de certaines espèces de poissons se fait dans la bouche des parents. Ils gardent les œufs dans leur bouche puis les crachent dans un nid. Après l'éclosion, les parents protègent les petits en les reprenant dans leurs bouches.

### FÉCONDATION INTERNE

Les poissons vivipares mettent au monde des petits déjà développés. La fécondation est interne. Les embryons sont nourris par la mère, qui fournit un « lait utérin » via un « placenta ».

# Question de vie ou de mort

Pour survivre, les poissons tirent profit de leur environnement pour s'abriter des prédateurs ou pour trouver de la nourriture. Son corps plat permet au carrelet de se poser sur le fond, où sa couleur ivoire le rend presque invisible. Le poisson volant a des nageoires pectorales développées lui permettant de planer hors de l'eau et, ainsi, de fuir.

## Carrelet (*Pleuronectes platessa*)

C'est un poisson plat ayant une faculté de mimétisme et pouvant rester immobile au fond de l'eau. Il possède deux côtés différents : le dessous est de couleur ivoire tandis que le dessus est pigmenté avec de petites tâches rouges qui lui permettent de se fondre visuellement avec le sol. Il utilise ses nageoires pour se recouvrir de sable en vue de se cacher des prédateurs.

**CÔTÉ VENTRAL**
Il garde sa couleur claire, sans pigmentation. Ce côté repose sur le fond de l'océan.

**BOUCHE**
À l'exception de la bouche, qui reste la même, le corps entier du carrelet subit des métamorphoses entre l'état larvaire et sa maturité.

**CARRELET**
*Pleuronectes platessa*

**YEUX**
Les deux sont situés sur le même côté.

**OUÏES**
Les branchies sont situées dessous.

**OPERCULE**
Solide, il protège les branchies.

## Transformation

À la naissance, le carrelet n'est pas plat, il ressemble aux autres poissons. Il se nourrit près de la surface et nage en utilisant sa vessie natatoire. Au fil du temps, son corps commence à s'aplatir, sa vessie natatoire régresse et il descend sur le fond.

**1** 5 jours
3,5 mm

Les vertèbres commencent à se former.

Un œil de chaque côté

**2** 10 jours
4 mm

Le pli de la queue se forme et la bouche est déjà ouverte.

**3** 22 jours
8 mm

La queue se développe.

L'œil gauche se déplace vers le haut de la tête.

# 45 jours

**C'EST LE TEMPS QU'IL FAUT AU CARRELET POUR PASSER DE L'ÉTAT DE LARVE À CELUI DE POISSON PLAT.**

## Poisson volant

La famille des exocétidés, regroupe 52 espèces de poissons volants. On les trouve dans les océans, et plus particulièrement dans les eaux chaudes tropicales et subtropicales. Leurs larges nageoires pectorales leur permettent de voler sur de courtes distances après avoir sauté hors de l'eau, échappant ainsi aux prédateurs.

1 FUIR
Quand un prédateur apparaît, le poisson volant se propulse hors de l'eau.
2 DÉCOLLER
Le poisson s'élance vers la surface et saute aussi haut qu'il le peut au-dessus de l'eau.
Il peut atteindre une hauteur de 6 m.
3 PLANER
Le vol moyen est de 50 m, mais certains poissons planent jusqu'à 200 m.
Le vol moyen est de 50 m, mais ils peuvent planer sur 200 m.
Ce poisson mesure entre 18 et 45 cm de long.
ANATOMIE
Ce poisson survole l'eau grâce à ses nageoires renforcées, et il peut atteindre une vitesse de 65 km/h pendant 30 secondes.
Les nageoires pectorales et pelviennes sont très développées.
POISSON VOLAN
Exocoetus volitans
TACHES
Utiles pour se camoufler sur le sable et se cacher des prédateurs.
NAGEOIRE
Les nageoires forment deux lignes continues de part et d'autre du corps.
NAGEOIRE CAUDALE
Réduite, elles est peu utilisée pour nager.
RASCASSE ROUGE
Scorpaena scrofa
4 45 jours
11 mm
Les cellules pigmentaires se rejoignent pour former des tâches sombres.
Il ne regarde plus à droite, mais vers le haut.

## Camouflage

Les rascasses, de la famille des scorpaenidés (ou poissons scorpions), présentent un mimétisme impressionnant, grâce à la forme anguleuse de leur corps, à ses couleurs et ses taches, et à ses excroissances : l'idéal pour disparaître à la vue sur le fond rocheux de l'océan. Ses nageoires dorsales dispensent un venin qui cause une douleur intense.

# Formes étranges

L'hippocampe est un petit poisson marin de la même famille que les dragons de mer feuillus, les syngnathidés. Son nom vient de sa tête, qui rappelle celle d'un cheval. C'est le seul poisson ayant une tête à angle droit avec le reste du corps, cela l'empêche de nager vite pour fuir ses prédateurs. En revanche, il peut modifier la couleur de sa peau pour se fondre dans l'environnement. La reproduction des hippocampes est unique : le mâle possède une poche incubatrice dans laquelle la femelle dépose les œufs fertilisés.

***SYNGNATHUS ABASTER***
C'est l'un des poissons les plus lents. Il se déplace grâce à de petites ondulations de ses nageoires pectorales, qui peuvent vibrer jusqu'à 35 fois par seconde.

## Mouvements

Le corps de l'hippocampe est enfermé dans une carapace constituée de larges plaques osseuses. Il nage différemment des autres poissons : adoptant une position verticale, il utilise ses nageoires dorsales pour se propulser. L'hippocampe possède une longue queue, dont il se sert pour s'accrocher à des plantes aquatiques et qu'il enroule au repos.

**YEUX**
Ils sont larges, pour une meilleure vue.

**MUSEAU**
Avec une forme de tube, il donne à la tête de l'hippocampe sa ressemblance au cheval.

## Classification

Une trentaine d'espèces d'hippocampes ont été répertoriées. Les classifier est chose ardue car des individus d'une même espèce peuvent varier de couleur ou développer des filaments cutanés plus ou moins long. La taille des hippocampes adultes varie beaucoup : *Hippocampus minotaur* (une espèce découverte en Australie) mesure 1,8 cm, tandis que *Hippocampus ingens* (une espèce du Pacifique) peut atteindre une longueur de 30 cm. Ils n'ont pas de nageoires pelviennes ni caudales, mais possèdent une petite nageoire anale.

**TÊTE**

**TRONC**
Le corps est maintenu par la colonne vertébrale.

**DÉROULÉE**
La queue s'étire en se déroulant.

**ENROULÉE**
La queue s'enroule, formant une boucle.

**QUEUE PRÉHENSILE**
Avec leurs longues queues, les hippocampes peuvent s'accrocher aux algues des fonds marins.

**QUEUE**
Elle peut s'étendre jusqu'à être totalement droite.

**DRAGON DE MER FEUILLU**
*Phyllopteryx taeniolatus*
Proche des hippocampes, il est couvert d'excroissances ressemblant à des algues, qui le dissimulent. Sa queue n'est pas préhensile (à la différence de celle des hippocampes).

**ALGUES**
Les hippocampes s'y agrippent et s'y cachent.

## Camouflage

Les hippocampes et les dragons de mer feuillus ne peuvent pas compter sur la vitesse pour s'échapper, mais ils utilisent le camouflage comme stratégie de défense. Leurs formes, leurs couleurs, leurs filaments cutanés ressemblant à des algues contribuent à les rendre difficiles à distinguer dans le décor marin.

**HIPPOCAMPE RAYÉ**
*Hippocampus erectus*

| | |
|---|---|
| **HABITAT** | Caraïbes, océans Indien et Pac |
| **NOMBRE D'ESPÈCES** | 35 |
| **TAILLE** | 18 à 30 cm |

**BRANCHIES**
Les hippocampes respirent grâce à des branchies.
**NAGEOIRE PECTORALE**
Une de chaque côté du corps, pour les mouvements latéraux.
**PLAQUES OSSEUSES**
Son corps est couvert par une série d'anneaux osseux.
**NAGEOIRE DORSALE**
Les hippocampes nagent verticalement, propulsés par leur nageoire dorsale.

## Reproduction

Le mâle a une poche incubatrice dans laquelle la femelle dépose les œufs. La poche se referme et les embryons se développent, nourris par le mâle. Il donnera naissance aux jeunes, déjà autonomes, par une série de contractions.

1. Pendant la saison des amours, la femelle dépose environ 200 œufs dans la poche du mâle. Là, les œufs sont fertilisés. Au moment de la naissance, le mâle s'accroche à des algues par la queue.

2. Le corps du male se balance d'avant en arrière, comme s'il avait des contractions. L'ouverture de la poche s'agrandit et, bientôt, les jeunes hippocampes apparaissent.

3. Alors que le ventre du mâle se contracte, les jeunes hippocampes naissent un à un, mesurant chacun 1 cm de long. Ils commencent à se nourrir de phytoplancton. Cette étape peut durer deux jours, après quoi le mâle est épuisé.

**1 cm**

**C'EST LA TAILLE DE L'HIPPOCAMPE À LA NAISSANCE.**

**35 espèces**

**D'HIPPOCAMPES VIVENT DANS LES CARAÏBES, L'OCÉAN PACIFIQUE ET L'OCÉAN INDIEN.**

# Grand prédateur

Le requin blanc est l'un des plus grands prédateurs des océans. On l'identifie facilement, avec son ventre blanc, ses yeux noirs et son allure générale. Des biologistes pensent que ses rares attaques d'humains résultent plus de la curiosité que de la férocité. Ces poissons dressent régulièrement leur tête hors de l'eau, testent ce qui est à portée en le mordant et cela se révèle souvent dangereux à cause du tranchant de leurs dents et de la puissance de leurs mâchoires. Toutefois, le grand requin blanc est impliqué dans la majorité des attaques fatales de surfeurs ou de plongeurs.

**FOSSES NASALES**

**YEUX** La faible vue est compensée par un odorat très développé.

**MÂCHOIRE** Durant une attaque, elle s'étire vers l'avant.

## Sens améliorés

Les requins utilisent des sens que n'ont pas la plupart des poissons. Les ampoules de Lorenzini, situées dans la peau de leur tête, détectent les champs électriques liés à l'activité musculaire de leurs proies. La ligne latérale est utilisée pour déceler les mouvements et les sons. Leur sens le plus développé reste l'odorat, qui occupe les deux tiers de leur cerveau. Ils perçoivent des sons de très basse fréquence.

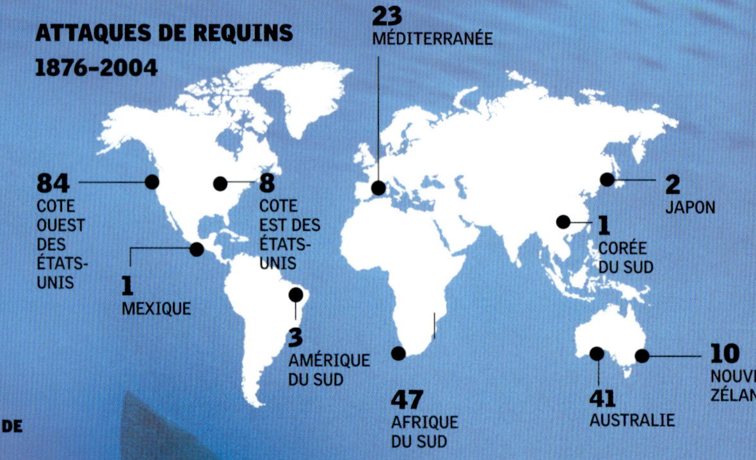


**220** ATTAQUES EN 128 ANS

**OUÏE** Elle est sensible à des sons à très basse fréquence.

**AMPOULES DE LORENZINI** Détectent les champs électriques.

**NEZ** Le sens le plus développé est celui de l'odorat.

**LIGNE LATÉRALE** Elle détecte les mouvements et les sons sous-marins.

**RADAR ÉLECTRIQUE**

**NAGEOIRE DORSALE**

**NAGEOIRE CAUDALE** Elle est très large et puissante.

**NAGEOIRE ANALE**

**NAGEOIRE PECTORALE** Très développée, elle est essentielle pour nager.

**NAGEOIRE PELVIENNE**

**GRAND REQUIN BLANC** *Carcharodon carcharias*

| | |
|---|---|
| **HABITAT** | Océans |
| **POIDS** | 2 000 kg |
| **LONGUEUR** | 7 m |
| **DURÉE DE VIE** | 30-40 ans |

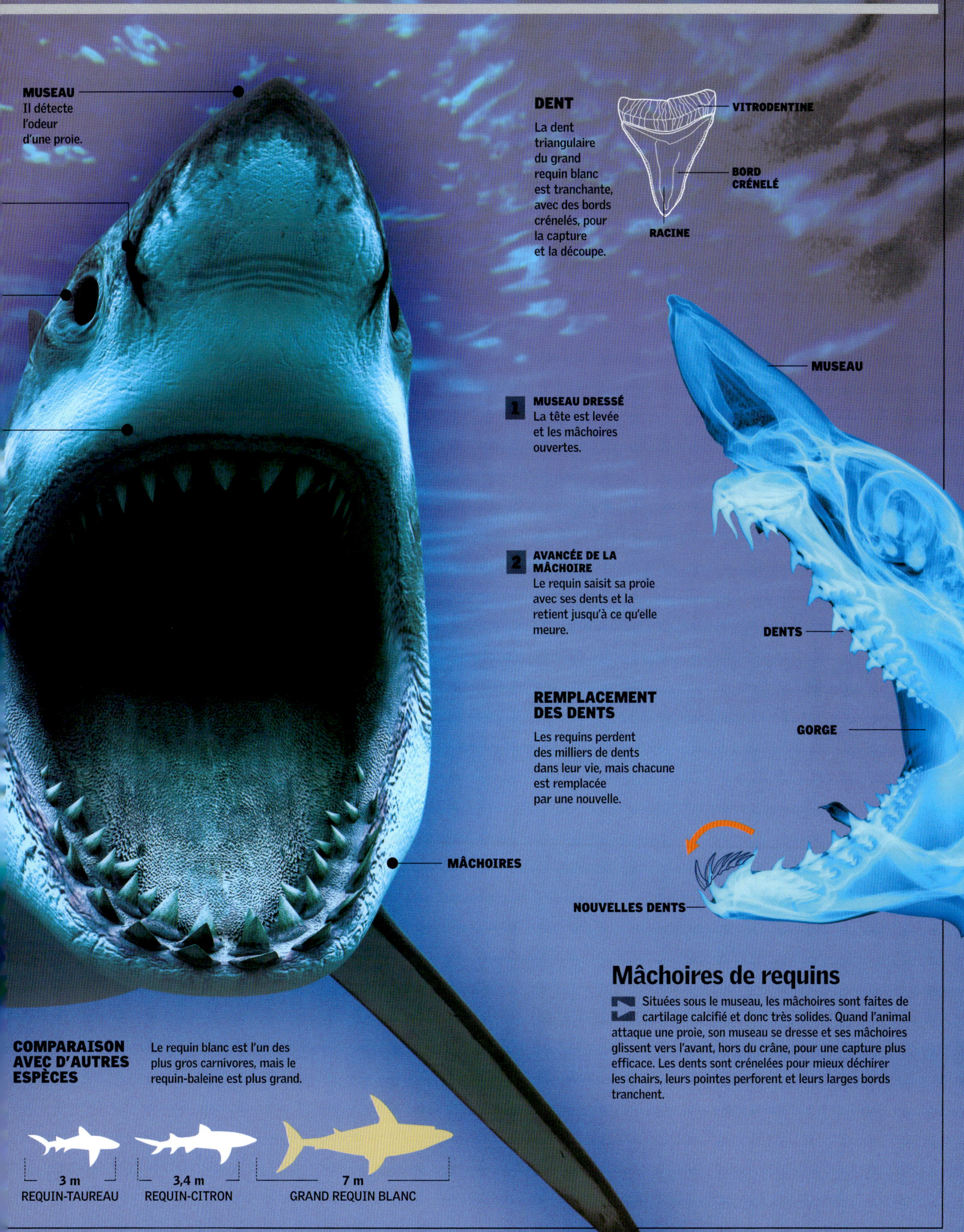


**DENT**

La dent triangulaire du grand requin blanc est tranchante, avec des bords crénelés, pour la capture et la découpe.

**1 MUSEAU DRESSÉ**
La tête est levée et les mâchoires ouvertes.

**2 AVANCÉE DE LA MÂCHOIRE**
Le requin saisit sa proie avec ses dents et la retient jusqu'à ce qu'elle meure.

**REMPLACEMENT DES DENTS**

Les requins perdent des milliers de dents dans leur vie, mais chacune est remplacée par une nouvelle.

## Mâchoires de requins

Situées sous le museau, les mâchoires sont faites de cartilage calcifié et donc très solides. Quand l'animal attaque une proie, son museau se dresse et ses mâchoires glissent vers l'avant, hors du crâne, pour une capture plus efficace. Les dents sont crénelées pour mieux déchirer les chairs, leurs pointes perforent et leurs larges bords tranchent.

**COMPARAISON AVEC D'AUTRES ESPÈCES**

Le requin blanc est l'un des plus gros carnivores, mais le requin-baleine est plus grand.

# Étonnants migrateurs

Après avoir vécu dans l'océan jusqu'à l'âge de 6 ans, le saumon rouge du Pacifique (*Oncorhynchus nerka*) retourne à sa rivière natale pour se reproduire. C'est un très immense voyage, durant deux à trois mois, requérant un sens de l'orientation infaillible et beaucoup d'énergie. Le saumon doit nager contre le courant, remonter des chutes tout en échappant aux prédateurs, comme les aigles ou les ours. Une fois la rivière atteinte, la femelle pond ses œufs et le mâle les fertilise. Contrairement au saumon de l'Atlantique, qui répète trois ou quatre fois le cycle de reproduction, celui du Pacifique meurt après s'être reproduit. Une fois les œufs éclos, un nouveau cycle commence.

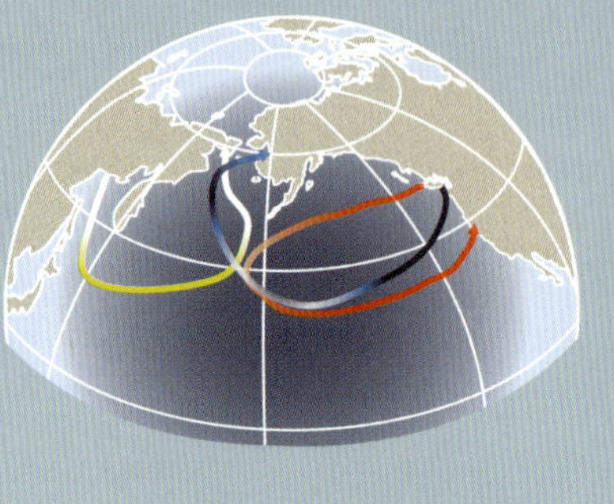

ASIE ALASKA ÉTATS-UNIS

## Un long voyage

Il y a six espèces de saumon dans l'océan Pacifique et une seule dans l'Atlantique. Le saumon rouge (Oncorhynchus nerka) migre de l'océan Pacifique jusqu'aux rivières des États-Unis, du Canada, de l'Alaska ou encore de l'est de l'Asie.

## 1 Une course éprouvante

Les saumons migrent de l'océan à la rivière. En chemin, beaucoup sont les proies d'animaux et d'humains.

Ni les chutes d'eau, ni les courants forts ne peuvent arrêter le saumon dans son voyage.

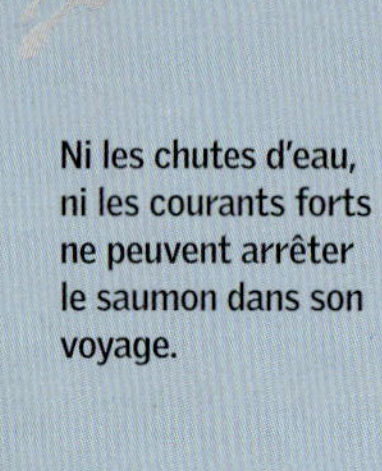

## 3 mois

**C'EST LA DURÉE ESTIMÉE DU VOYAGE DU SAUMON JUSQU'À LA RIVIÈRE OÙ IL EST NÉ.**

## 6 Mort

Les saumons adultes meurent quelques jours après l'éclosion des œufs, épuisés par les efforts fournis. Leurs corps se décomposent dans la rivière.

## 5 Fretin

Seulement 40 % des œufs pondus chaque automne éclosent. Le fretin reste dans la rivière jusqu'à l'âge de 2 ans, avant de migrer vers l'océan.

## 2 La rivière rouge

Les saumons retournent à leur lieu de naissance pour frayer. Ils ont une coloration rouge vif et une tête verte.

Vus de dessus, les saumons ressemblent à des taches rouge.

## Survivre

Sur plus de 7500 œufs pondus par deux femelles, seuls deux saumons seront vivants au bout de deux ans. Beaucoup d'œufs sont mangés ou détruits, et les alevins constituent des proies faciles pour les autres poissons.

| | |
|---|---|
| **ŒUFS** | 7500 |
| **FRETIN** | 4500 |
| **FRETIN** | 650 |
| **JEUNES** | 200 |
| **TACONS** | 50 |
| **ADULTES** | 4 |
| **REPRO-DUCTEURS** | 2 |

**6 ans**

**C'EST LA DURÉE D'UNE GÉNÉRATION, DE L'ŒUF ÉCLOS À L'ADULTE.**

## 3 Le couple

Alors que les femelles préparent les nids dans le sable, où elles déposeront leurs œufs, les mâles rivalisent pour trouver une partenaire.

**DOS**
Une bosse se développe sur le dos.

**5000**

**C'EST LA QUANTITÉ D'ŒUFS QU'UNE FEMELLE PEUT PONDRE**

**BOUCHE**
À la saison des amours, les mâchoires du mâle se courbent vers le haut.

**COULEUR**
Le saumon au dos bleuté devient rouge vif.

## 4 Reproduction

La femelle dépose entre 2500 et 5000 œufs dans différents nids. Le mâle les fertilise tandis qu'ils tombent entre les rochers.

# De la surface aux abysses

Les océans couvrent 70 % de la surface de la Terre. Ils sont le berceau de la vie et leurs eaux abritent une diversité et une multiplicité d'organismes encore incomplètement explorée. Leur richesse est liée à la variété des environnements sous la surface des mers et des océans. En profondeur, la température de l'eau diminue, la pression augmente et la lumière disparaît. Ces facteurs déterminent différents écosystèmes, différentes façons de se nourrir et diverses stratégies d'adaptation.

## Réserves de vie

La chaleur et la lumière favorisent le développement des récifs coralliens, par accumulation des structures calcaires élaborées par des animaux coloniaux. Cet écosystème est l'un des plus riches de la planète.

**LES RÉCIFS**
Ils se forment dans des eaux tropicales très peu profondes.

## 0–200 m

**ZONE ÉPIPÉLAGIQUE**
Les algues et les animaux qui s'en nourrissent vivent dans cette zone car la photosynthèse y est rendue possible par la lumière du soleil.

## 150 m

Il n'y a plus de phytoplancton à cette profondeur. Un grand nombre d'espèces remontent la nuit pour se nourrir.

**9 M**
Plongeur sans équipement particulier

**15 M**
Chasseur de perles

**50 M**
Plongeur équipé de bouteilles d'oxygène

**PLANCTON**
Les poissons herbivores se trouvent dans les eaux peu profondes car c'est la seule zone où il y a des végétaux

## 200–1 000 m

**ZONE MÉSOPÉLAGIQUE**
Il n'y a plus assez de lumière à cette profondeur pour la vie végétale.

## 600 m

Aucune lumière ne pénètre plus à cette profondeur.

## 1 000–4 000 m

**ZONE BATHYPÉLAGIQUE**
Les espèces de cette zone évoluent dans une obscurité complète, exceptées les créatures bioluminescentes, qui génèrent leur propre lumière. La température varie entre 2° et 4 °C.

## Sous 4 000 m

**ZONE ABYSSALE**
Elle est peu explorée.
On y trouve quelques gros poissons ainsi que d'autres espèces, comme les éponges et les lys de mer.

### LA CHALEUR POUR VIVRE

Les cheminées hydrothermales sont les seules sources de chaleur. Elles rendent possibles l'existence de formes de vie exceptionnelles.

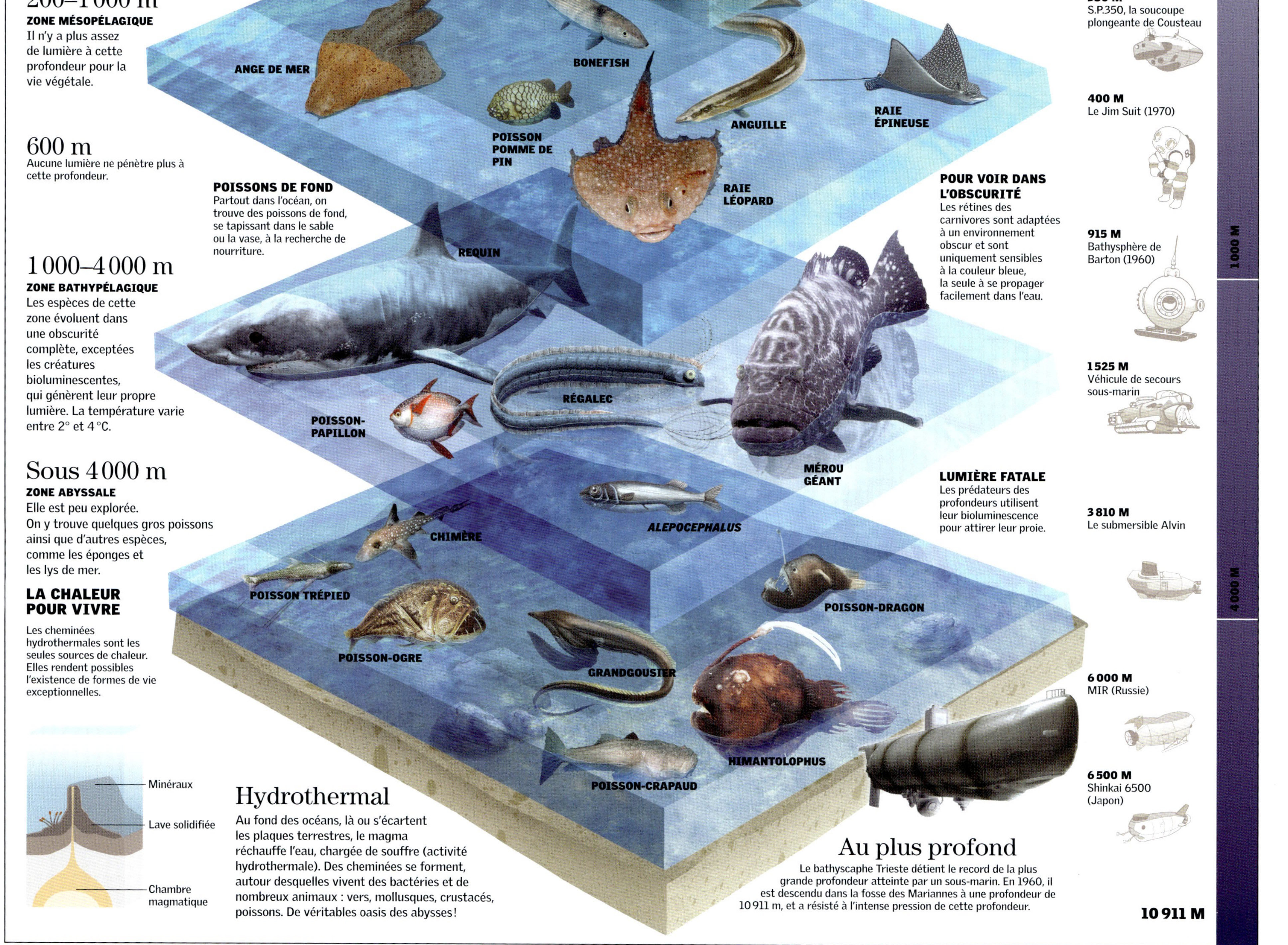


**POISSONS DE FOND**
Partout dans l'océan, on trouve des poissons de fond, se tapissant dans le sable ou la vase, à la recherche de nourriture.

**POUR VOIR DANS L'OBSCURITÉ**
Les rétines des carnivores sont adaptées à un environnement obscur et sont uniquement sensibles à la couleur bleue, la seule à se propager facilement dans l'eau.

**LUMIÈRE FATALE**
Les prédateurs des profondeurs utilisent leur bioluminescence pour attirer leur proie.

## Hydrothermal

Au fond des océans, là où s'écartent les plaques terrestres, le magma réchauffe l'eau, chargée de souffre (activité hydrothermale). Des cheminées se forment, autour desquelles vivent des bactéries et de nombreux animaux : vers, mollusques, crustacés, poissons. De véritables oasis des abysses !

## Au plus profond

Le bathyscaphe Trieste détient le record de la plus grande profondeur atteinte par un sous-marin. En 1960, il est descendu dans la fosse des Mariannes à une profondeur de 10 911 m, et a résisté à l'intense pression de cette profondeur.

# Les rois de l'obscurité

À plus de 2500 m de profondeur, il n'y a aucune lumière mais il y a des poissons, les « poissons abyssaux ». Dans cet environnement, la vie n'est possible que grâce à la nourriture qui tombe des étages supérieurs (déchets, animaux morts). À de telles profondeurs, les poissons ont des formes particulières, très allongées ou, au contraire ramassées. Les proies sont rares et, pour les attirer, de nombreux poissons, comme d'autres animaux, produisent de la lumière. Beaucoup de ces photophores scintillant dans l'obscurité totale sont des leurres, qui mènent tout droit dans la gueule d'un prédateur.

**BEAUDROIE ABYSSALE**
*Caulophryne jordani*
Ce poisson brun foncé utilise le photophore sur sa tête pour attirer des proies.

**LANTERNE**
Il a un organe leurre, comme beaucoup de poisons abyssaux.

**FILAMENTS**
Ils recouvrent entièrement le corps pour le protéger

**POISSON-VIPÈRE DE SLOANE**
*Chauliodus sloani*
Long de 30 à 50 cm, ce poisson bleu foncé ou argenté vit jusqu'à 4500 m de profondeur..

**DES DENTS POINTUES ET AFFUTÉES**
Il engloutit ses petites proies après les avoir transpercées de ses dents acérées.

**DES YEUX POUR L'OBSCURITÉ**

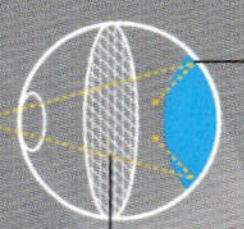

**RAYON DE LUMIÈRE**

**RÉTINE**
Aveugle à la lumière rouge, il ne perçoit que les ondes lumineuses bleues, qui traversent mieux l'eau.

**TAPETUM**
Il reflète la lumière comme un miroir. Chaque rayon frappe sa rétine deux fois, ce qui double sa sensibilité.

**POISSON-OGRE**
*Anoplogaster cornuta*
Ce chasseur redoutable tue ses proies en les saisissants avec ses mâchoires et ses dents puissantes

MÂCHOIRES TUEUSES
Dans les profondeurs, seuls les meilleurs chasseurs survivent.
APPENDICE AU MENTON
Il produit de la lumière pour attirer ses proies.
LEURRE LUISANT
Il produit de la lumière pour attirer la proie.
DIMENSIONS
Poids 300 g
10 cm
APPENDICE AU MENTON
Il brille dans l'obscurité.
POISSON-DRAGON
*Bathophilus*
Vivant dans la plupart des régions tropicales, il possède des photophores sur les deux côtés de son corps.
LANTERNE
Elle produit une lumière bleuâtre, qui va très loin sous l'eau.
FUMEURS
Cheminée hydrothermale par laquelle s'échappe l'eau chargée de souffre et chauffée par le magma situé sous le plancher océanique.
2 °C
C'EST LA TEMPÉRATURE DE L'EAU CHAUFFÉE DES FUMEURS
LINOPHRYDÉ
*Linophryne arborifera*
Il a un leurre luisant au bout de son nez et une barbe qui brille pour attirer sa proie. Le mâle est bien plus petit que la femelle et vit sur elle comme un parasite.
BAUDROIE ABYSSALE DE JOHNSON
*Melanocetus johnsonii*
Elle mesure 15 cm de long. Ses petites nageoires sont insuffisantes pour permettre des manœuvres rapides.
QUEUES ET NAGEOIRES
Elles contiennent des cellules lumineuses.
LEURRE LUISANT
Il produit de la lumière pour attirer la proie.
PEAU
Sa couleur sombre sert probablement à la rendre invisible pour les attaquants.
VERS TUBICOLES
Ces vers vivant dans des tubes à proximité des fumeurs n'ont ni bouche ni tube digestif. Ils se nourrissent de molécules organiques formées par des bactéries chimio-synthétiques qu'ils abritent.
PRESSION HYDROSTATIQUE
Le poids de la colonne d'eau génère une forte pression. Celle-ci augmente avec la profondeur. Dans la fosse des Mariannes (la plus profonde fosse océanique de la planète), chaque cm² supporte le poids de 1,25 tonne d'eau.
1 m³ d'eau = 1000 kg
2 500 m
C'EST LA PROFONDEUR DE L'EAU
POISSON-FOOTBALL
*Himantolophus groenlandicus*
Les femelles peuvent mesurer 60 cm de long, alors que les mâles atteignent difficilement 4 cm et vivent comme des parasites sur leurs partenaires.

# Tout en longueur

Les représentants du groupe des anguilliformes, sont des poissons osseux immédiatement reconnaissables à leur forme allongée et souple, évoquant celle d'un serpent. Il existe environ 600 espèces d'anguilles, murènes, congres, anguilles-serpents et anguilles-spaghetti, dans une grande variété de couleurs et de modèles, du gris au jaune tacheté. Leur corps sans écailles est couvert d'une membrane, muqueuse protectrice. La murène verte (ou congre vert) vit dans la mer des Caraïbes et se cache dans les récifs de coraux pour guetter ses proies. Même si elle n'est pas venimeuse, elle est crainte car sa morsure peut provoquer de graves blessures.

**MURÈNE VERTE**
*Gymnothorax funebris*

| | |
|---|---|
| **HABITAT** | Mer des Caraïbes |
| **PROFONDEUR** | 8–60 m |
| **POIDS** | 29 kg |

Poids 29 kg
2,5 m

## Murène verte

La murène est un des rares poissons à ne pas avoir d'écailles. Elle se contente d'excréter un film couvrant son corps épais et le protégeant des parasites. La murène chasse la nuit et détecte ses proies avec son excellent odorat.

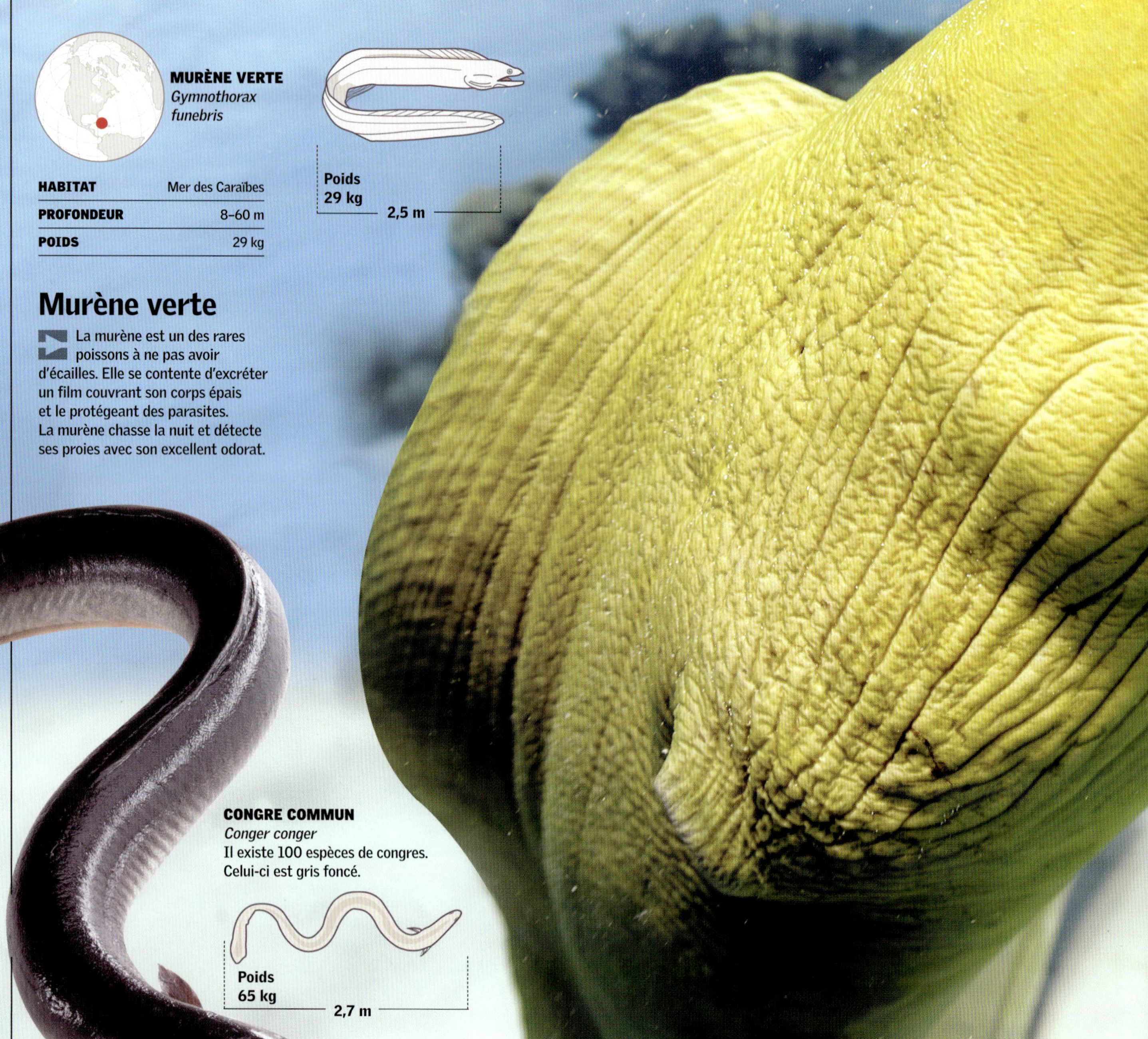

**CONGRE COMMUN**
*Conger conger*
Il existe 100 espèces de congres. Celui-ci est gris foncé.

Poids 65 kg
2,7 m

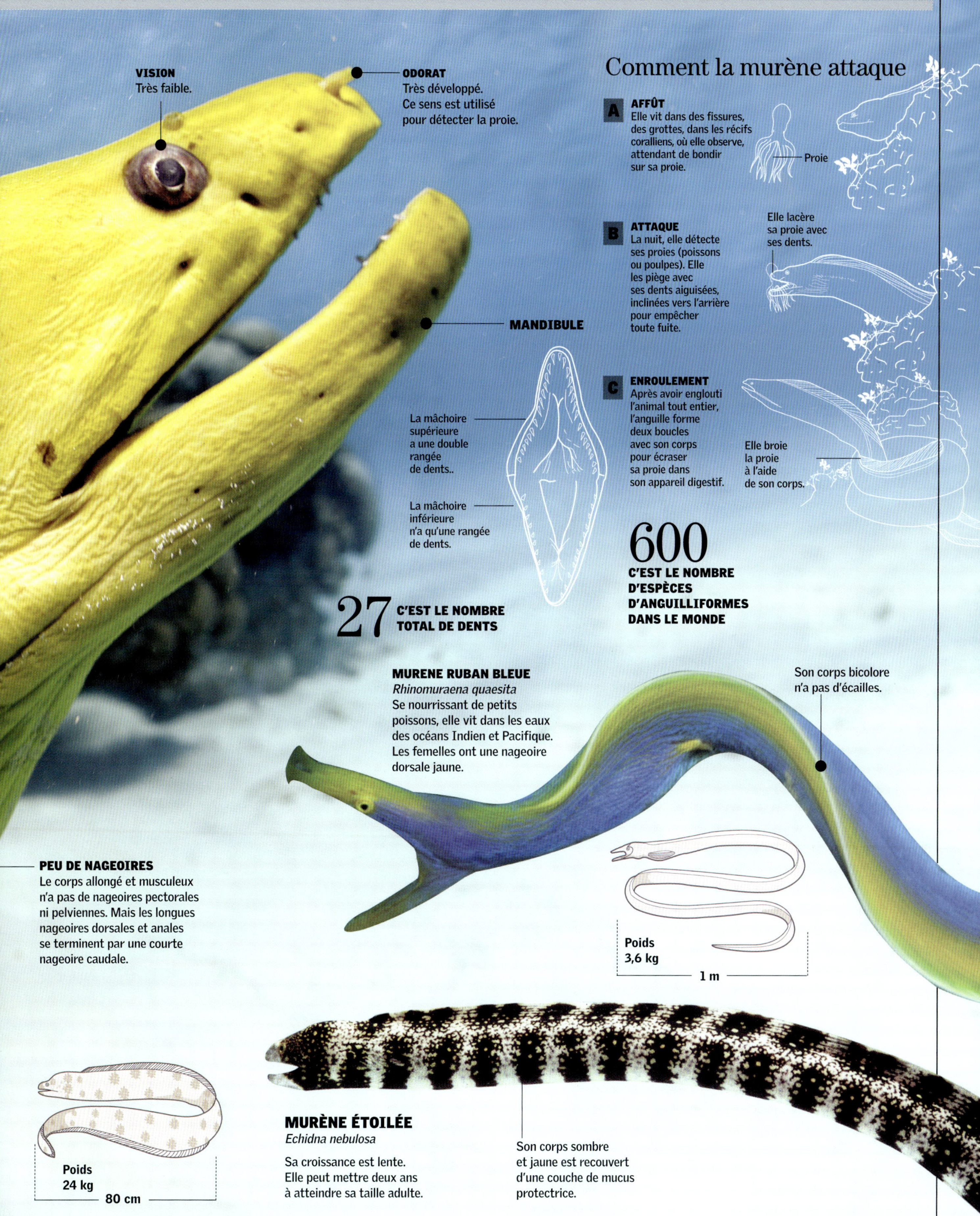

VISION
Très faible.
ODORAT
Très développé.
Ce sens est utilisé
pour détecter la proie.
MANDIBULE
La mâchoire supérieure a une double rangée de dents..
La mâchoire inférieure n'a qu'une rangée de dents.
PEU DE NAGEOIRES
Le corps allongé et musculeux n'a pas de nageoires pectorales ni pelviennes. Mais les longues nageoires dorsales et anales se terminent par une courte nageoire caudale.
Proie
Elle lacère sa proie avec ses dents.
Elle broie la proie à l'aide de son corps.
Son corps bicolore n'a pas d'écailles.
Poids
3,6 kg
1 m
Poids
24 kg
80 cm
Son corps sombre et jaune est recouvert d'une couche de mucus protectrice.

## Comment la murène attaque

**A AFFÛT**
Elle vit dans des fissures, des grottes, dans les récifs coralliens, où elle observe, attendant de bondir sur sa proie.

**B ATTAQUE**
La nuit, elle détecte ses proies (poissons ou poulpes). Elle les piège avec ses dents aiguisées, inclinées vers l'arrière pour empêcher toute fuite.

**C ENROULEMENT**
Après avoir englouti l'animal tout entier, l'anguille forme deux boucles avec son corps pour écraser sa proie dans son appareil digestif.

**27** C'EST LE NOMBRE TOTAL DE DENTS

**600** C'EST LE NOMBRE D'ESPÈCES D'ANGUILLIFORMES DANS LE MONDE

**MURENE RUBAN BLEUE**
*Rhinomuraena quaesita*
Se nourrissant de petits poissons, elle vit dans les eaux des océans Indien et Pacifique. Les femelles ont une nageoire dorsale jaune.

**MURÈNE ÉTOILÉE**
*Echidna nebulosa*
Sa croissance est lente. Elle peut mettre deux ans à atteindre sa taille adulte.

# Amphibiens

Cette grenouille dendrobate, parée de couleurs vives pour prévenir les prédateurs que sa peau contient des sécrétions toxiques, est bien à l'image des amphibiens : des animaux terrestres qui ont besoin d'une atmosphère humide, quand ils ne vivent pas régulièrement dans l'eau. En effet, l'une des principales

**GRENOUILLE POISON**
Les grenouilles du genre *Dendrobates* et de genres proches, sécrètent un poison qui attaque le système nerveux.

caractéristiques des amphibiens (grenouilles, crapauds, tritons, salamandres) est leur mode de vie mi-terrestre mi-aquatique. Leurs pattes, faites pour marcher, leurs permettent aussi de nager. Dans ce chapitre, découvrez comment grenouilles et crapauds se reproduisent, comment vivent les salamandres et les tritons... Voici les amphibiens.

# Entre terre et eau

Comme l'indique leur nom issu du grec (amphi, « double » et bios, « vie »), les amphibiens partagent leur existence entre deux milieux. En général, ils naissent dans l'eau, alors qu'adultes ils mènent une vie soit terrestre, soit aquatique, soit les deux, selon les espèces. Ils respirent par les poumons, mais aussi par la peau. Les amphibiens ont presque tous quatre pattes (sauf les apodes) ; certains conservent une queue à l'âge adulte (urodèles), les autres la perdent (anoures).

## Anatomie des amphibiens

L'anatomie des amphibiens présente plusieurs particularités. Les larves, ou têtards, ont un système respiratoire composé de branchies et la plupart des espèces développent des poumons à l'âge adulte. Même s'ils respirent par la peau, ils ont aussi un appareil respiratoire. Leur cœur a deux oreillettes et un seul ventricule, mais leur système digestif est comparable à celui des mammifères.

### La peau

Les amphibiens respirent par leur peau, qui est lisse, sans poils ni écailles, et humide. Elle a tendance à se dessécher et, bien que des glandes à mucus permettent de maintenir l'humidité, les amphibiens doivent vivre dans des lieux humides. Leur peau les protège de certains prédateurs car elle est recouverte de glandes à venin secrétant des substances désagréables voire toxiques.

**SACS VOCAUX**

Les crapauds et les grenouilles chantent. Le son est produit par les cordes vocales, mais il est fortement amplifié chez les mâles grâce à des sacs gonflables situés de chaque côté du larynx.

**MEMBRES POSTÉRIEURS**

Les pattes musclées se terminent par cinq longs doigts, liés par une membrane. Ces pattes arrière palmées sont utilisées pour nager.

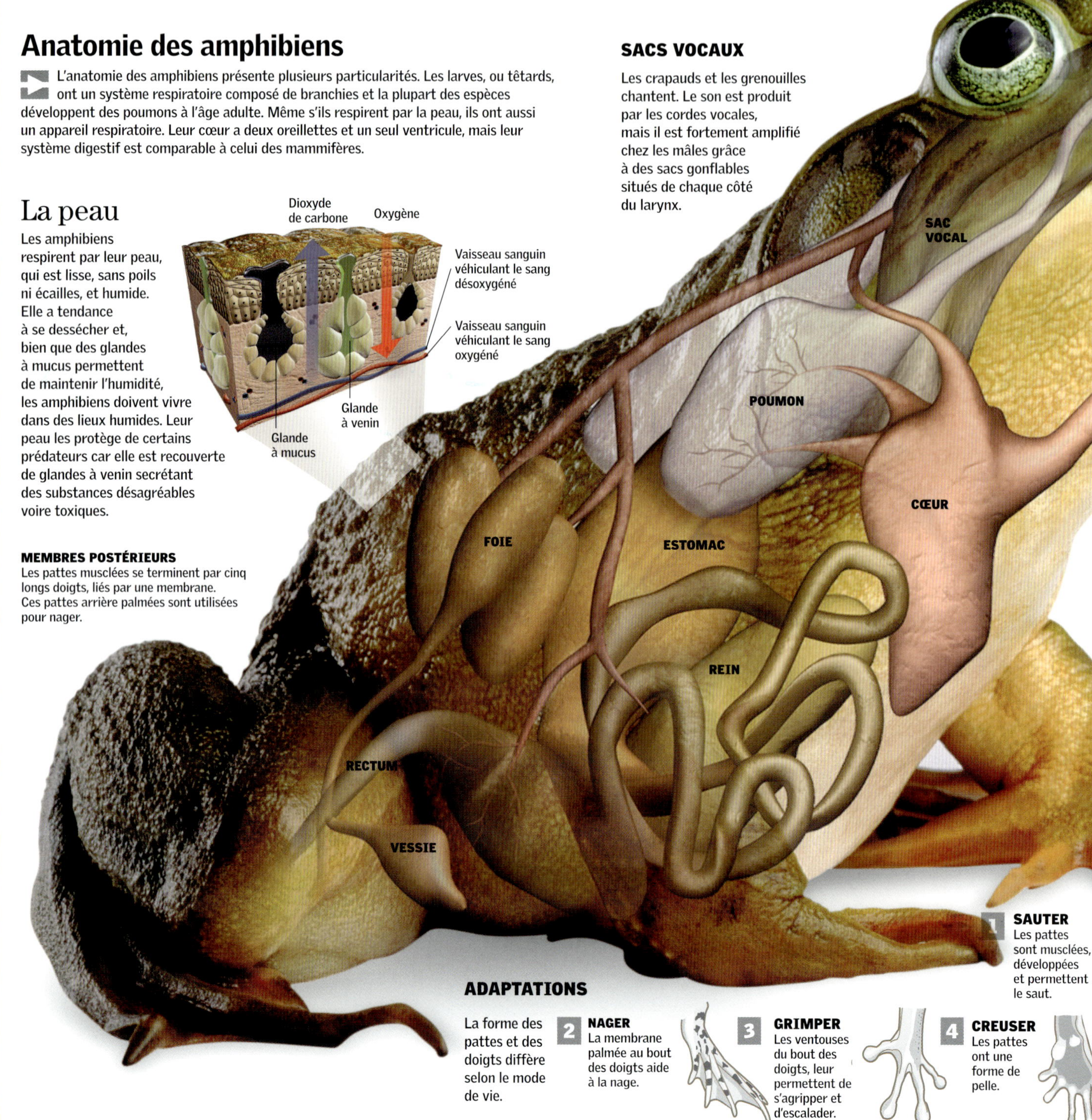


**ADAPTATIONS**

La forme des pattes et des doigts diffère selon le mode de vie.

1 **SAUTER** Les pattes sont musclées, développées et permettent le saut.

2 **NAGER** La membrane palmée au bout des doigts aide à la nage.

3 **GRIMPER** Les ventouses du bout des doigts, leur permettent de s'agripper et d'escalader.

4 **CREUSER** Les pattes ont une forme de pelle.

## Différences entre grenouille et crapaud

D'une manière générale, les crapauds ont plutôt la peau couverte de verrues et une vie terrestre, alors que les grenouilles, plus aquatiques, ont une peau lisse et des pattes palmées. Pourtant, s'il parait simple de reconnaître certaines grenouilles, il en existe qui ressemblent à des crapauds et vice-versa. Il y a même des crapauds aquatiques.

**PEAU**
Douce et lisse, aux couleurs vives.

**YEUX**
Les grenouilles ont des pupilles horizontales.

**RAINETTE VERTE AFRICAINE**
*Hyperolius tuberilinguis*

**HABITAT**
Les crapauds sont généralement terrestres et se déplacent lentement, alors que beaucoup de grenouilles vivent à proximité immédiate de l'eau, sauf dans les régions chaudes et humides.

**PATTES**
Elles sont longues et adaptées au saut. Les grenouilles ont des orteils palmés pour les aider à nager.

**YEUX**
La pupille est généralement horizontale, même si chez certains crapauds elle est verticale.

**PEAU**
La peau du crapaud est plissée, dure, rugueuse et relativement sèche.

**CRAPAUD COMMUN**
*Bufo bufo*

**PATTES**
Elles sont plus courtes et plus larges que celles des grenouilles, et sont adaptées à la marche.

**PRISE**
Les crapauds s'aident de leur langue pour capturer leurs proies.

**DÉGLUTITION**
Le crapaud ferme et « retourne » ses yeux vers l'intérieur, augmente la pression dans sa bouche, poussant la nourriture vers l'œsophage.

## Alimentation

Pendant l'état larvaire, elle est à base de végétaux alors qu'à l'âge adulte, la principale source de nourriture est composée d'arthropodes (tels qu'araignées et insectes, notamment coléoptères, papillons et chenilles) et d'autres invertébrés (comme les vers de terre).

## Groupes d'amphibiens

On distingue trois groupes : urodèles, anoures et apodes. Les tritons et les salamandres, qui ont des queues à l'âge adulte, appartiennent à l'ordre des urodèles. Grenouilles, rainettes et crapauds n'ont pas de queue (sauf à l'état de têtards) et forment l'ordre des anoures. Les cécilies, qui n'ont pas de pattes et ressemblent à des vers, sont des apodes.

1 **ANOURE**
Sans queue.

**RAINETTE VERTE**
Arboricole, elle est familière.

2 **APODE**
Sans pattes.

**CÉCILIE ANNELÉE**
Elle ressemble à un ver épais.

3 **URODÈLE**
Avec queue.

**SALAMANDRE TIGRÉE**
Une espèce d'Amérique.

## Pattes

Grenouilles et crapauds ont quatre doigts à chaque patte avant et cinq à chaque patte arrière. Les grenouilles aquatiques ont les pieds palmés alors que les grenouilles arboricoles et rainettes ont des ventouses sur le bout de leurs doigts pour s'accrocher. Les grenouilles fouisseuses ont des protubérances calleuses appelées tubercules sur leurs pattes postérieures, qu'elles utilisent pour creuser.

# Champions de saut

Les amphibiens de l'ordre des anoures (grenouilles, rainettes et crapauds) sont connus pour leur capacité à sauter. Les grenouilles utilisent ce don pour échapper à leurs prédateurs ; elles peuvent franchir une distance jusqu'à quarante-quatre fois supérieure à leur taille. Quand elles se sentent menacées, elles peuvent choisir de plonger dans le plan d'eau le plus proche et de se cacher, ou de sauter de façon aléatoire sur le sol pour troubler leur attaquant.

## Les grenouilles

Leurs grands yeux globuleux leur permettent de localiser leurs proies en mouvement. Des paupières protègent les yeux des particules aériennes. Elles ont un large tympan de chaque côté de la tête et une grande bouche, avec ou sans dents. Leur peau est dotée de glandes qui l'humidifient et d'autres qui secrètent des substances irritantes. Les adultes respirent par des poumons et par la peau.

### 1 SAUT

Avant de sauter, la grenouille bande les muscles de ses pattes postérieures et presse ses pieds sur le sol. Lorsqu'elle saute, les pattes s'étirent comme des ressorts.

### ALIMENTATIO

Les amphibiens de l'ordre des anoures ont un régime vari Ils se nourrissent d'insectes et de petits invertébrés comme des vers de terre, d'escargots, de crustacés et d'araignées. Les têtards sont herbivores.

**BOSSE VISIBLE**

**CORPS ÉTIRÉ**

**GRENOUILLE VERTE**
*Rana esculenta*
On la trouve en Europe mais aussi aux États-Unis, au Canada et en Asie.

**MUSCLES DES PATTES**
Ils se contactent pour sauter.

**PATTE POSTÉRIEURE**
Cinq orteils palmés.

## Les crapauds

Ils ont de nombreux points communs avec les grenouilles, mais se montrent généralement mieux adaptés à la vie terrestre, ne retournant à l'eau que pour pondre. Leur peau est plus épaisse, empêchant le dessèchement, et souvent couverte de verrues.

**CRAPAUD ASIATIQUE**
*Pedostibes hosii*

**PRÉDATION**

**1 ADHÉSION**
La proie adhère au bout de la langue, qui est collant.

**YEUX**
Pendant le saut, ils restent fermés.

**2 SANS ISSUE**
La langue se rétracte, emportant la proie.

Les arthropodes et mollusques sur les plantes sont des proies pour les grenouilles.

**GRIMPEUSE**

La rainette à lèvres blanches (*Litoria infrafrenata*) a une longueur de 10 cm. Elle vit dans les forêts tropicales d'Indonésie et d'Océanie. Les ventouses au bout de ses doigts lui permettent de grimper sur toutes sortes de surfaces.

Bout des doigts enduit d'un mucus collant.

**RAINETTE À LÈVRES BLANCHES**
*Litoria infrafrenata*

**COLONNE VERTÉBRALE**
Le petit nombre de vertèbres permet plus d'élasticité dans le saut.

**PATTES AVANT**
Elles ont quatre doigts et ne sont pas aussi puissantes que les postérieures.

## 3 Plongée

Lorsque la grenouille étend ses pattes arrière, cela réduit la résistance à l'air de son corps et facilite son entrée dans l'eau.

**9 VERTÈBRES**

Outre celles-ci, il y a l'urostyle, un os cylindrique formé de vertèbres fusionnées.

**PATTE**
Elle est adaptée au saut et à la nage.

**HUTE**
a patte arrière
: tend et les doigts
écartent.

**5,35 m**

**C'EST LA DISTANCE PARCOURUE EN UN SAUT PAR UNE GRENOUILLE AFRICAINE**

**PLONGÉE**
Le corps se redresse en pénétrant dans l'eau.

**TECHNIQUE DE SAUT**

Le saut d'un crapaud couvre généralement moins de distance à cause d'un poids plus important et de pattes moins souples.

Les pattes arrière donnent l'impulsion.

Il ferme les yeux pour les protéger.

Il atterrit sur ses pattes avant.

Il s'élève de quelques centimètres dans les airs.

**AU REPOS** | **ÉLANCEMENT** | **EN PLEIN SAUT** | **ATTERRISSAGE**

# La reproduction

La reproduction des amphibiens se déroule habituellement dans l'eau, où la femelle pond. Toutefois, certains pondent sur la terre ferme, dans la végétation, ou conservent leurs œufs sur eux. En région tempérée, le printemps est la période propice et le mâle chante pour faire connaître sa présence. Durant l'accouplement, le mâle se place sur le dos de la femelle et féconde les œufs dès leur sortie. La substance gélatineuse qui relie les œufs absorbe l'eau et son volume augmente.

**COASSEMENT**
C'est la méthode de séduction du mâle.

## Accouplement

Chez la plupart des amphibiens, la fécondation est externe, mais les partenaires s'accouplent. Le mâle, étreint la femelle et décharge ses spermatozoïdes, tandis que sa partenaire relâche ses œufs. Ils sont libérés en grand nombre pour assurer le succès de la reproduction. L'accouplement peut durer 20 à 45 minutes.

Les femelles sont plus grandes que les mâles.

**Poids**
**50 – 100 g**

**BROSSE COPULATRICE**
Elle est utilisée par le mâle pour s'agripper à la femelle.

Quatre doigts cylindriques

**PATTE AVANT DU MÂLE**

**PATTE AVANT DE LA FEMELLE**

**ŒUFS À L'INTÉRIEUR DE LA FEMELLE**

**GRENOUILLE DE PÉREZ**
*Rana perezi*

| | |
|---|---|
| **RÉGIME ALIMENTAIRE** | Carnivore |
| **REPRODUCTION** | Ovipare |
| **SAISON** | Printemps |

**CERTAINS ANOURES PEUVENT PONDRE JUSQU'À**

# 20 000 œufs.

### CYCLE DE VIE

Il se déroule en trois parties : œuf, larve et adulte. Les embryons se développent à l'intérieur des œufs, qui éclosent après 6 à 9 jours. Les têtards nouveau-nés sont minuscules, avec une tête sphérique, une grande queue et des branchies externes. Lorsque les poumons auront remplacé les branchies et que la queue aura disparu, la grenouille entrera dans l'âge adulte.

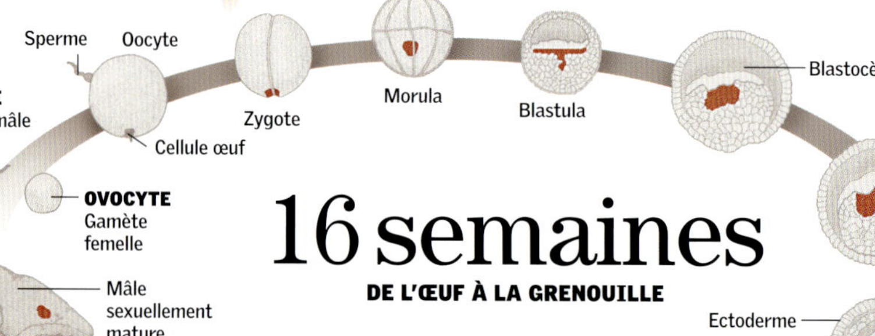

## Des parents responsables

Dans certaines espèces, le mâle joue un rôle dans la protection des œufs. Il les rassemble et aide la femelle. Parfois, le mâle transporte les œufs sur ses pattes, ou la femelle sur son dos, jusqu'à l'éclosion.

**CRAPAUD ACCOUCHEUR**
*Alytes obstetricans*
Le mâle garde le chapelet d'œufs sur ses pattes arrière, pendant un mois. Il les garde dans un environnement humide, puis les dépose dans l'eau lors de l'éclosion, pour que les têtards soient dans leur milieu.

**35 à 60**
**C'EST LE NOMBRE D'ŒUFS QU'UN CRAPAUD ACCOUCHEUR PEUT TRANSPORTER.**

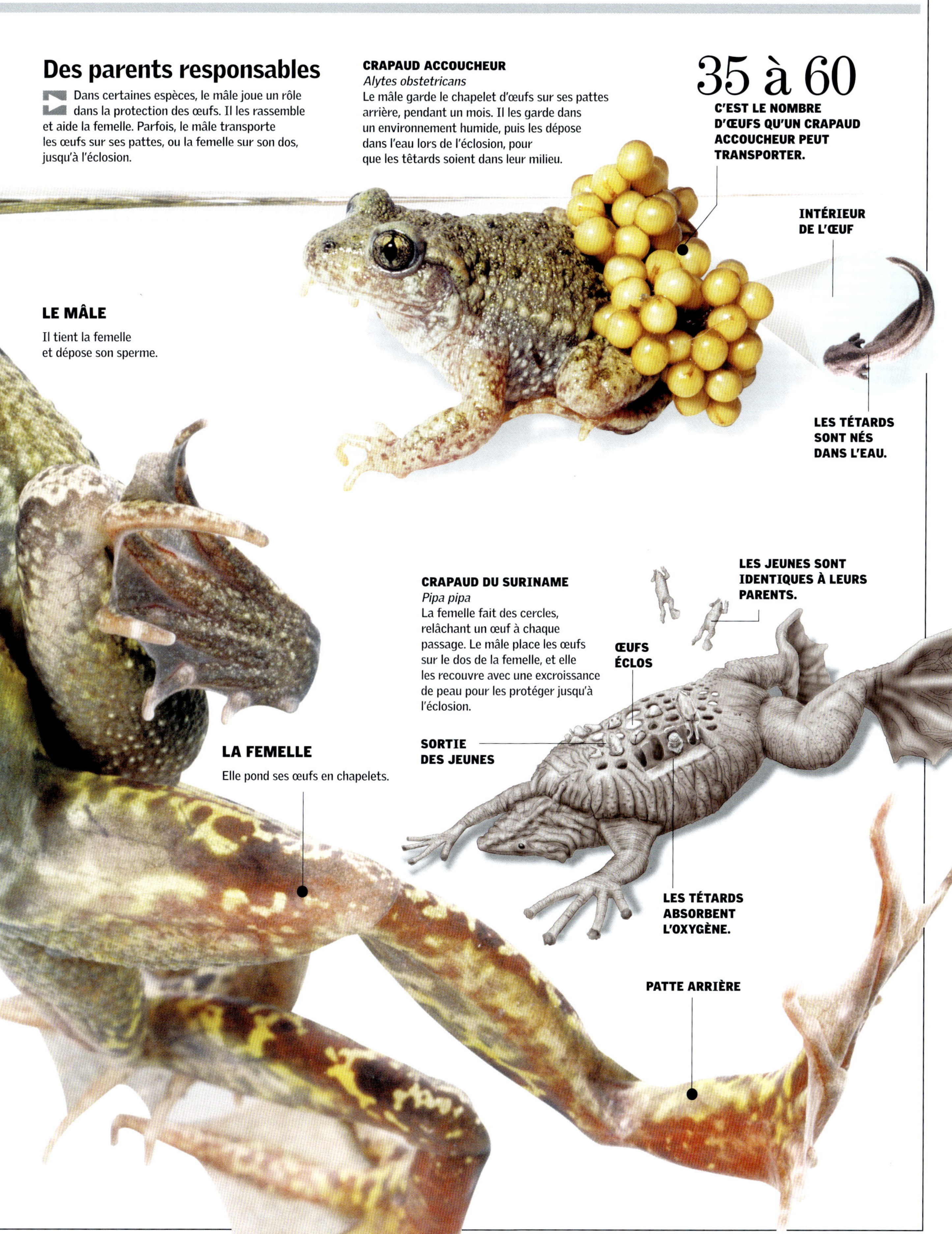
INTÉRIEUR DE L'ŒUF
LES TÊTARDS SONT NÉS DANS L'EAU.
LE MÂLE
Il tient la femelle et dépose son sperme.
LA FEMELLE
Elle pond ses œufs en chapelets.
LES JEUNES SONT IDENTIQUES À LEURS PARENTS.
ŒUFS ÉCLOS
SORTIE DES JEUNES
LES TÊTARDS ABSORBENT L'OXYGÈNE.
PATTE ARRIÈRE

**CRAPAUD DU SURINAME**
*Pipa pipa*
La femelle fait des cercles, relâchant un œuf à chaque passage. Le mâle place les œufs sur le dos de la femelle, et elle les recouvre avec une excroissance de peau pour les protéger jusqu'à l'éclosion.

# La métamorphose

La transformation du têtard en adulte, appelée métamorphose, est plus impressionnante chez les anoures (grenouilles), dont les adultes n'ont pas de queue, alors que les urodèles (tritons) en ont une, comme les têtards. De l'état larvaire (têtard), à la sortie de l'œuf, les amphibiens atteignent le stade adulte en subissant d'importants changements dans leur anatomie, leur régime alimentaire et, souvent, de mode de vie, passant de l'eau à la terre ferme.

BRANCHIES EXTERNES
Elles dépassent, en touffes, de chaque côté de la tête.
BRANCHIES INTERNES
MEMBRES POSTÉRIEURS
Ils ressemblent d'abord à de petits bourgeons.
LONGUE QUEUE
PATTE ARRIÈRE
PATTE AVAN
QUEUE
La queue se résorbe graduellement chez la jeune grenouille. (apoptose).

## 1 Larve

**3 JOURS**

Les larves à grosse tête, ou têtards, ont des branchies bien visibles et une bouche constamment ouverte pour se nourrir.

## 2 Branchies

**4 SEMAINES**

Les branchies externes sont remplacées par des branchies recouvertes par la peau. Les têtards se nourrissent d'algues et de débris végétaux.

## 3 Jeune grenouille

**6 SEMAINES**

Les têtards commencent à ressembler à de petites grenouilles avec des queues, et ils nagent groupés, près des rives.

## Stratégies

Lors de la reproduction, les grenouilles et crapauds doivent avoir à disposition une eau douce en assez grande quantité, dans laquelle ils pondent leurs œufs, en chapelets ou en masses compactes. Ces groupements d'œufs retiennent bien la chaleur, et les têtards y éclosent facilement. Pondre dans des étangs ou des ruisseaux asséchés une partie de l'année (en dehors du printemps qui est la période de ponte) est une stratégie car il s'y trouvera moins de poissons pour manger œufs et têtards.

## Gélatine

Chaque œuf est enveloppé dans une capsule gélatineuse qui se développe en touchant l'eau et augmente en volume pour protéger l'embryon.

# Cycle

**MÉTAMORPHOSE**

Le développement de la rainette jusqu'à l'état adulte prend approximativement 16 semaines.

## Mère grenouille et ses œufs

Grenouilles et crapauds ont une vie sociale qui se limite à la reproduction et aux soins accordés à la ponte et aux œufs. Face aux prédateurs qui se nourrissent d'œufs, pondre en grand nombre garantit la survie de suffisamment de têtards. La couche gélatineuse constitue aussi une protection. Les femelles mettent également leur ponte à l'abri, dans une anfractuosité de la berge ou dans la végétation aquatique.

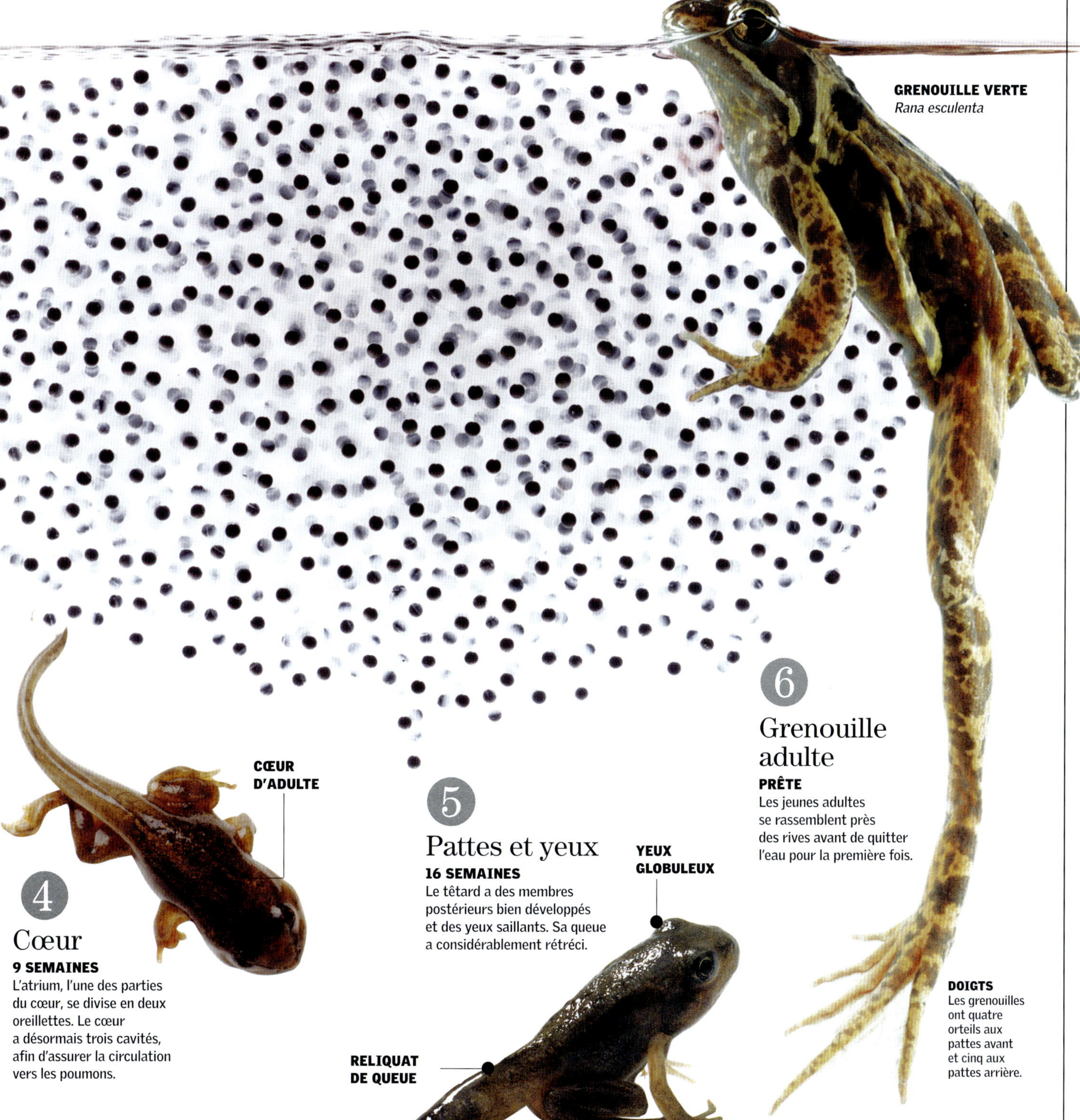


**DOIGTS**
Les grenouilles ont quatre orteils aux pattes avant et cinq aux pattes arrière.

### 4 Cœur

**9 SEMAINES**

L'atrium, l'une des parties du cœur, se divise en deux oreillettes. Le cœur a désormais trois cavités, afin d'assurer la circulation vers les poumons.

### 5 Pattes et yeux

**16 SEMAINES**

Le têtard a des membres postérieurs bien développés et des yeux saillants. Sa queue a considérablement rétréci.

### 6 Grenouille adulte

**PRÊTE**

Les jeunes adultes se rassemblent près des rives avant de quitter l'eau pour la première fois.

# Les salamandres

Appartenant, avec les tritons, au groupe des amphibiens à queue (urodèles), les salamandres ont l'allure d'un lézard sans en avoir l'agilité. Elles ont besoin d'endroits humides, vivent dans un nombre limité de zones et sont sensibles aux modifications de leur habitat naturel. Chez les salamandres, la queue représente presque la moitié de la longueur du corps. Ces amphibiens nocturnes restent cachés sous les rochers ou dans des terriers souterrains durant la journée. La salamandre géante du Japon mesure 1,50 m et pèse plus de 40 kilos.

**SALAMANDRE TACHETÉE**
*Salamandra salamandra*

| | |
|---|---|
| **HABITAT** | Europe |
| **ORDRE** | Urodèle |
| **FAMILLE** | *Salamandridés* |

**15 à 25 cm**

La reproduction a souvent lieu au printemps, mais dépend de l'habitat et des espèces.

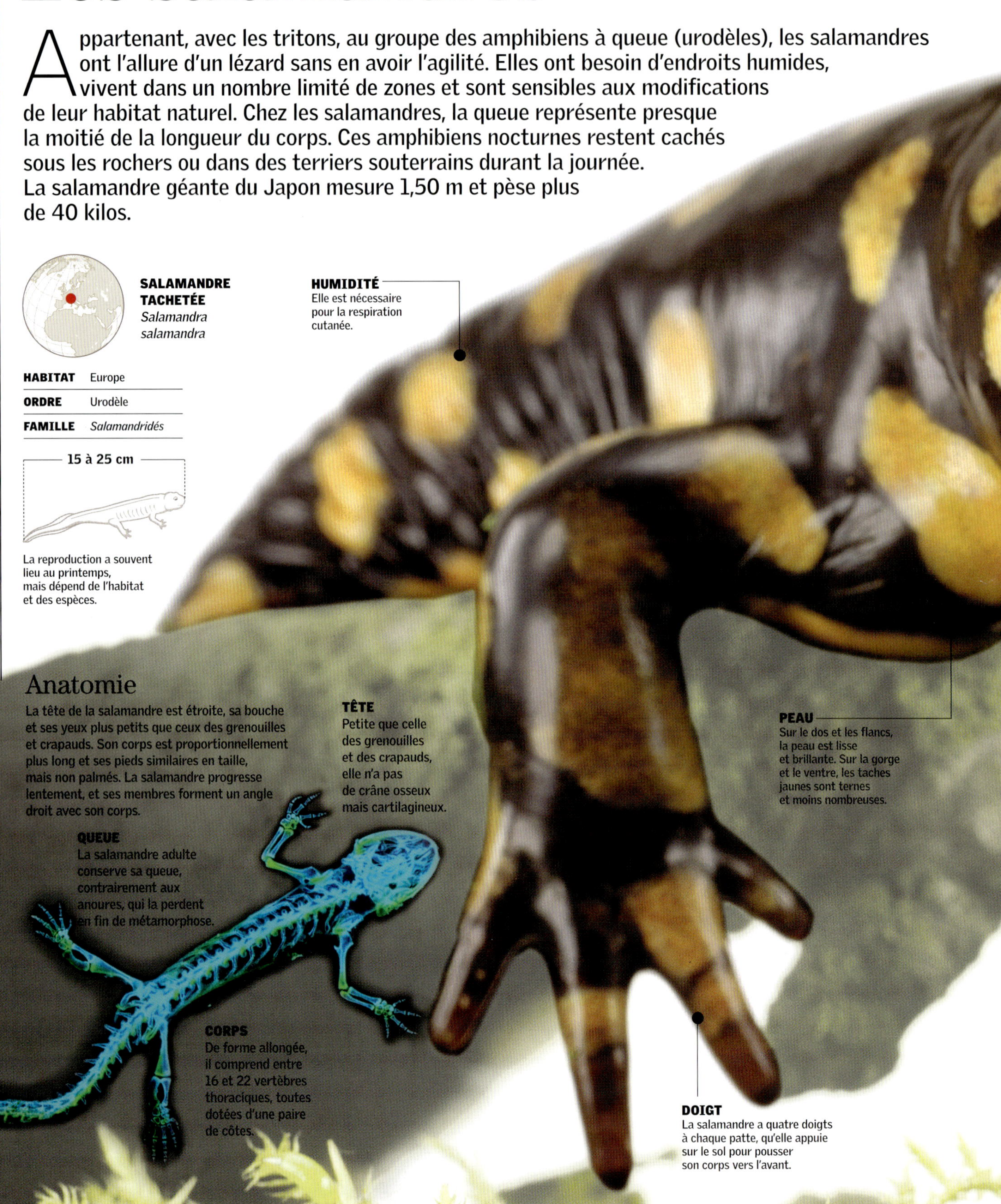

HUMIDITÉ
Elle est nécessaire pour la respiration cutanée.
TÊTE
Petite que celle des grenouilles et des crapauds, elle n'a pas de crâne osseux mais cartilagineux.
QUEUE
La salamandre adulte conserve sa queue, contrairement aux anoures, qui la perdent en fin de métamorphose.
CORPS
De forme allongée, il comprend entre 16 et 22 vertèbres thoraciques, toutes dotées d'une paire de côtes.
PEAU
Sur le dos et les flancs, la peau est lisse et brillante. Sur la gorge et le ventre, les taches jaunes sont ternes et moins nombreuses.
DOIGT
La salamandre a quatre doigts à chaque patte, qu'elle appuie sur le sol pour pousser son corps vers l'avant.

## Anatomie

La tête de la salamandre est étroite, sa bouche et ses yeux plus petits que ceux des grenouilles et crapauds. Son corps est proportionnellement plus long et ses pieds similaires en taille, mais non palmés. La salamandre progresse lentement, et ses membres forment un angle droit avec son corps.

ŒIL
Il est grand et globuleux, avec un iris marron foncé.
EXTRÉMITÉ DE LA LANGUE
LES MUSCLES DE LA LANGUE SE RÉTRACTENT.
LANGUE DÉROULÉE
MUSCLES RÉTRACTEURS
SALAMANDRE TACHETÉE D'ITALIE
1 ŒUF
Contient l'embryon.
2 TÊTARD
La larve naît avec des branchies externes.
LARVE
La métamorphose commence, avec le développement des deux pattes avant.
QUATRE PATTES
Le corps s'allonge, mails les nageoires et les branchies sont toujours présentes.
3 ADULTE
La métamorphose est complète ; la salamandre atteint la maturité sexuelle.
55 ans
C'EST LA DURÉE DE VIE DE CERTAINES ESPÈCES.

## Habitudes alimentaires

Avec leur longue langue, les salamandres prennent leurs proies au piège et les aspirent d'un coup rapide. Ces animaux carnivores utilisent principalement la vue et l'odorat pour chasser. Comme elles ne sont pas très actives, les salamandres n'ont pas besoin de beaucoup de nourriture. Si elles en obtiennent plus que nécessaire, elles la stockent sous forme de graisse.

## Défense

La salamandre tachetée d'Italie a deux façons de dérouter les prédateurs. Elle fait la morte ou elle enroule sa queue vers l'avant. Chez les salamandres tachetées et d'autres espèces, les substances toxiques des glandes cutanées constituent un bon moyen de dissuasion.

## Cycle de vie

Comme chez les anoures, le cycle comprend trois étapes : œuf, larve et adulte. La taille de l'œuf varie selon les espèces. Les larves sont dotées de branchies externes. La métamorphose s'achève avec la perte des branchies le début de la respiration pulmonaire.

**SALAMANDRE DE LANZA**
*Salamandra lanzai*
Les petits se développent dans le corps de la femelle (viviparité), qui est connue pour avoir la plus longue gestation de tous les animaux.

38 mois
**C'EST LA DURÉE DE GESTATION DE CETTE ESPÈCE.**

# Formes de vie les plus simples

Le vaste ensemble des invertébrés, animaux sans vertèbres, est dominé par les arthropodes (« pattes articulées »), groupe des insectes, qui compte le plus grand nombre d'espèces. En comparaison, les mollusques, les vers et les autres invertébrés paraissent simples, à tel point que certains, comme les éponges et les coraux,

**LA GRÂCE DES MÉDUSES**
Ces animaux très simples n'ont pas d'appareil respiratoire, digestif ou excréteur. Ils sont portés par les courants, mais peuvent aussi se mouvoir activement.



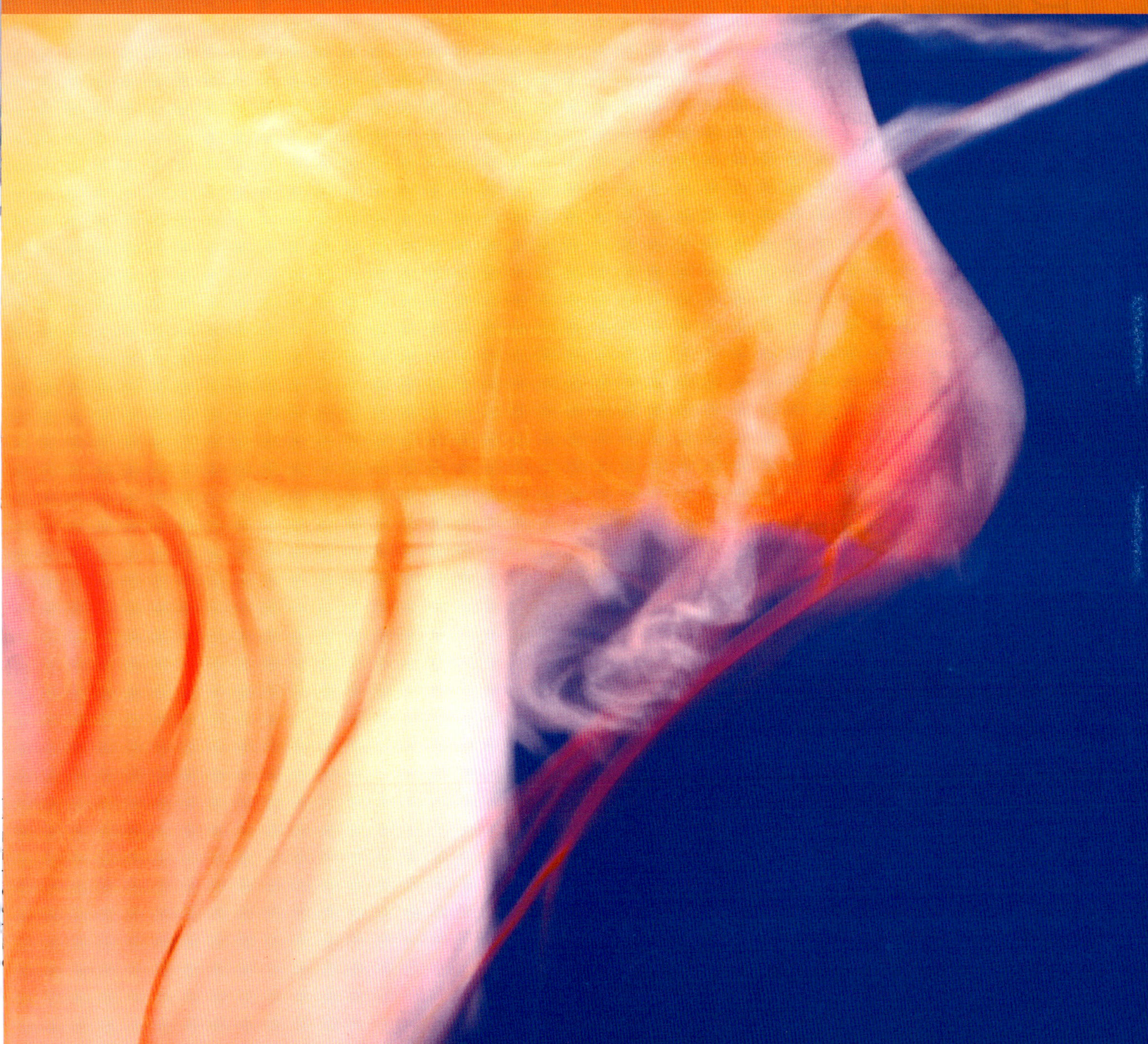

ressemblent plus à des végétaux qu'à des animaux. Mais d'autres sont bien développés, comme les calmars et les pieuvres, habiles prédateurs marins. Leur tête porte des yeux très élaborés, une bouche à deux mâchoires cornées et des tentacules dotés de ventouses pour piéger leurs proies. Certains vivent dans les profondeurs marines.

# Couleurs marines

Les coraux, les anémones de mer et les méduses forment le groupe des cnidaires. Ces organismes, assez simples, ont en commun leurs couleurs brillantes, leurs tentacules secrétant des substances toxiques (provoquant des démangeaisons désagréables) et le plus simple appareil digestif du règne animal, n'ayant qu'un seul orifice commun à l'ingestion et à l'excrétion. Les coraux forment généralement des colonies de minuscules polypes, fabriquant une substance dure, le corail, qui les abrite. Les anémones, en revanche, sont solitaires. Elles peuvent piéger leurs proies dans leurs tentacules.

**POLYPE CORALLIEN**

## Les coraux

Ce qu'on appelle le corail est en fait le squelette calcaire, massif ou ramifié, de petits polypes (cnidaires fixes, dotés de tentacules) qui vivent en grandes colonies et se nourrissent de plancton. Les coraux forment des récifs, immenses édifices sous-marins abritant une multitude d'animaux, dans les eaux marines chaudes et peu profondes. D'autres coraux vivent à plus grande profondeur.

**CORAIL DUR**

Les polypes fabriquent un squelette calcaire.

**CORAIL MOU**

Son squelette n'est pas calcaire, mais corné et souple.

**RÉCIF DE CORAIL**

Même si certains coraux vivent seuls, la plupart forment des colonies qui peuvent s'accroître de 1 m tous les ans.

**10-20 m**

**LES CORAUX POUSSENT FRÉQUEMMENT À CETTE PROFONDEUR.**

**TENTACULES** à cellules urticantes.

**BOUCHE** L'animal s'en sert pour ingérer sa nourriture et excréter les déchets.

**SQUELETTE DUR** Cette masse grossit sous l'action de nouveaux polypes.

**TISSU VIVANT**

**TISSU CONJONCTIF** Il relie un polype à un autre.

**CAVITÉ GASTRIQUE** Elle peut être divisée en plusieurs parties.

**CARBONATE DE CALCIUM**

**ANÉMONE DE MER** Tout plan vertical la traversant en son centre la divise en deux moitiés parfaitement égales.

## Belle, mais mortelle

Les magnifiques formes et couleurs des anémones de mer peuvent varier au sein de la même espèce. Ces cnidaires vivent à différentes profondeurs, dans presque toutes les mers, et les espèces tropicales peuvent atteindre 1 m. Une anémone peut injecter du poison à ses proies ou à ses prédateurs. Elle capture des proies vivantes, même des poissons, avec les nombreux tentacules entourant sa bouche. Les anémones de mer, ou actinies, peuvent se fixer sur les rochers, glisser ou s'enfoncer sous le sable.

**9 000**

**C'EST LE NOMBRE D'ESPÈCES DE CNIDAIRES DANS LE MONDE.**

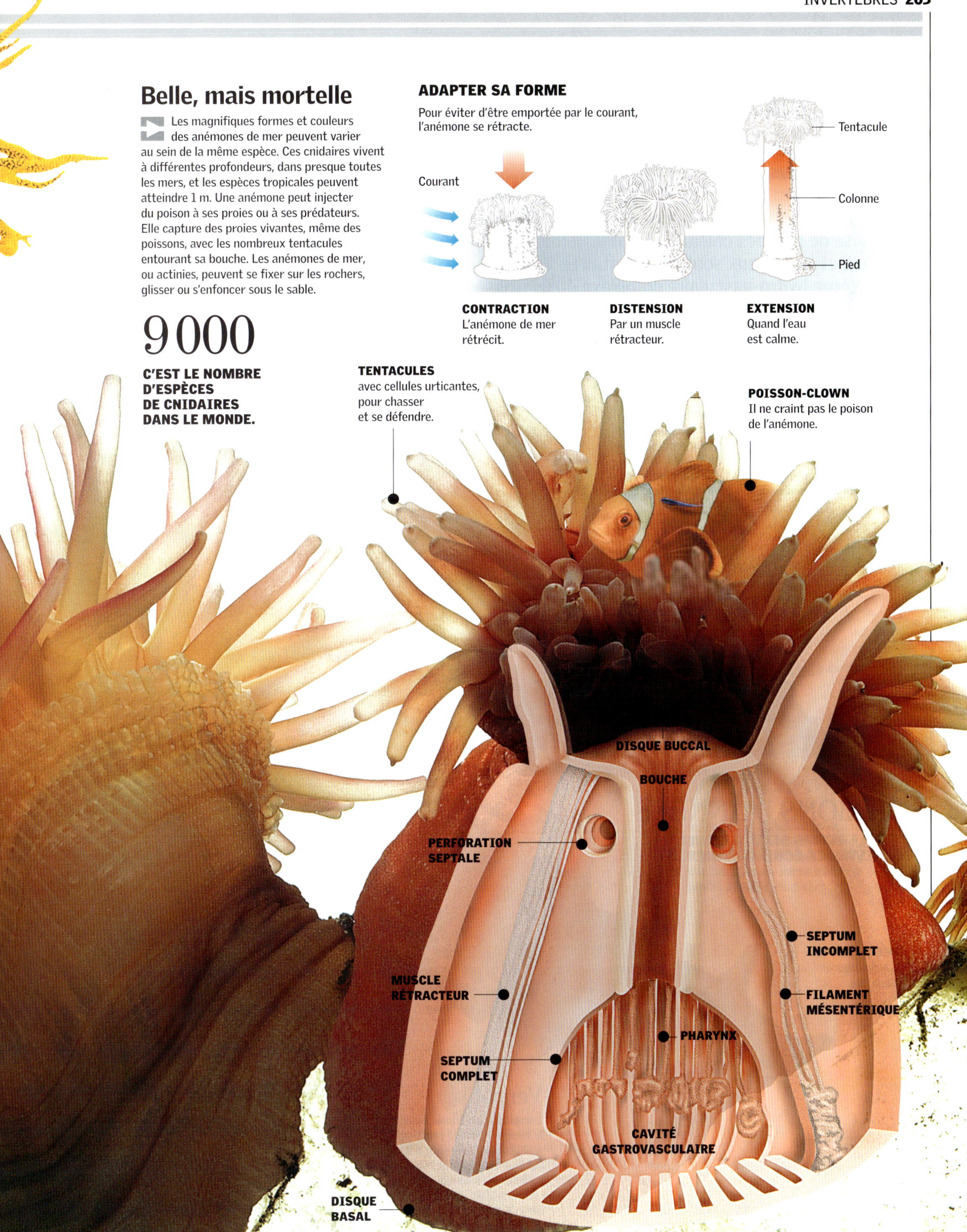

# Le monde des vers

Les vers sont des invertébrés au corps allongé, dépourvu de pattes. Il en existe trois groupes. Les plus simples, les vers plats, sont souvent parasites, mais certains vivent libres. Les nématodes ont un corps rond avec une couche dure externe. Les vers segmentés, ou annélides (sangsues, vers de terre et vers marins), sont les plus complexes. Beaucoup vivent aux dépens des végétaux, d'autres animaux ou de l'homme.

## Classes de vers

## Mouvements induits par la lumière

Les vers plats ont des yeux simples, à la partie antérieure de leur corps. Exposés à une lumière excessive, ils se retirent et restent immobiles.

## Appareil digestif

Les annélides ont un système digestif rectiligne de l'orifice buccal à l'anus. Il comprend la bouche, le pharynx musculaire, l'œsophage, le jabot, le gésier et l'intestin.

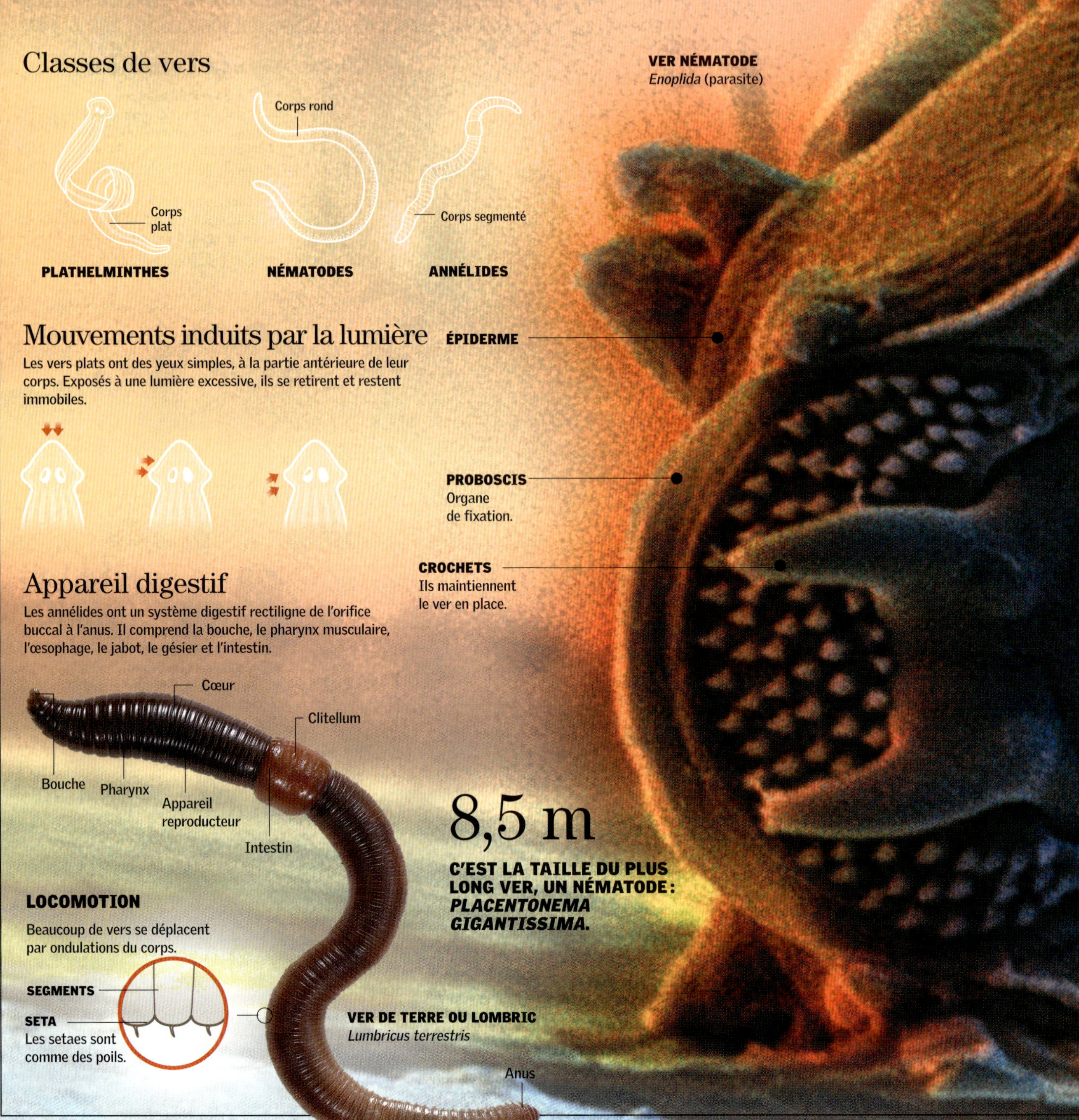


**8,5 m**

**C'EST LA TAILLE DU PLUS LONG VER, UN NÉMATODE : *PLACENTONEMA GIGANTISSIMA*.**

## Anatomie

Les vers sont faits de deux ou trois couches de tissus. Ci-dessous la coupe d'un annélide montre trois couches, une cavité générale, le cœlome, et un organe interne, le tube digestif.

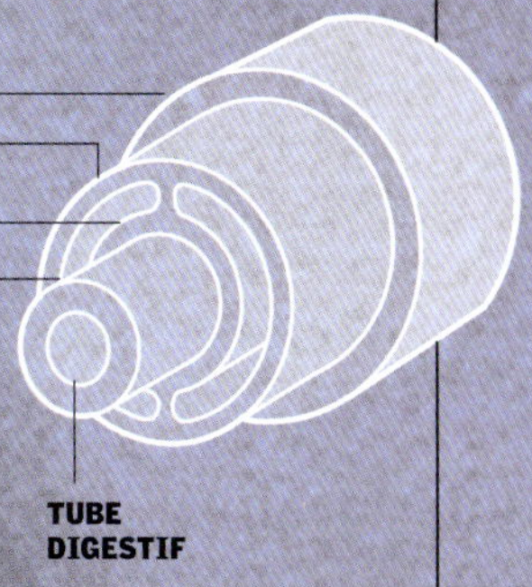

ECTODERME
MÉSODERME
CŒLOME
ENDODERME
TUBE DIGESTIF

**BACTÉRIES**
Révèlent la petite taille du ver.

AU MOINS
**100 000**
ESPÈCES DE VERS CONNUES.

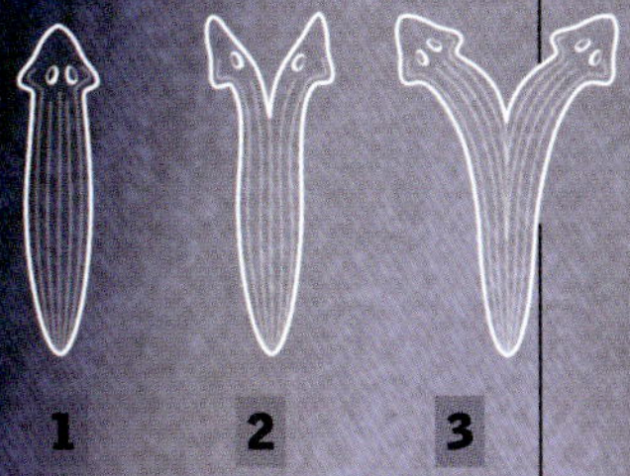

**COU**
Se rétracte et reste caché.

**TISSUS**
Fibreux et élastiques.

STOCKAGE ALIMENTAIRE DANS LE TUBE DIGESTIF

1 2 3

## Reproduction

Vers plats et annélides sont généralement à la fois mâles et femelles (hermaphrodites). Les nématodes ont deux sexes séparés. Certains se reproduisent par simple division ou par bourgeonnement.

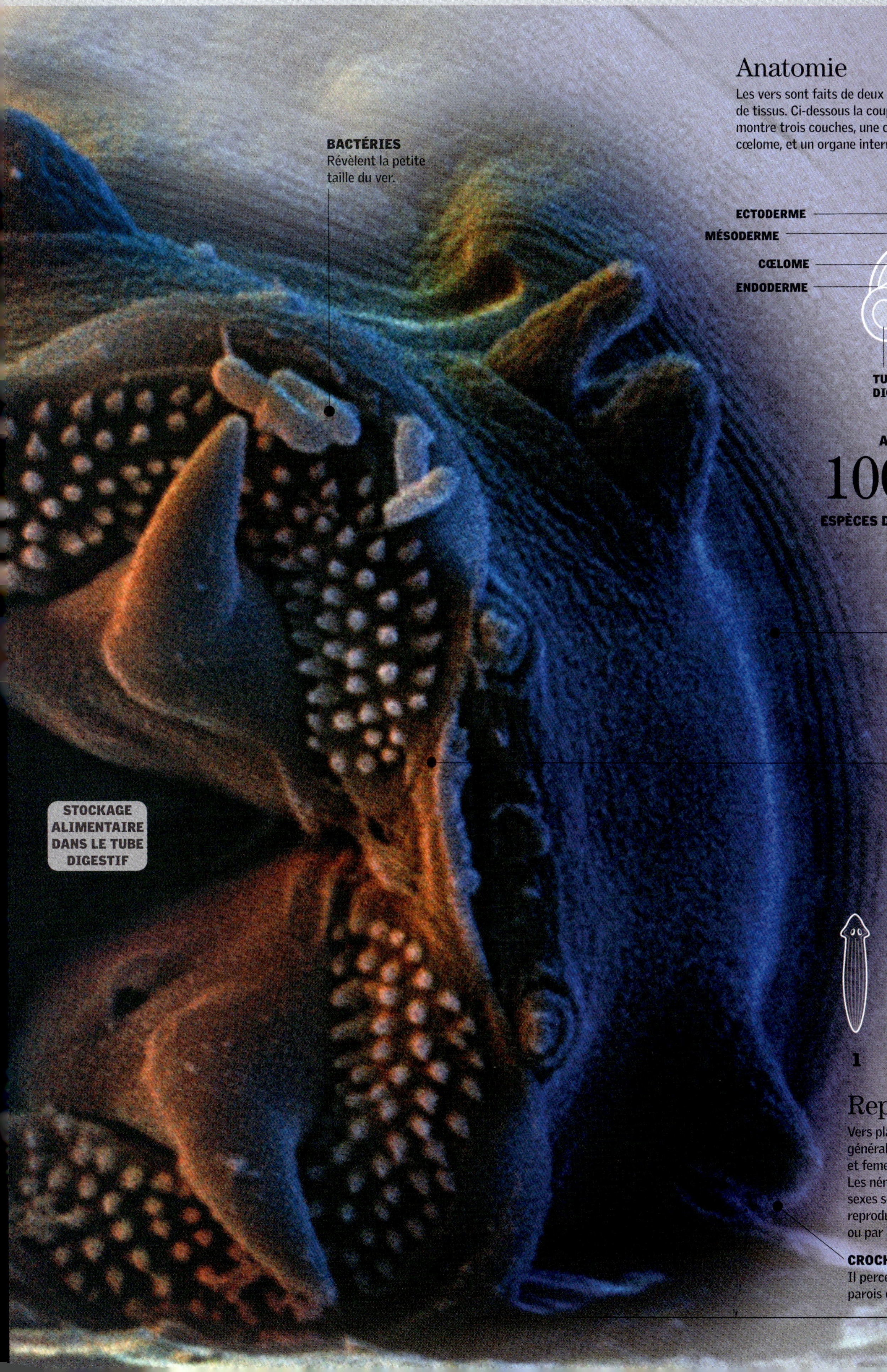

**CROCHET**
Il perce les parois de l'hôte.

# Un corps mou

Les mollusques ont un corps mou, extrêmement souple, non articulé, mais généralement doté d'une grande coquille très dure. Ils sont essentiellement marins mais certains peuplent aussi les eaux douces ou vivent sur terre comme les escargots. Ils ont tous un pied musculeux et servant à la locomotion, des organes sensoriels parfois bien développés, des organes recouverts d'une peau appelée « manteau » et sécrétant la coquille.

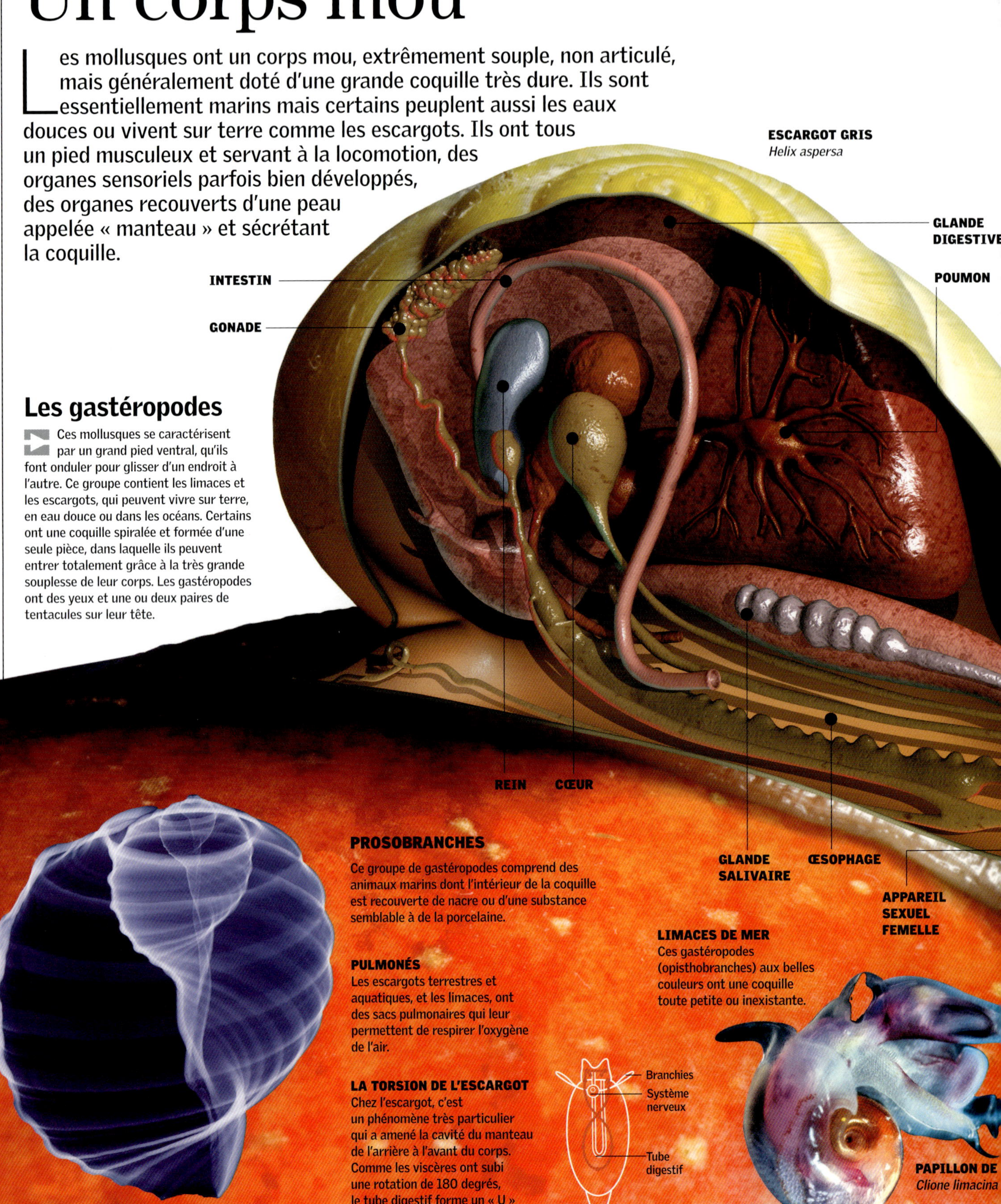


## Les gastéropodes

Ces mollusques se caractérisent par un grand pied ventral, qu'ils font onduler pour glisser d'un endroit à l'autre. Ce groupe contient les limaces et les escargots, qui peuvent vivre sur terre, en eau douce ou dans les océans. Certains ont une coquille spiralée et formée d'une seule pièce, dans laquelle ils peuvent entrer totalement grâce à la très grande souplesse de leur corps. Les gastéropodes ont des yeux et une ou deux paires de tentacules sur leur tête.

**PROSOBRANCHES**
Ce groupe de gastéropodes comprend des animaux marins dont l'intérieur de la coquille est recouverte de nacre ou d'une substance semblable à de la porcelaine.

**PULMONÉS**
Les escargots terrestres et aquatiques, et les limaces, ont des sacs pulmonaires qui leur permettent de respirer l'oxygène de l'air.

**LA TORSION DE L'ESCARGOT**
Chez l'escargot, c'est un phénomène très particulier qui a amené la cavité du manteau de l'arrière à l'avant du corps. Comme les viscères ont subi une rotation de 180 degrés, le tube digestif forme un « U » et le système nerveux est croisé en « 8 ».

**LIMACES DE MER**
Ces gastéropodes (opisthobranches) aux belles couleurs ont une coquille toute petite ou inexistante.

**PAPILLON DE**
*Clione limacina*

## Les bivalves

Ces mollusques ont une coquille divisée en deux moitiés, réunies par un ligament élastique : ces deux valves peuvent s'ouvrir et se refermer. Lorsque la coquille est fermée, sous l'action de muscles adducteurs, les valves s'adaptent parfaitement l'une à l'autre. Les bivalves se nourrissent par filtration de l'eau, dont ils retiennent les particules alimentaires. Certains s'enfouissent dans le sable humide, en creusant de petits tunnels.

**PÉTONCLE**
*Pecten jacobaeus*

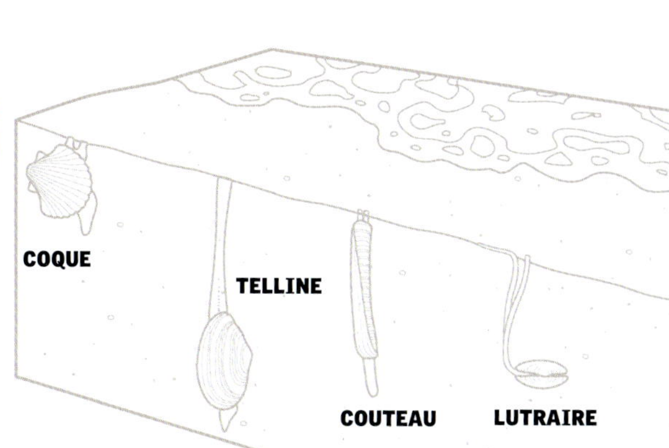


### Sous le sable

Beaucoup de mollusques s'enfouissent sous le sable pour se cacher des prédateurs, des effets des vagues et d'une exposition à l'air à marée basse.

### LES MOULES

Ces mollusques bivalves ont des branchies pour respirer, mais aussi pour capturer leur nourriture. Ils vivent fixés à un support et n'ont ni tête, ni yeux, ni membres différenciés.

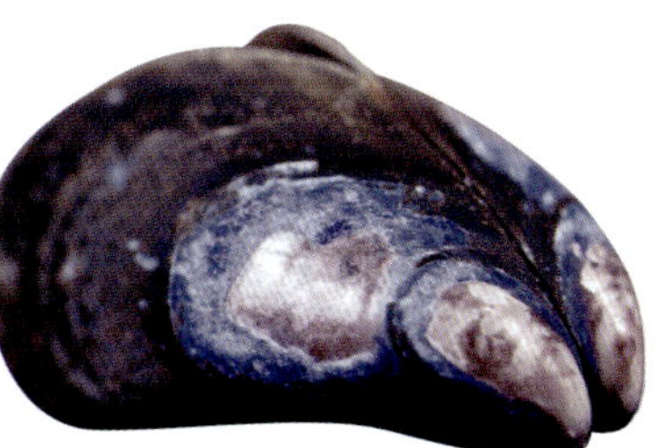

**MOULE VERTE**
*Perna viridis*

**100 000**

**C'EST LE NOMBRE D'ESPÈCES DE MOLLUSQUES (AUTANT D'ESPÈCES SONT ÉTEINTES).**

### PROTOBRANCHES

Ce sont des bivalves qui peuvent se déplacer grâce à leur pied, appelé sole. Ils utilisent leurs branchies uniquement pour respirer. La nucule (*Nucula nitidosa*), petit bivalve de 13 mm de large, en fait partie.

RADULA

## Les céphalopodes

La seiche, la pieuvre, le calmar et le nautile sont des céphalopodes. Ce nom signifie que leurs membres (ou tentacules) sont fixés directement sur leur tête. Les céphalopodes sont des prédateurs marins. Leurs systèmes nerveux, sensoriel et locomoteur sont assez élaborés. Leur bouche, armée d'un bec puissant, est entourée de tentacules. Ils peuvent mesurer d'un centimètre à plusieurs mètres.

### COQUILLE INTERNE

Excepté le nautile, tous les céphalopodes vivant actuellement (pieuvres, seiches, calmars...) ont une coquille interne assez réduite ou inexistante et seulement deux branchies.

**SEICHE COMMUNE**
*Sepia officinalis*

**COQUILLE**
de nautile.

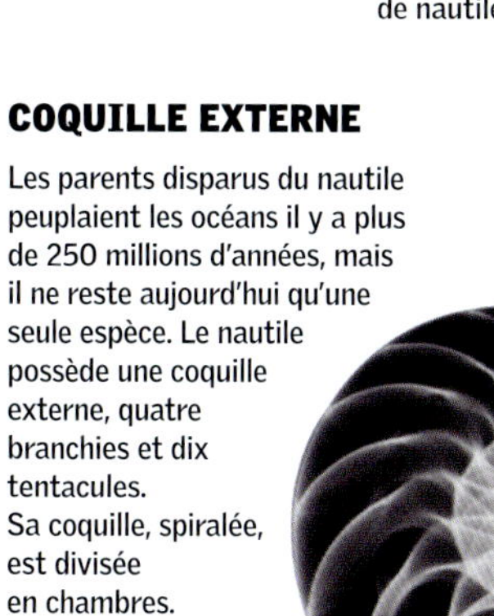

### COQUILLE EXTERNE

Les parents disparus du nautile peuplaient les océans il y a plus de 250 millions d'années, mais il ne reste aujourd'hui qu'une seule espèce. Le nautile possède une coquille externe, quatre branchies et dix tentacules. Sa coquille, spiralée, est divisée en chambres.

# Des valves et des perles

Certains bivalves, surtout des huîtres, sont recherchés et cultivés pour leurs perles qui, dit-on, sont les reines des bijoux. Utilisées depuis plus de 5000 ans et les perles devinrent d'importants symboles de nombreuses cultures anciennes. Pourtant, ces objets de valeur sont, à l'origine, des intrus pour l'huître, la moule ou le clam qui les fabrique. Une perle d'huître est particulièrement lumineuse : c'est la plus chère.

## Formation d'une perle

Parfois un grain de sable ou un débris entre par accident dans le corps d'une huître qui ne peut l'expulser. Pour éliminer cette gêne et se protéger, l'huître commence à secréter autour de l'intrus une substance lisse, dure et cristalline : la nacre. L'insertion intentionnelle d'une particule dans une huître permet d'obtenir une perle de culture.

**COQUILLE** Composée de deux valves.

**FACE INTERNE DE LA COQUILLE** Par des tentacules sensoriels, l'huître détecte la lumière et l'obscurité.

**GLANDE DIGESTIVE** Ses cellules absorbent et digèrent les particules alimentaires.

### 1 INCUBATION

La culture perlière vient du Japon. Une petite particule ronde faite à partir de la coquille d'un bivalve d'eau douce est insérée dans le corps d'une huître vivante. Celle-ci sécrète, grâce à une glande du foie, une substance nacrée qui recouvre l'objet. La perle commence à grossir.

**A INTRODUCTION D'UN CORPS ÉTRANGER**

**GRAIN DE SABLE**

**B** L'huître sécrète la nacre pour le recouvrir.

**MANTEAU**

### 2 CROISSANCE DE LA PERLE

L'huître dépose sans cesse de nouvelles couches uniformes sur la perle. Dans les fermes perlières, l'éleveur laisse la perle en place jusqu'à ce qu'elle ait le diamètre et la qualité voulus et n'intervient que pour fournir à l'huître une eau dont le courant, la propreté et la température favorisent la croissance de la perle.

**3 à 8 ans**

**C'EST LE TEMPS QUE MET UNE PERLE POUR SE DÉVELOPPER.**

**COUCHE ORGANIQUE**

**CRISTAL D'ARAGONITE**

**COUCHE DE NACRE SUR LA PERLE**

**COUCHE DE NACRE SUR LA COQUILLE**

**HUÎTRES** **ATTACHÉES À DES CORDES**

**HUÎTRES SUSPENDUES**

Ces huîtres sont placées, grâce aux cordes en bambou, là où le plancton abonde.

### 3 RÉCOLTE

Les perles de culture représentent 95 % des perles vendues. Environ 500 millions de perles sont produite par an. Cependant la perliculture est un travail long et difficile à cause de la nature capricieuse des huîtres : sur 100 cultivées, seules 30 donneront des perles.

## Types de perles

Elles peuvent être rondes, ou allongées comme un grain de riz.

**PERLE RONDE** **PERLE IRRÉGULIÈRE**

**REBORD DU MANTEAU**
C'est à son niveau qu'est contrôlé le flux d'eau.

**HUÎTRE**
Rugueuse

**MOULE**
Lisse

**PALOURDE**
Striée

## Producteurs de perles

Il y a environ 5 000 éleveurs de perles dans le monde. Le Japon est le principal producteur.

**HUÎTRE PLATE**
*Ostrea edulis*

**PERLES**
Entourées de nacre.

**CHARNIÈRE**
Elle relie les deux sommets des valves.

**BRANCHIES**
Elles absorbent l'oxygène de l'eau.

**PALPES LABIAUX**
Ils trient la nourriture.

**PIED**
Il n'est pas utilisé pour se déplacer, car l'huître est fixée.

**MUSCLE**
Il garde la coquille fermée.

**LE MANTEAU EST BORDÉ D'ORGANES SENSORIELS.**

2%
**DES HUÎTRES CULTIVÉES DONNERONT DES PERLES PARFAITES.**

# Puissants tentacules

Les pieuvres, dont une espèce atteint 8 mètres de long, sont des céphalopodes marins. La pieuvre commune, qui vit plutôt dans les eaux chaudes ou tempérées, se trouve souvent sur les rochers ou le sable du littoral, à faible profondeur. Avec ses huit tentacules, elle se déplace lentement, par à-coups, mais peut être plus rapide si elle chasse ou se sauve. Ce mollusque est réputé pour son intelligence exceptionnelle.

## Maître de la couleur

Pour la pieuvre, prendre la couleur du fond de l'eau est une stratégie de camouflage, pour chasser ou se cacher. En eau plus profonde, elle attire ses proies par une autre tactique, en devenant lumineuse. Mais si elle change de couleur en « dansant » c'est qu'elle essaye d'attirer son partenaire sexuel.

**TÊTE**
La tête se comprime et s'étend selon les mouvements respiratoires de la pieuvre. La tête contient le cerveau qui n'est pas protégé par une structure rigide.

**YEUX**
La vision est particulièrement bien développée chez la pieuvre.

**PEAU**
C'est une membrane hautement élastique qui recouvre totalement la pieuvre.

## Attaque

Pour attaquer, la pieuvre dirige son entonnoir dans la direction opposée à son mouvement. La pieuvre commune (*Octopus vulgaris*), qui peut atteindre 1 m de long se déplace parmi les rochers du fond de l'eau, de préférence la nuit, à la recherche de crustacés et de coquillages. Elle surprend ses proies et utilise habilement ses tentacules et ses mâchoires en forme de bec.

**1** L'entonnoir expulse de l'eau avec force quand la pieuvre s'enfuit. Mais elle peut le diriger de manière à avancer sur sa proie.

**2** Les tentacules s'étirent vers l'avant et l'extérieur pendant que la pieuvre avance.

**3** Utilisant la partie large de la base de ses tentacules, elle enveloppe sa proie.

## Un prédateur

La pieuvre (comme d'autres céphalopodes tels le nautile, la seiche ou le calmar) est carnivore et mange des invertébrés (mollusques et crustacés, crabes en particulier) et des poissons. Elle sécrète un venin avec sa salive pour finir paralyser sa proie avant de l'avaler.

## Fuite rapide

Le flux d'eau entrant et sortant de l'entonnoir est régulé par la contraction et le relâchement alternés de muscles circulaires et de muscles longitudinaux. En régulant la force à laquelle elle rejette l'eau, la pieuvre peut s'enfuir très vite se propulsant en libérant un jet d'eau. Elle se déplace vers l'arrière, en étendant ses tentacules.

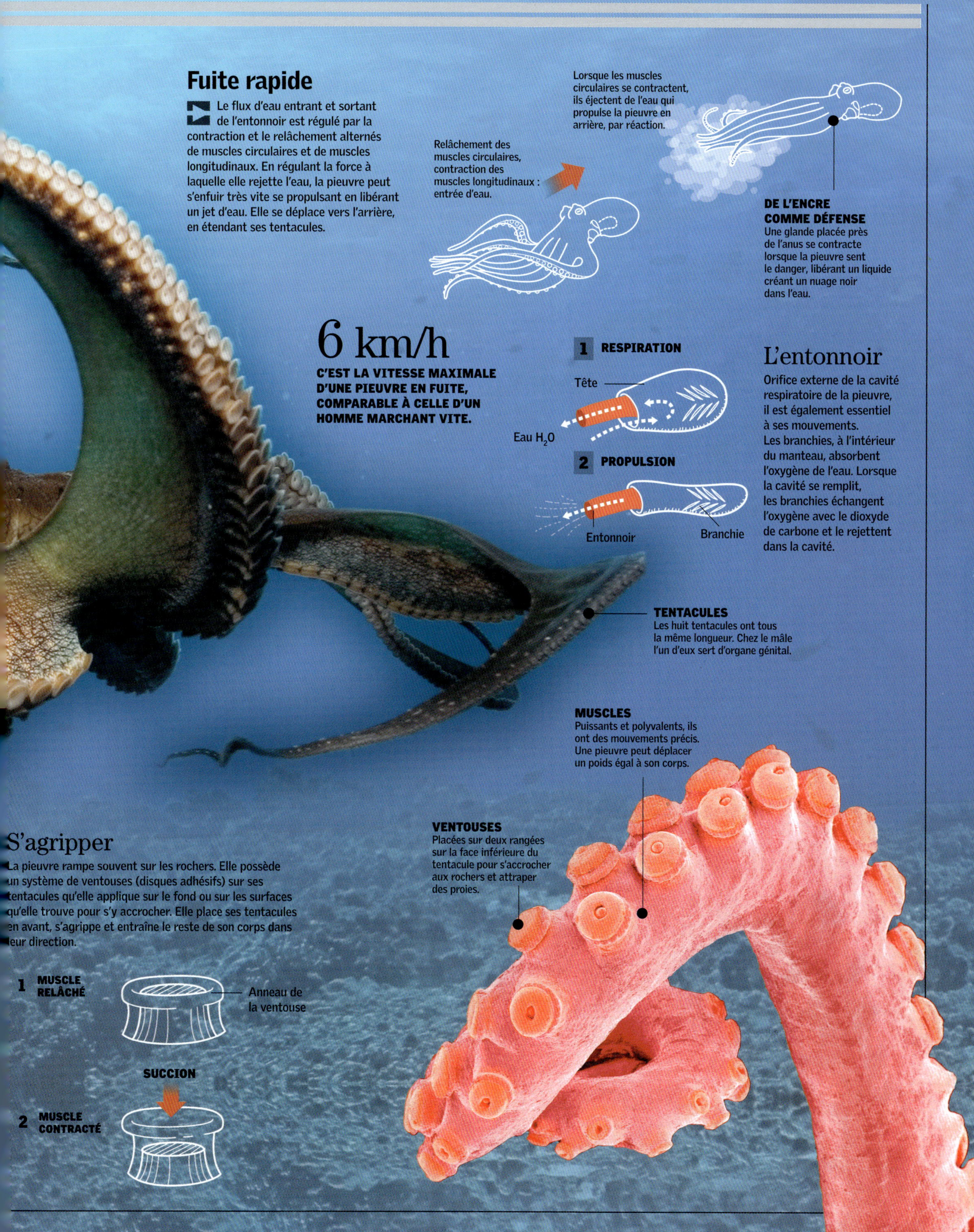

Lorsque les muscles circulaires se contractent, ils éjectent de l'eau qui propulse la pieuvre en arrière, par réaction.
Relâchement des muscles circulaires, contraction des muscles longitudinaux : entrée d'eau.
DE L'ENCRE COMME DÉFENSE
Une glande placée près de l'anus se contracte lorsque la pieuvre sent le danger, libérant un liquide créant un nuage noir dans l'eau.
1 RESPIRATION
Tête
Eau $H_2O$
2 PROPULSION
Entonnoir
Branchie
TENTACULES
Les huit tentacules ont tous la même longueur. Chez le mâle l'un d'eux sert d'organe génital.
MUSCLES
Puissants et polyvalents, ils ont des mouvements précis. Une pieuvre peut déplacer un poids égal à son corps.
VENTOUSES
Placées sur deux rangées sur la face inférieure du tentacule pour s'accrocher aux rochers et attraper des proies.
1 MUSCLE RELÂCHÉ
Anneau de la ventouse
SUCCION
2 MUSCLE CONTRACTÉ


# 6 km/h

**C'EST LA VITESSE MAXIMALE D'UNE PIEUVRE EN FUITE, COMPARABLE À CELLE D'UN HOMME MARCHANT VITE.**

## L'entonnoir

Orifice externe de la cavité respiratoire de la pieuvre, il est également essentiel à ses mouvements. Les branchies, à l'intérieur du manteau, absorbent l'oxygène de l'eau. Lorsque la cavité se remplit, les branchies échangent l'oxygène avec le dioxyde de carbone et le rejettent dans la cavité.

## S'agripper

La pieuvre rampe souvent sur les rochers. Elle possède un système de ventouses (disques adhésifs) sur ses tentacules qu'elle applique sur le fond ou sur les surfaces qu'elle trouve pour s'y accrocher. Elle place ses tentacules en avant, s'agrippe et entraîne le reste de son corps dans leur direction.

# Crustacés et arachnides

Parmi les arthropodes, les invertébrés aux pattes articulées, la classe des arachnides comprend les araignées, les scorpions, les tiques et les acariens. Ces arthropodes sont recouverts de minuscules poils sensoriels invisibles à l'œil nu. Selon la mythologie grecque, une femme nommée Arachne défia la déesse Athéna de tisser plus vite qu'elle. Furieuse Athéna

**ARACHNIDE COLORÉE**
Les minuscules « araignées rouges » (des acariens) attirent notre attention par leur couleur intense et l'aspect velouté de leurs poils.

la transforma en une araignée et la força à tisser sans relâche. C'est de là que ces animaux tirent leur nom. Quant au groupe des crustacés, il comprend d'autres arthropodes, presque tous aquatiques, comme la crevette, le homard ou le crabe, présentés dans ce chapitre. Nous étudierons en détail leur anatomie, leurs ressemblances et leurs différences, ainsi que leurs modes de vie.

# Au milieu de la chaîne

Le plancton animal (zooplancton) comprend des milliers d'espèces diverses appartenant à des groupes très variés. Parmi elles se trouvent des protistes (faits d'une seule cellule), des vers, des crustacés, des larves de nombreux animaux (invertébrés et poissons) et d'autres petits organismes nageant peu. Ce zooplancton et représente un maillon important dans la chaîne alimentaire. Le plancton végétal (phytoplancton), nourrit le zooplancton, notamment les larves d'échinodermes, de crustacés et de poissons. Ces larves servent elles-mêmes de nourriture aux bancs de petits poissons eux-mêmes mangés par de plus gros, mais aussi par les baleines, qui avalent des poissons avec le plancton dont elles se nourrissent.

## Crustacés du plancton

Le zooplancton comprend de très nombreux petits crustacés du groupe des copépodes, chez lesquels les adultes sont minuscules, mais aussi des larves des espèces de plus grande taille : des larves « zoés » de crabes, des « myzis » de homards et des « nauplius » d'autres crustacés.

**KRILL ANTARCTIQUE**
*Euphausia superba*
Les crustacés du krill, qui ressemblent à des crevettes, sont parmi les animaux les plus abondants de l'océan. Chacun peut vivre de 5 à 10 ans, subissant 10 mues avant d'atteindre sa longueur maximale. Il émet une lumière verte visible de nuit.

**TAILLE RÉELLE**
3,8 CM

**ŒIL**
L'animal n'a qu'une paire de grands yeux noirs.

**PATTES**
Il filtre les petites algues qu'il mange avec les soies plumeuses de ses pattes.

**2 000 m**
**C'EST LA PROFONDEUR À LAQUELLE LES BANCS DE KRILL SE RASSEMBLENT.**

### COMMENT S'ENFUIT-IL ?

Les crustacés du krill utilisent leur telson pour se diriger dans l'eau. Ils peuvent atteindre une vitesse élevée pour leur taille et se déplacent vers l'avant ou l'arrière. Ces crustacés se regroupent en essaims géants, comportant des milliers d'individus par mètre cube d'eau.

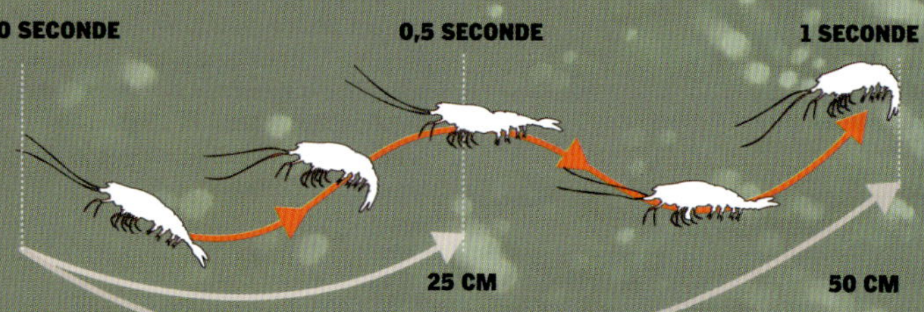


**PHOTOLUMINESCENCE**
Chaque krill possède un photophore sur son abdomen, qui lui permet d'émettre de la lumière grâce à une réaction chimique impliquant l'oxygène ainsi que d'autres composés chimiques appelés luciférine, luciférase et adénosine triphosphate (ATP). Un ordre de crustacés porte le nom générique de krill.

### PYRAMIDE ALIMENTAIRE

À sa base se trouvent les producteur végétaux, points de départ des chaines alimentaires : les producteurs sont mangés par les consommateurs primaires, qui sont mangés par les consommateurs secondaires, etc.

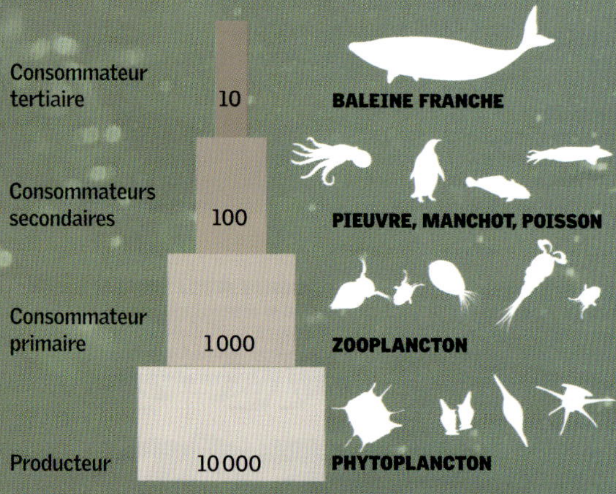

## Les copépodes

Ces micro-crustacés aquatiques vivent dans l'eau salée ou douce, mais il en existe aussi certaines espèces terrestres. Ils se nourrissent de phytoplancton et représentent une partie importante du zooplancton, qui sert également de nourriture à de nombreuses espèces marines.

**COPÉPODE**
*Megacyclops viridis*
Le copépode cyclopoïde vit dans l'eau douce et fait partie des nombreux invertébrés aquatiques d'Europe. Ses larves sont luminescentes. Au terme des stades de son développement larvaire, il nage librement.

**12 000**
**ESPÈCES DE COPÉPODES**

**GRANDS APPENDICES**
Ils forment des peignes très fins qui filtrent la nourriture de l'eau.

**TAILLE RÉELLE**
**2 MM**

**LARVE NAUPLIUS**
*Cyclops*
Ci-dessus à gauche, la larve du copépode et à droite l'animal adulte. Il se nourrit d'animaux et végétaux microscopiques.

**PATTES**
Elles amènent le courant d'eau vers la bouche pour y faire entrer des particules de nourriture.

## Branchiopodes

Ce sont les crustacés les plus primitifs. Ils vivent dans les lacs et les lagunes du monde entier. Ils ont des yeux composés et souvent une carapace protectrice. Leur corps est segmenté, comme celui de tous les crustacés.

**PUCE D'EAU**
*Daphnia*
Ce mini-crustacé a deux paires d'antennes et des pattes adaptées à la nage et à la saisie. La seconde paire d'antennes sert d'organe locomoteur. La puce d'eau se nourrit d'algues et de restes d'animaux.

**TAILLE RÉELLE**
**3 MM**

**6 à 8 semaines**
**C'EST L'ESPÉRANCE DE VIE D'UNE PUCE D'EAU.**

# Araignées et scorpions

Les arachnides forment une grande classe qui regroupe les araignées et les scorpions. Leur tête porte une paire de crochets caractéristiques, les chélicères. Ces arthropodes furent les premiers à coloniser la terre ferme. Des scorpions fossiles du début du silurien (il y a 430 millions d'années) témoignent de l'absence de changements morphologiques majeurs chez ces animaux. Outre les scorpions et les araignées, les arachnides comprennent aussi les acariens.

**TÉGÉNAIRE GÉANTE**
*Tegenaria duellica*
Cette araignée des maisons chasse les insectes.

La femelle peut porter 30 petits sur son dos.

Les chélicères tiennent la proie et l'immobilisent.

**PÉDIPALPES**
Ils forment l'organe copulateur par lequel le mâle insémine la femelle.

**LES PÉDIPALPES**
servent à saisir les aliments et ont un rôle sensoriel. Les mâles les utilisent aussi pour copuler

## Scorpions

Craint par l'homme depuis la nuit des temps, le scorpion se caractérise par ses pinces et par sa queue se terminant par un aiguillon. Les pinces ne sont pas vraiment des pattes, mais des « pattes-mâchoires ». Le corps est recouvert d'un exosquelette.

**SCORPION AFRICAIN**
*Pandinus imperator*
Comme les autres scorpions il possède un aiguillon alimenté par des glandes à venin. Il mesure de 12 à 18 cm de long, et jusqu'à 20 cm.

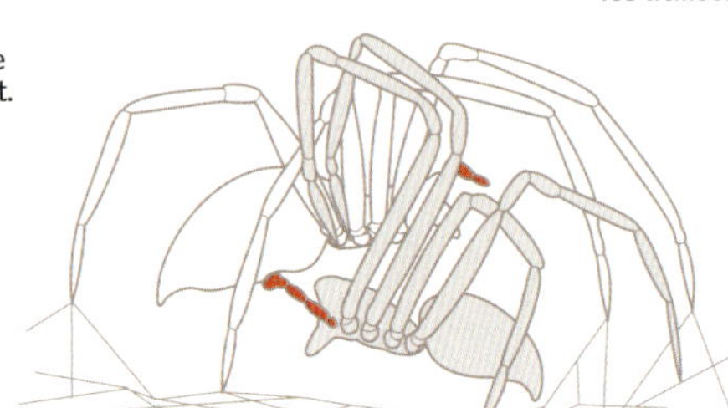

**CHÉLICÈRES**
Ils bougent verticalement. Chez les araignées les plus primitives (comme les tarentules), ils bougent latéralement, comme une tenaille.

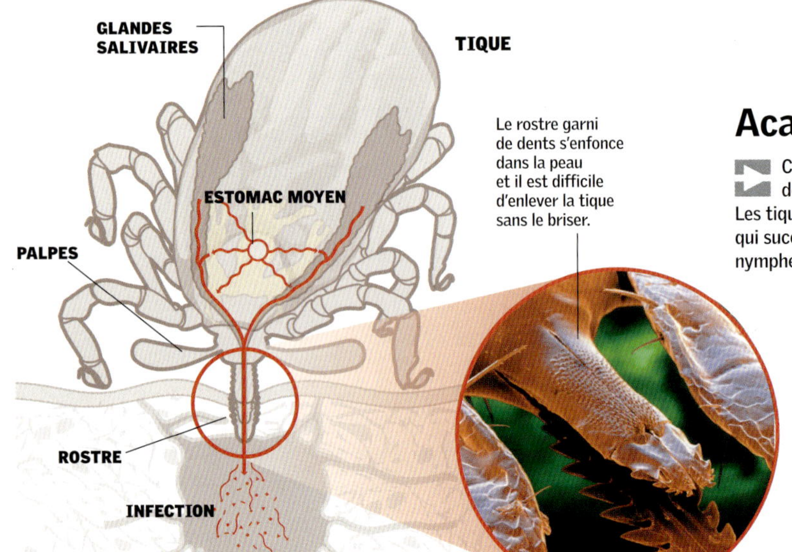


Le rostre garni de dents s'enfonce dans la peau et il est difficile d'enlever la tique sans le briser.

## Acariens et tiques

Ces arachnides se distinguent par leur taille. Les acariens, parasites des animaux et des végétaux, sont plus petits et ont des formes variées. Les tiques peuvent mesurer plusieurs centimètres. Ce sont des parasites qui sucent le sang de leur hôte. Leur cycle de vie passe par trois stades, larve, nymphe et adulte.

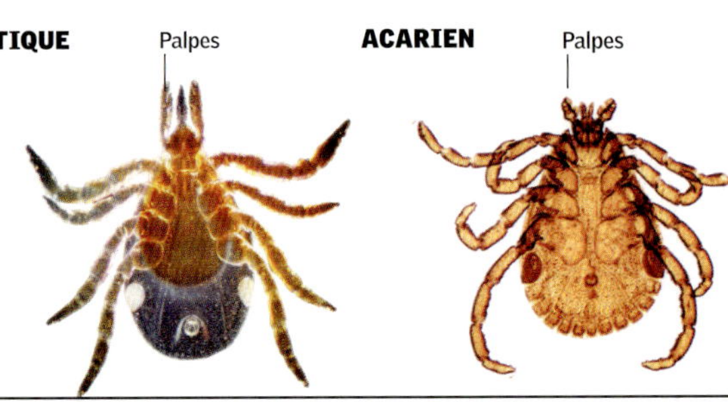

# 100 000

**C'EST LE NOMBRE SUPPOSÉ D'ESPÈCES D'ARACHNIDES DANS LE MONDE.**

**EXOSQUELETTE**
La croissance se produit par mues, processus au cours duquel l'araignée se débarrasse de son vieil exosquelette. La jeune araignée passe par différentes mues (jusqu'à 4 par an) puis, une fois adulte, ne mue qu'une fois par an.

1 Le bord antérieur de la carapace se détache et le tégument se sépare de l'abdomen.

2 L'araignée lève et abaisse ses pattes jusqu'à ce que la peau glisse et tombe.

3 Elle enlève l'ancien exosquelette et le nouveau durcit au contact de l'air.

CÉPHALOTHORAX (PROSOMA)
CHÉLICÈRE
ŒIL SIMPLE
GLANDE À VENIN
ESTOMAC
POUMON
CŒUR
INTESTIN
OVAIRES
ABDOMEN (OPISTHOSOMA)
CLOAQUE
ORIFICE GÉNITAL
GLANDE À SOIE
FÉMUR
ROTULE
TIBIA

**PATTES LOCOMOTRICES**
Elle en 4 paires recouvertes de poils qui l'aident à reconnaître le terrain.

MÉTATARSE
TARSE

**PATTES ÉTIRÉES, LES PLUS GROSSES ARAIGNÉES FONT**

# 30 cm

## Araignées

Ces arthropodes, parmi les plus communs, ont la propriété surprenante de sécréter une substance qui au contact de l'air se transforme en un fil très fin que certains utilisent pour créer des toiles, mais qui ont d'autres usages. Lorsque la femelle s'est accouplée, elle dépose ses œufs dans un cocon, formé d'une soie spéciale. Avec ses huit pattes, une araignée est très reconnaissable. Les deux grandes parties de son corps, le thorax (ou prosoma) et l'abdomen (ou opisthosoma) sont réunies par un conduit étroit (ou pédicelle). Elle a quatre paires d'yeux, dont la taille et la position diffèrent selon les différentes familles. Ses chélicères se terminent par des crochets qui renferment les canaux de la glande à venin. L'araignée tue sa proie en injectant le venin.

## Les amblypyges

Ces arachnides, qui mesurent entre 4 et 45 mm, ne sont pas des araignées, mais elles leur ressemblent. Elles ont de petits chélicères mais des pédipalpes robustes qu'elles utilisent pour capturer les proies, et de très longues pattes. À cause de leur corps aplati, elles marchent comme des crabes.

**AMBLYPYGE**
*Phryna grossetaitai*

# Les insectes

Le groupe le plus important et le plus varié parmi les invertébrés est celui des insectes. Adaptés à tous les environnements, ces arthropodes sont très prolifiques et résistants. Leur corps est protégé par une sorte d'armure (exosquelette). On pense souvent que ce seraient les seuls êtres capables de survivre à un hiver nucléaire (avec les scorpions).

**UN SENS PARTICULIER DE LA VUE**
Cet insecte tropical possède a les yeux très écartés du corps, lui donnant un très grand champ de vision.

Leurs organes sensoriels sont très développés. Le nombre d'espèces d'insectes, estimé à plusieurs millions, et leur diversité, témoignent de leur réussite évolutive liée en partie à leur petite taille.

Leurs moyens de locomotion remarquablement développés, notamment le vol que de nombreuses espèces maîtrisent, les protègent efficacement de leurs prédateurs.

# Le secret du succès

Les insectes et les mille-pattes (groupe des myriapodes) ont des particularités remarquables : des antennes sensorielles, des appendices leur servant à mâcher, écraser ou creuser, des yeux latéraux très développés et des paires de pattes articulées dont les fonctions dépendent de l'espèce. Les insectes ont six pattes. Les myriapodes ou mille-pattes, uniquement terrestres, en ont beaucoup plus. Leur corps est très segmenté.

**SYMÉTRIE BILATÉRALE**

Le corps des insectes et des myriapodes est composé d'organes pairs répartis de part et d'autre d'un axe imaginaire allant de la tête à l'extrémité de l'abdomen.

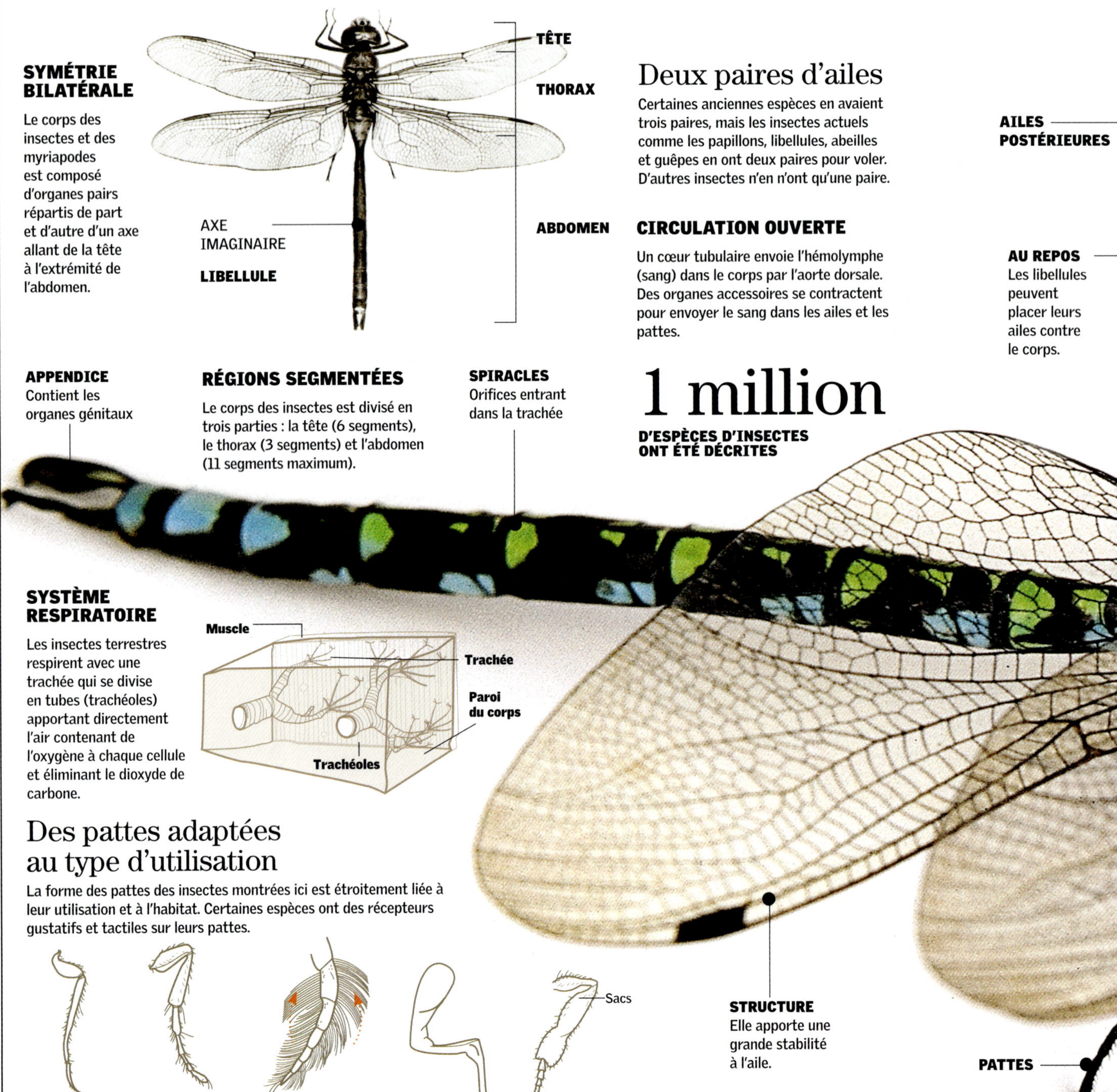


## Deux paires d'ailes

Certaines anciennes espèces en avaient trois paires, mais les insectes actuels comme les papillons, libellules, abeilles et guêpes en ont deux paires pour voler. D'autres insectes n'en n'ont qu'une paire.

**CIRCULATION OUVERTE**

Un cœur tubulaire envoie l'hémolymphe (sang) dans le corps par l'aorte dorsale. Des organes accessoires se contractent pour envoyer le sang dans les ailes et les pattes.

**RÉGIONS SEGMENTÉES**

Le corps des insectes est divisé en trois parties : la tête (6 segments), le thorax (3 segments) et l'abdomen (11 segments maximum).

# 1 million

**D'ESPÈCES D'INSECTES ONT ÉTÉ DÉCRITES**

**SYSTÈME RESPIRATOIRE**

Les insectes terrestres respirent avec une trachée qui se divise en tubes (trachéoles) apportant directement l'air contenant de l'oxygène à chaque cellule et éliminant le dioxyde de carbone.



## Des pattes adaptées au type d'utilisation

La forme des pattes des insectes montrées ici est étroitement liée à leur utilisation et à l'habitat. Certaines espèces ont des récepteurs gustatifs et tactiles sur leurs pattes.

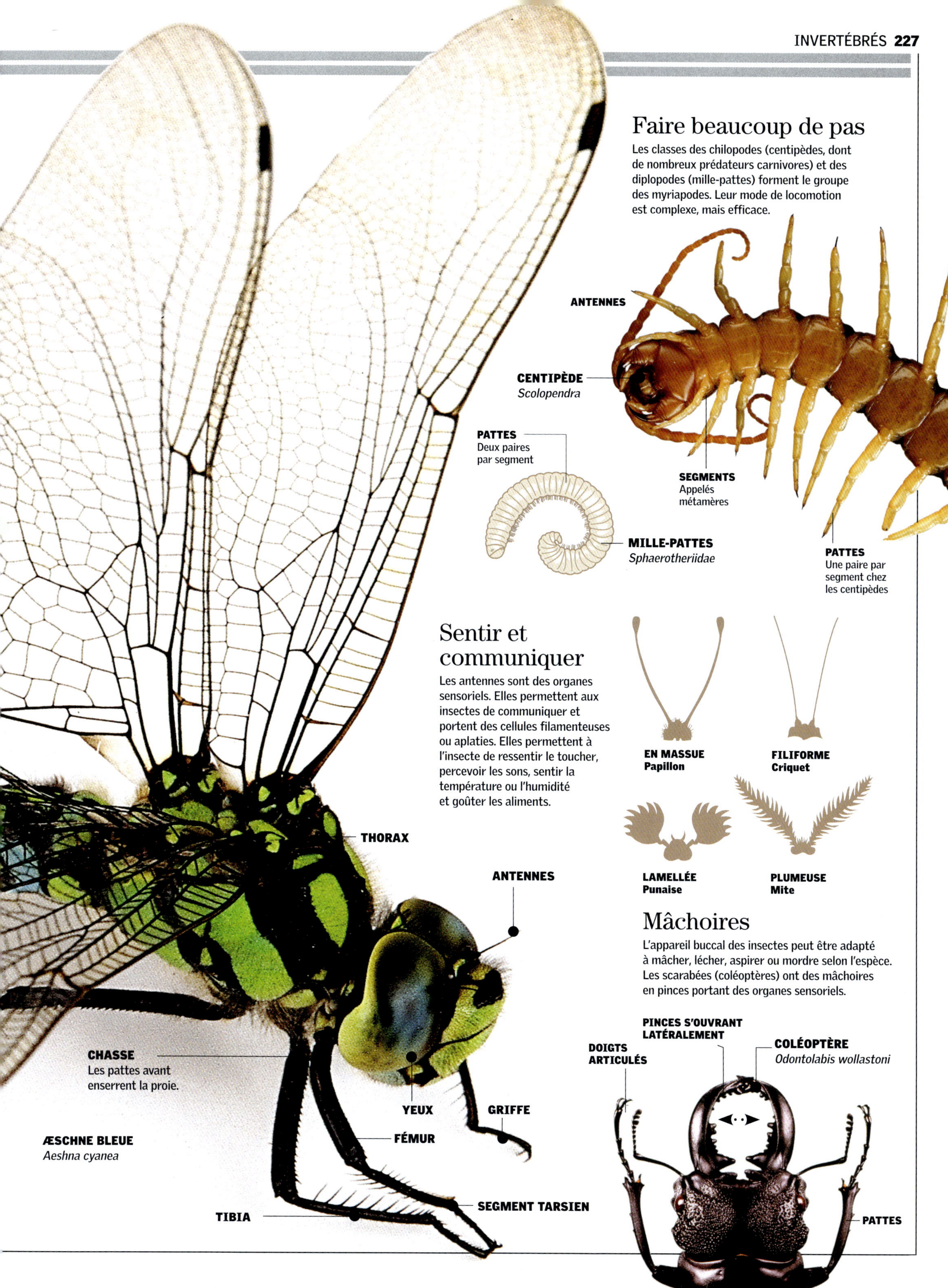


## Faire beaucoup de pas

Les classes des chilopodes (centipèdes, dont de nombreux prédateurs carnivores) et des diplopodes (mille-pattes) forment le groupe des myriapodes. Leur mode de locomotion est complexe, mais efficace.

## Sentir et communiquer

Les antennes sont des organes sensoriels. Elles permettent aux insectes de communiquer et portent des cellules filamenteuses ou aplaties. Elles permettent à l'insecte de ressentir le toucher, percevoir les sons, sentir la température ou l'humidité et goûter les aliments.

## Mâchoires

L'appareil buccal des insectes peut être adapté à mâcher, lécher, aspirer ou mordre selon l'espèce. Les scarabées (coléoptères) ont des mâchoires en pinces portant des organes sensoriels.

# Pour mieux te voir

Tout comme il serait difficile pour l'homme d'imaginer ce qu'est la couleur s'il ne l'avait jamais vue, il lui est impossible d'imaginer comment voir à travers l'œil composé d'un insecte. Un tel œil est formé de milliers d'ommatidies, minuscules bâtonnets représentant chacun un œil élémentaire directement relié au cerveau. Les scientifiques pensent que le cerveau recompose l'image reçue de chaque ommatidie pour percevoir les mouvements venant de toutes les directions, même de l'arrière pour certains insectes.

**DROSOPHILE**
*Drosophila*

**ANTENNE**

## Champ visuel

Les ommatidies de la mouche sont disposées en cercles, chacun couvrant une partie du champ visuel. Ce système qui ne donne pas une image de haute résolution est très sensible au mouvement. Comme le moindre mouvement entraîne un transfert de sensibilité d'une ommatidie à l'autre, les mouches sont très difficiles à attraper.

**360°**

**C'EST LE CHAMP VISUEL DE LA MOUCHE.**

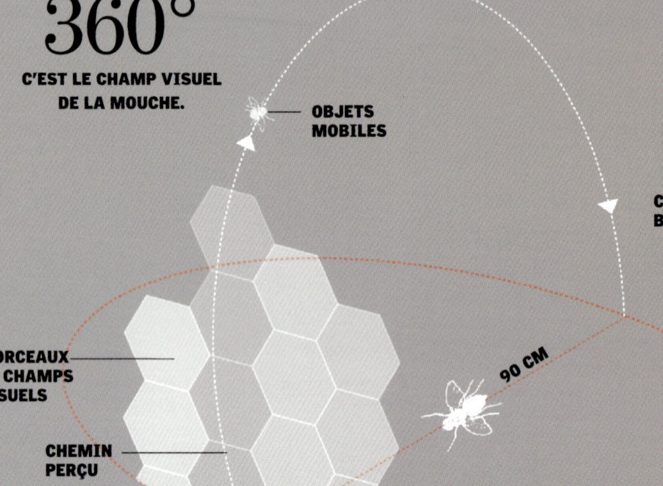


**CHAMP VISUEL DE 180°**

**CHAMP BINOCULAIRE**

**CHAMP VISUEL DE L'HOMME**

**BOUCHE**
L'appareil buccal est adapté pour lécher et aspirer.

## Vision d'un œil d'abeille

Comparée à la vision humaine, les abeilles sont « myopes » et même les objets proches apparaissent flous. Son œil composé possède environ 6 900 ommatidies.

**LIGNE CENTRALE DÉFORMÉE**

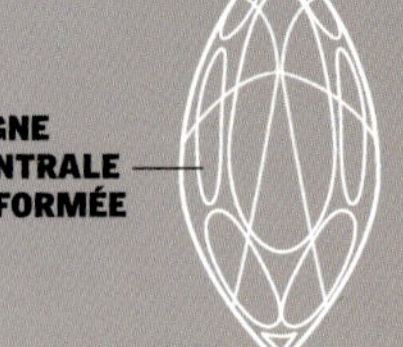

**HOMME**
La vision binoculaire donne une image plate non déformée.

**ABEILLE**
Avec un champ plus grand, la même image est plus étroite.

**SE DIRIGER VERS LE NECTAR**

La sensibilité aux ultraviolets (invisibles pour l'homme) des abeilles ouvrières leur permet de trouver le nectar dans la fleur.

**ZONE À NECTAR**

## Un œil ou des milliers

Chaque ommatidie est responsable d'une petite partie du champ visuel. Selon le type de lumière qu'elle reçoit le diamètre des cellules pigmentées autour de chaque rhabdome peut varier pour réguler la sensibilité globale de l'œil composé.

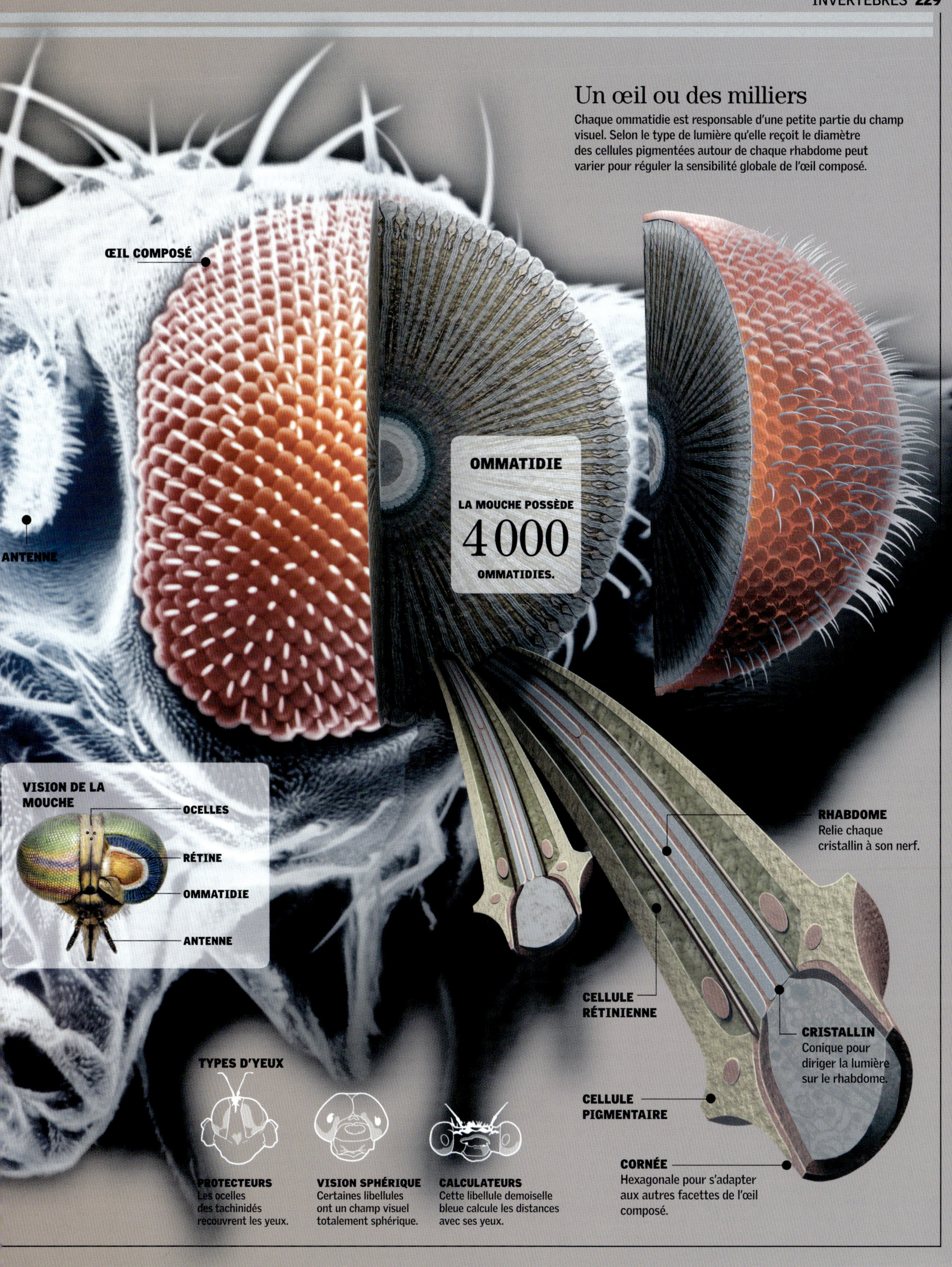

# Mordre et avaler

Loin d'être un simple orifice, la bouche est une des parties les plus complexes du corps de l'insecte. Les simples appendices buccaux des formes primitives se sont modifiés à mesure que ce groupe zoologique diversifiait son régime. La bouche d'un chasseur diffère totalement de celle d'un insecte suceur, ou mangeur de feuilles comme le criquet.

ANTENNE

**CRIQUET**
Famille des acrididés
Depuis l'Antiquité les criquets sont craints en tant que destructeurs de récoltes.

# 1 jour

**C'EST LE TEMPS MIS PAR UN CRIQUET POUR INGÉRER SON PROPRE POIDS EN NOURRITURE.**

## Les appendices

Les formes des appendices buccaux sont étroitement adaptées aux régimes alimentaires des différentes espèces. La première paire de maxille sert à tenir et à aspirer la nourriture dans la bouche. La seconde paire de maxille fusionne en son centre pendant son développement pour former le labium, dont la fonction diffère selon le régime. Les mandibules et la première paire de maxille sont latérales et la lèvre supérieure ou labium protège l'avant de la bouche. Ces parties forment l'appareil de base « piqueur-mâcheur». Des modifications ont créé, chez les insectes plus évolués, des structures pour aspirer et lécher, ou pour piquer et sucer.

**MORDRE ET MÂCHER**

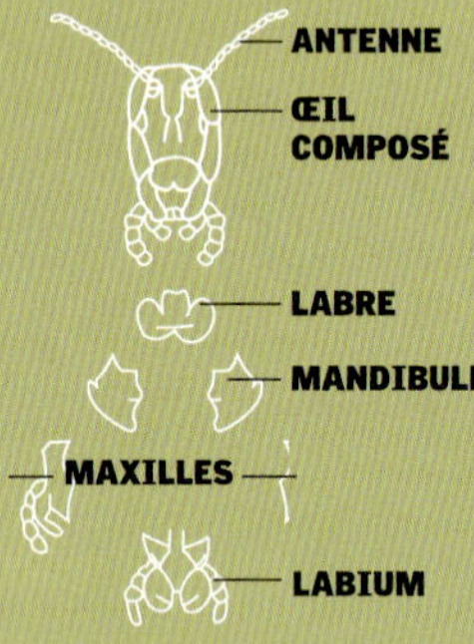


**CRIQUET**
Mandibules robustes et maxilles précises.

**PERCER ET MÂCHER**

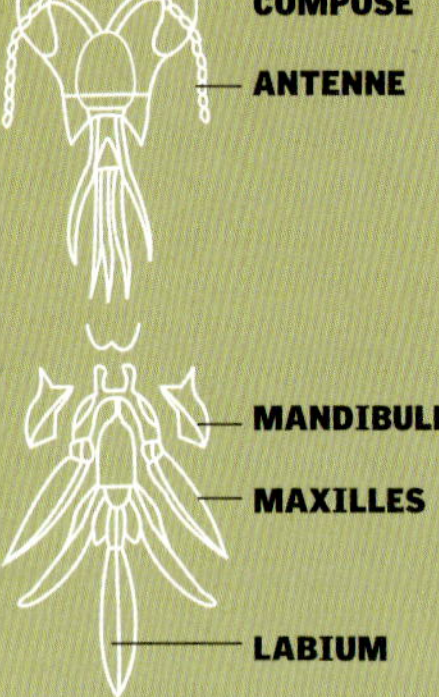


**ABEILLE**
Labium pour le nectar ; mandibule pour mâcher le pollen et façonner la cire.

**ASPIRER**

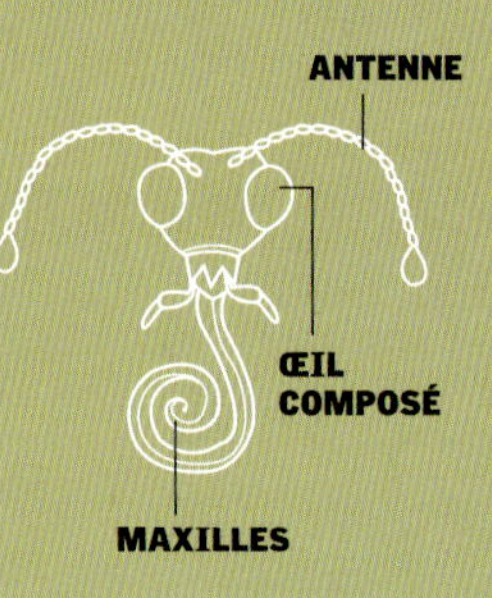


**PAPILLON**
Petit labre et pas de mandibule. Les maxilles forment une trompe aspirante.

**PIQUER ET SUCER**

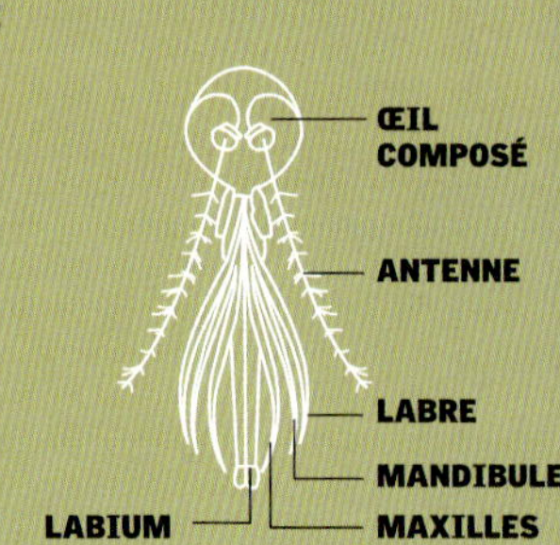


**MOUSTIQUE (FEMELLE)**
Le labium et les maxilles forment un tube ; les mandibules servent à piquer la peau et le labre forme une gouttière.

**COCCINELLE À SEPT POINTS**
*Coccinella septempunctata*
Se nourrit de pucerons et de petites mouches.

## Mangeur de feuilles

Certains insectes comme les criquets, quelques scarabées, les chenilles (et les larves de nombreuses espèces) ont besoin de découper les feuilles en petits morceaux avant de les mettre dans la bouche. Leur structure buccale adaptée se compose de grandes mandibules avec une série de dents incisives. Les maxilles et le labre portent des palpes pour manipuler et saisir les morceaux.

**CARNIVORES**
Ils utilisent leurs mâchoires en pince pour saisir les proies.

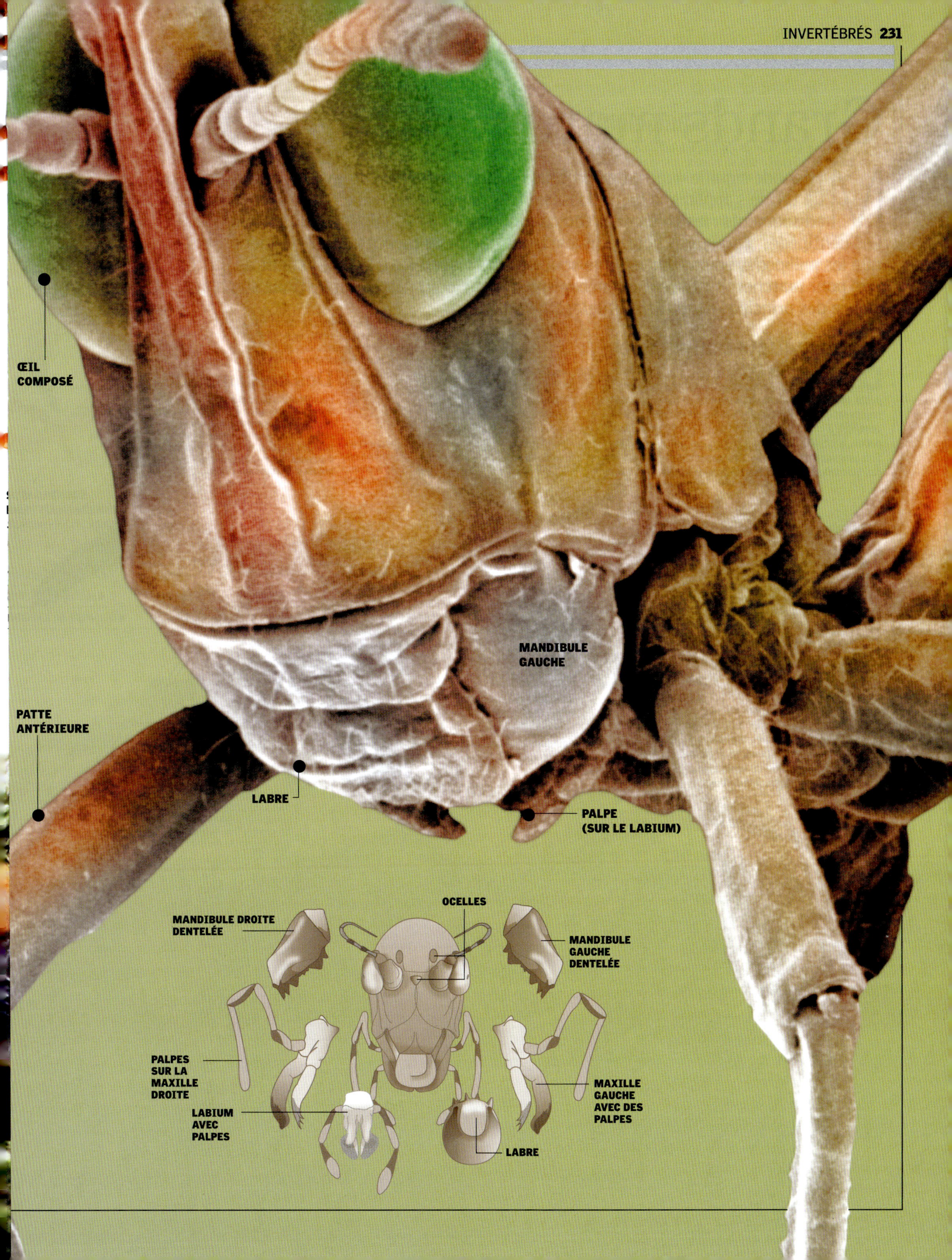
ŒIL
COMPOSÉ
MANDIBULE
GAUCHE
PATTE
ANTÉRIEURE
LABRE
PALPE
(SUR LE LABIUM)
OCELLES
MANDIBULE DROITE
DENTELÉE
MANDIBULE
GAUCHE
DENTELÉE
PALPES
SUR LA
MAXILLE
DROITE
LABIUM
AVEC
PALPES
MAXILLE
GAUCHE
AVEC DES
PALPES
LABRE

# Des sauteurs qualifiés

Les puces sont bien connues pour leurs sauts extraordinaires. Une fois adultes, ces petits insectes sans ailes profitent de leur aptitude à sauter pour partir en quête de nourriture, le sang d'oiseaux ou de mammifères. Ces parasites du chien, du chat, des poulets, des rongeurs, de l'homme... s'invitent dans notre vie et mordent systématiquement leur hôte, pour en sucer le sang.

LES PUCES PEUVENT SURVIVRE **3 mois** SANS MANGER.

## Une super protéine

Cette capacité à bondir est liée à la présence de résiline, une protéine très élastique semblable au caoutchouc. Le rôle de la résiline est de créer une tension dans les pattes sauteuses. La libération de l'énergie accumulée permet le saut. Parfois le saut est insuffisant et la puce n'arrive pas sur son hôte. Mais loin d'être un échec, la chute ajoute de la tension à la résiline ce qui permet à la puce de rebondir en sautant plus loin.

**DES PUCES DANS LA MAISON**
Les chiens et les chats ont très souvent des puces qui les piquent. Fortement gênés, ces animaux se grattent ce qui irrite et finit par blesser leur peau.

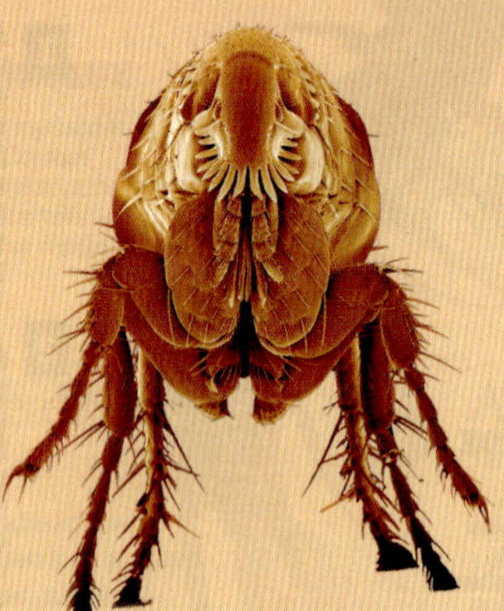

### 2 Action

La puce accumule de l'énergie en tendant les muscles de son thorax et de ses pattes. Lorsque l'énergie élastique accumulée atteint un certain niveau, la puce libère ses pattes ce qui entraîne un mouvement brusque propulsant la puce en hauteur.

**PATTES SAUTEUSES**
Les pattes possèdent des segments supérieurs surnuméraires qui permettent un saut à grande vitesse.

### 1 Préparation

En un dixième de seconde la puce se prépare à sauter. Elle comprime la résiline tout en contractant ses pattes postérieures qui sont dotées d'un système de coussinets qui retient la tension et accumule l'énergie.

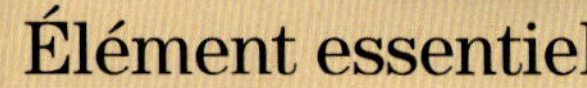

### Élément essentiel

1. Les muscles de la hanche se contractent engendrant une tension énorme. L'exosquelette supporte la résistance à cette tension.
2. Une fois que le saut commence, le couple de force créé par les muscles et les segments des pattes établit en un millième de seconde la direction, l'intensité et l'orientation du saut permettant à la puce de finir son saut.

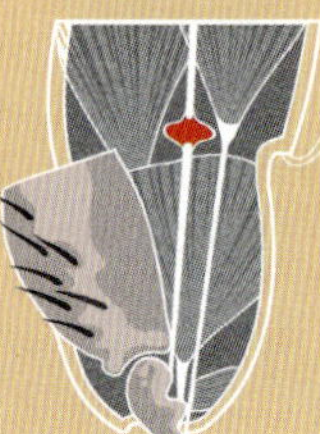

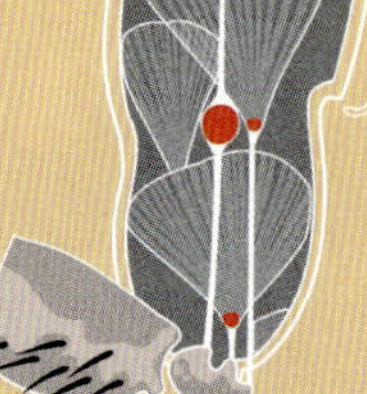

## De grands sauteurs

L'ordre des siphonaptères comprend les insectes aptères (dépourvus d'ailes) parasites externes, comme les puces. Leur appareil buccal sert à percer et à aspirer. Leur cycle évolutif passe par une métamorphose complète. Cet ordre composé de 16 familles, comprend les puces parasites des chiens et des chats (*Ctenocephalides canis* et *C. felis*) et celles parasites de la volaille (*Ceratophyllus gallinae*).

**PUCE DU CHIEN**
*Ctenocephalides canis*
C'est l'espèce responsable de 90 % des infestations des chiens.

**PUCE DE L'HOMME**
*Pulex irritans*
Se nourrit de sang humain sans rester sur son hôte, contrairement aux autres puces.

**LA PUCE PEUT SAUTER SUR UNE LONGUEUR**
# 200 fois
**SUPÉRIEURE À CELLE DE SON CORPS.**

### 3 En l'air

Une puce peut faire des sauts longs de 60 cm. Les plaques de son exosquelette se chevauchent et protègent son corps comme une armure. Pendant une série de saut la puce peut retomber sur le dos ou sur la tête sans se blesser.

**ŒUFS**

**LARVE**

**PUPE**

**PUCE ADULTE**

**CHANGEMENT TOTAL**
Les puces sont holométaboles c'est-à-dire que le cycle évolutif comprend une métamorphose totale.

## Cycle évolutif

Le cycle complet de l'œuf à l'adulte peut prendre entre 2 et 8 mois. Sa durée varie selon l'espèce, la température et l'humidité de l'environnement ainsi que la disponibilité de la nourriture. En général après un repas de sang la femelle pond 20 œufs par jour et jusqu'à 600 œufs au cours de sa vie. Ces œufs sont pondus sur l'hôte (chien, chat, lapin, souris, rat, opossum, homme, etc.).

## Sang comestible

Étant parasites des animaux à sang chaud, les puces font parties des insectes hématophages (mangeurs de sang). Les adultes sucent le sang de l'hôte qui contient des nutriments utiles pour leur alimentation. Les femelles utilisent ces nutriments pour produire les œufs. Le sang séché excrété par les fèces de l'adulte est utile aux différents types de larves.

**1** Les pattes sont importantes pour maintenir l'insecte en place pendant qu'il se prépare à piquer.

**2** En insérant ses stylets perforants, la puce injecte une substance irritante pour l'hôte mais qui aide la puce en empêchant le sang de coaguler pendant qu'elle le suce.

**PUCE CONTRE HOMME**

La longueur du saut de la puce équivaut à 200 fois la longueur de son corps. Pour rivaliser avec elle, un homme devrait sauter depuis un immeuble de 130 étages.

# L'art de voler

Le vol est une des adaptations basique des insectes qui possèdent pour la plupart deux paires d'ailes. Les coléoptères en utilisent une paire pour voler et l'autre pour se protéger. Par exemple, le corps arrondi d'une coccinelle n'est rien d'autre qu'un revêtement formé par un système de vol très complexe et ces petits coléoptères, inoffensifs pour l'homme, sont de grands chasseurs parmi les insectes.

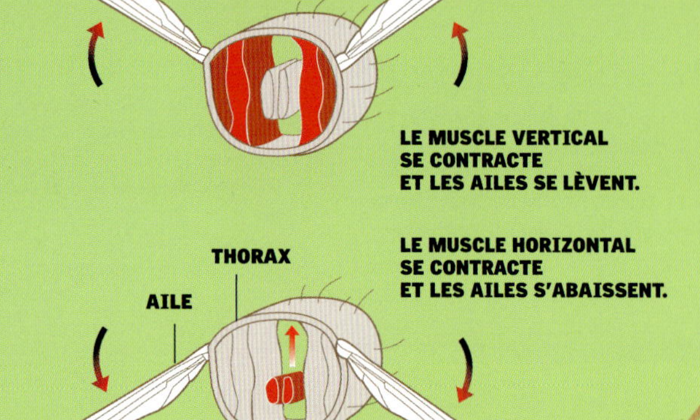

LE MUSCLE VERTICAL SE CONTRACTE ET LES AILES SE LÈVENT.
THORAX
AILE
LE MUSCLE HORIZONTAL SE CONTRACTE ET LES AILES S'ABAISSENT.

## Les bêtes à bon Dieu

Environ 4500 espèces de coccinelles, très colorées, avec des points noirs sur fond jaune, rouge ou orange vivent sur notre planète. Ces couleurs écartent les prédateurs associant souvent les couleurs vives au poison. Certaines coccinelles sont vraiment venimeuses pour les petits prédateurs comme les lézards et les petits oiseaux, mais représentent surtout un grand danger pour les pucerons et les mouches piqueuses et sont souvent utilisées en agriculture biologique pour lutter naturellement contre les nuisibles.

3

### Vol

Une fois les élytres déployés comme les ailes d'un avion, la deuxième paire d'ailes est libre de bouger. Les muscles à leur base contrôlent la direction du vol.

2

### Décollage

Les élytres colorés ne servent pas à voler, mais l'insecte a besoin de les soulever pour déplier ses ailes qui ne sont visibles que pendant le vol.

**VUE DE FACE D'UN ÉLYTRE**

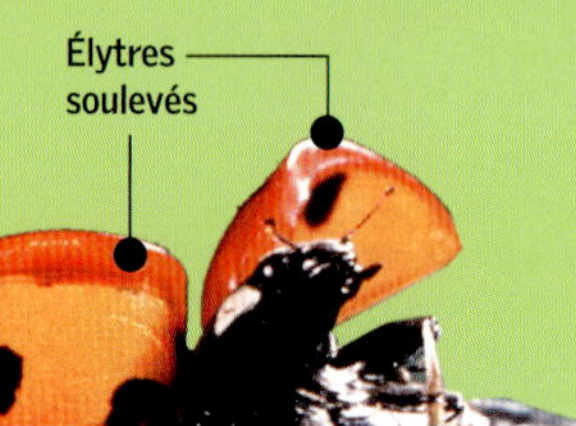

1

### Préparation

Les élytres peuvent se séparer du restant du corps. Ils protègent le thorax ainsi que les ailes repliées en dessous.

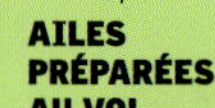

**1 à 2 m par seconde**

**C'EST LA VITESSE MOYENNE DU VOL DE LA COCCINELLE.**

**AILES PRÉPARÉES AU VOL**

**VUE DE DERRIÈRE**

**ÉLYTRE**
Nom de l'aile antérieure modifiée des coléoptères

**COCCINELLE À SEPT POINTS**
*Coccinella septempunctata*
Ayant aidé, au Moyen Âge, à détruire des insectes nuisibles, ces « bêtes à bon Dieu » furent considérées comme le fruit d'une intervention divine.

**Cet insecte mesure entre 0,1 et 1 cm de long.**

**APOSÉMATISME**
C'est le contraire du mimétisme : ces insectes utilisent leur couleur vive pour prévenir du danger.

## 4 Adulte

Une fois qu'il atteint sa forme finale, le papillon ne grandit plus. Lorsqu'il sort de son cocon ses ailes sont encore plissées et humides et il doit les étirer et les sécher en restant pendu la tête en bas avant de pouvoir les utiliser pour voler. Il attend et se débat ainsi encore plusieurs heures. Désormais, le papillon se nourrit de nectar.

**SE LIBÉRER**
Pour que le papillon puisse émerger, la capsule se fend de tout son long. Petit à petit, l'insecte en sort en activant la circulation de l'hémolymphe dans son nouveau corps.

**ENVOL**

La durée de vie de cet insecte une fois adulte dépend de sa chance, de ses migrations, et de l'attaque des prédateurs...

de 5 à 7 semaines

**JEUNE ADULTE**

Lorsqu'il sort du cocon, l'adulte est souvent de couleur pâle et ses ailes sont molles et pliées. Elles mettent environ 40 minutes pour s'étendre, durcir et se colorer pleinement.

**ÉLIMINER LES DÉCHETS**
Lorsqu'il émerge, le papillon sécrète un liquide, le méconium, plutôt nauséabond, qui contient les déchets accumulés pendant qu'il était dans son cocon.

**RÉUNIS TEMPORAIREMENT**
Après avoir quitté le cocon, les papillons monarques de la même ponte restent ensemble trois à huit jours avant de se séparer et suivre chacun son chemin.

**VIE D'ADULTE**
La principale activité de l'adulte consiste à engendrer une nouvelle génération en s'accouplant, se reproduisant et, pour la femelle, en pondant 100 à 300 minuscules œufs au cours de sa vie.

# Vivre en société

Les fourmis sont les insectes ayant l'organisation sociale la plus développée. À la tête d'une fourmilière, se trouve la reine, la seule à se reproduire pour donner naissance à toutes les autres fourmis de la colonie, ayant chacune un travail précis. Pendant l'essaimage, les futures reines (ailées) s'accouplent plusieurs fois avec des mâles (ailés aussi) de plusieurs colonies. Elles garderont toute leur vie la semence accumulée.

ANTENNE
YEUX
TÊTE
THORAX
PÉTIOLE
PATTES
ABDOMEN

**FOURMI NOIRE DES JARDINS**
*Lasius niger*

ENTRÉE PRINCIPALE

## La fourmilière

Après l'accouplement la reine perd ses ailes et choisit un endroit pour pondre. Elle vit au début des réserves dérivées de la masse musculaire de ses ailes et de certains œufs pondus. Elle s'occupe d'élever la première génération d'ouvrières. Puis celles-ci se chargeront de trouver la nourriture et la reine se concentrera exclusivement sur la ponte.

### COMMUNICATION

La fourmi se sert de ses antennes pour communiquer chimiquement en capturant des particules de certaines substances, des phéromones, afin de reconnaître une autre fourmi de la même colonie. En revanche, leur perception des sons n'est pas très développée.

**RÉSERVE DE NOURRITURE**
Les fourmis «pot-de-miel» stockent la nourriture.

### MÉTAMORPHOSE

La reine reste auprès des œufs mais lorsque la future fourmi passe au stade larvaire elle la quitte et est prise en charge par d'autres fourmis. Elle deviendra une nymphe qui se recouvrira d'un cocon.

ŒUF
LARVE
NYMPHE
COCON

**12 000**
**C'EST LE NOMBRE D'ESPÈCES DE FOURMIS.**

TUNNEL NON UTILISÉ

**1 ŒUFS** pondus par la reine dans la partie la plus profonde de la fourmilière.

**2 LARVES** transportées dans une autre chambre pour grandir.

**3 NYMPHES** nourries et élevées dans une autre partie.

**4 COCONS** Les nouvelles fourmis sortent, prêtées à travailler.

JEUNES FOURMIS

REINE

## Les castes

Chaque fourmi joue un rôle qui lui est assigné à sa naissance et qui détermine son travail. Il existe différentes castes, comme prince (reproducteur), soldat, ouvrière ou nourrice.

**REINE**
C'est la plus grosse. Elle pond les œufs qui donneront les ouvrières, les mâles et les futures reines.

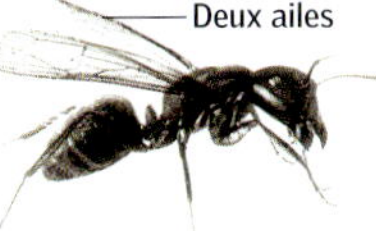


**PRINCE**
Sa seule fonction est de s'accoupler, après quoi il meurt.

**OUVRIÈRE**
Leurs tâches peuvent être de récolter la nourriture, nettoyer ou protéger la fourmilière.

**ANTENNES**
Elles perçoivent les odeurs et transmettent les messages.

**LIOMETOPUM**
*Liometopum occidentale*

**YEUX**
Ils voient à une très faible distance.

**PATTES**
Dépourvues de muscles mais néanmoins très fortes.

**MÂCHOIRES**
Armes d'attaque et de défense.

**PATTES**
Fines et agiles.

## Alimentation

Ne pouvant manger d'aliments solides elles forment une pâte distribuée à toute la colonie en mélangeant les végétaux ou animaux à leur salive.

**ÉCHANGE DE NOURRITURE : LA TROPHALLAXIE**

Ayant deux estomacs, la fourmi « donneuse » peut partager sa nourriture en la régurgitant quand une fourmi receveuse lui touche le labium de ses pattes avant.

## Défense

Le moyen de défense le plus utilisé est la morsure et le jet d'acide formique. Le travail des soldats est d'effrayer les ennemis avec leur tête plus grosse que celle des ouvrières.

**MANDIBULE**

Elle est leur principale arme défensive, la morsure pouvant effrayer ou blesser un rival. La mandibule sert aussi pour chasser et se nourrir.

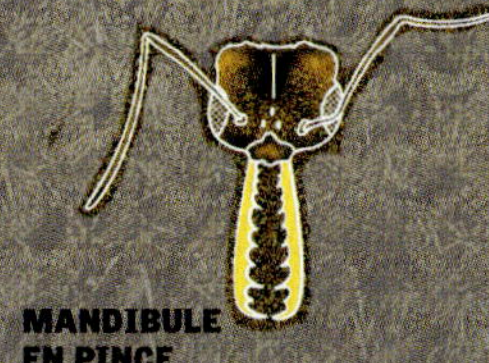


**VENIN**

Peut contenir de l'acide formique, fabriqué dans des glandes en bas de l'abdomen, servant à tuer ou paralyser une proie.

**FOURMI ROUSSE DES BOIS**
*Formica rufa*

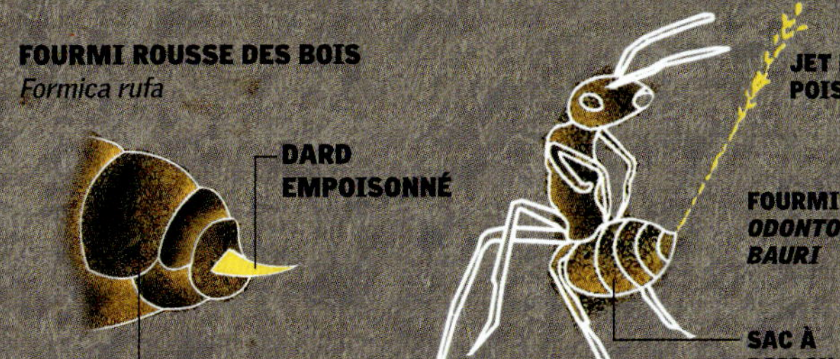

# Se cacher ou se montrer

L'évolution a modelé certains traits étonnants chez les êtres vivants. Des insectes, déguisés en branches ou en feuilles passent inaperçus et peuvent chasser ou se cacher de leurs prédateurs. D'autres déjouent les attaques en se parant de couleurs ou de formes trompeuses empêchant la venue des prédateurs. Se cacher ou se montrer sont deux stratégies opposées qui ont favorisé la survie de nombreuses espèces depuis des millions d'années.

**CITRON**
*Gonepteryx*
Le profil de l'aile ressemble à la forme d'une feuille coupée.

**PAON DU JOUR**
*Inachis io*
Sa couleur vive très voyante (aposématique) garde les prédateurs à distance en leur signalant un danger.

**AILES**
Ces ailes ressemblent à des feuilles : mêmes couleur, forme et structure.

**FAUX YEUX**
Les écailles pigmentées ressemblent à des yeux.

## Les maîtres de la simulation

Le camouflage, ou crypsis, est une adaptation avantageuse pour l'animal qui peut revêtir des déguisements étonnants. Il sert aussi bien aux chasseurs qu'aux proies potentielles. Après avoir contrefait son corps à la manière de divers substrats ou parties d'un arbre (écorce, feuilles, branches), l'insecte utilise ce moyen pratique pour se fondre dans l'environnement.

## Déguisement

Ces insectes utilisent des stratégies de survie pour empêcher les prédateurs de les voir. Ce déguisement est leur seul moyen défensif.

**DOUBLE PROTECTION**
*Caligo*
Les papillons « hibou » combinent camouflage et mimétisme. Le prédateur peut le prendre pour une feuille mais s'il le repère, le papillon hibou déploie ses ailes qui prennent la forme de la tête d'un hibou avec ses yeux. Le prédateur, trompé recule sans attaquer.

## Signaux préventifs

Le mimétisme signifie l'imitation de caractères appartenant à des animaux dangereux ou ayant mauvais goût. Dans le mimétisme batésien, l'animal reproduit les couleurs et les formes d'un animal dangereux, et dans le mimétisme mullérien, il peut produire une substance nauséabonde pour dégoûter un prédateur.

## Défense

Les insectes les plus imités sont les fourmis, les abeilles et les guêpes, car elles produisent des substances toxiques parfois mortelles.

# GLOSSAIRE

**Abdomen**
Partie postérieure du corps des insectes, arachnides et arthropodes. Chez ces derniers, l'abdomen est constitué de plusieurs segments identiques contenant les organes reproducteurs et une partie du système digestif.

**Abomasum**
Voir caillette.

**Acide aminé**
Molécule de base des protéines (qui sont des chaînes d'acides aminés).

**Acide urique**
Composé presque insoluble dans l'eau, provenant de l'élimination des purines (guanine et adénine) et étant rejeté dans les selles chez les oiseaux, les reptiles et les insectes.

**Actinoptérygiens**
Classe de poissons remarquables par leurs rayons osseux dans les nageoires. Ils ont un crâne cartilagineux et une seule paire de branchies recouvertes par l'opercule.

**Adaptation**
Caractéristique anatomique, physiologique ou comportementale d'un organisme favorable à sa survie dans un environnement donné.

**ADN**
Acide désoxyribonucléique. Longue molécule en forme de double hélice porteuse de gènes.

**Aérodynamique**
Qui possède une forme permettant de limiter la résistance de l'air.

**Albumine**
Protéine abondante dans le plasma sanguin, c'est aussi la principale dans le sang. On la trouve aussi dans le blanc des œufs et dans le lait.

**Alula**
Groupe de plumes rigides qui limitent les turbulences aériennes pendant le vol.

**Amphibien**
Vertébré à peau nue, dont les larves vivent généralement dans l'eau tandis que les adultes sont amphibies ou terrestres, tel que les grenouilles, les crapauds, les salamandres et les tritons.

**Ampoule de Lorenzini**
Organe qui, chez les requins, détecte les signaux émis par les proies potentielles.

**Anaérobie**
Se dit d'un mode de respiration ne nécessitant pas d'oxygène et du fonctionnement d'un organe ou d'un organisme sans oxygène. Il existe de nombreuses bactéries anaérobies.

**Anguilliformes**
Groupe de poissons au corps mince et allongé. Les anguilles et les murènes en font partie.

**Annélides**
Vers au corps cylindrique composé d'une succession de segments en forme d'anneaux, tels que les lombrics (vers de terre) et les sangsues.

**Antennes**
Paire de longs appendices sensoriels situés sur la tête des arthropodes.

**Aorte**
Artère essentielle conduisant le sang du cœur vers le reste du corps.

**Arachnides**
Classe d'arthropodes caractérisés par leurs huit pattes, tels que les araignées, les scorpions et les acariens.

**Arc branchial**
Dans les branchies des poissons, os portant les lames branchiales, elles-mêmes composées de filaments.

**Arthropodes**
Animaux aux appendices articulés et au corps segmenté recouvert d'un exosquelette, tels que les insectes, les crustacés et les myriapodes (mille-pattes).

**Ascendance thermique**
Mouvement vertical de l'air dû à des différences de température. Ces ascendances sont appréciées de certains oiseaux car elles leur permettent de gagner rapidement et sans trop d'efforts de l'altitude.

**Bajoue**
Pli de peau allant de la joue à la poitrine, présente chez certains lézards (elle peut être gonflée lors des combats territoriaux) ; joue extensible de certains rongeurs comme le hamster.

**Banc (de poissons)**
Rassemblement de poissons appartenant à la même espèce, nageant ensemble et ayant un comportement coordonné.

**Barbes**
Poils fins et raides de la plume, perpendiculaires au rachis. Elles ressemblent aux feuilles d'un palmier.

**Bâtonnets**
Avec les cônes, ces cellules réceptrices du fond de l'œil, composent les cellules photosensibles de la rétine. Elles permettent la vision dans un environnement faiblement éclairé mais n'offrent pas la possibilité de voir distinctement les couleurs.

**Biodiversité**
Diversité des espèces vivantes, dans un écosystème ou à l'échelle de la planète.

**Bioluminescence**
Capacité d'un être vivant à produire de la lumière.

**Bipédie**
Capacité d'un animal à se tenir debout, à marcher et parfois courir, sur ses deux membres postérieurs.

**Branchies**
Organes respiratoires des animaux aquatiques.

**Caillette ou abomasum**
Quatrième et dernier estomac des ruminants. Il secrète des acides forts et de nombreuses enzymes digestives.

**Calcite**
Produit chimique composé de carbonate de calcium.

**Camouflage**
Caractéristique permettant à un animal de se fondre dans son environnement pour éviter d'être remarqué par ses prédateurs. Les couleurs de nombreux animaux les camouflent.

**Carnivore**
Se dit d'un animal dont le régime est à base de viande, de la chair de proies ; se dit d'un groupe de mammifères généralement carnivores comme les félins, les canidés et les ours.

**Carnassière**
Prémolaire présente chez les carnivores, aidant à couper et à déchirer la chair des proies de manière efficace.

**Carpe**
Ensemble d'os du poignet, constitué de deux rangées d'os et situé entre les os de l'avant-bras et les métacarpes.

**Caste**
Groupe social chargé de tâches spécifiques, caractérisant les fourmis, les abeilles et quelques autres insectes.

**Cavité gastrovasculaire**
Cavité digestive avec une ouverture, caractéristique des embranchements des cnidaires et des cténophores. Elle a des fonctions digestives et circulatoires.

**Céphalopode**
Classe de mollusques marins avec des tentacules liés à la tête, tels que les pieuvres. Ces appendices portent des rangées de ventouses utilisées pour la chasse et la copulation.

**Céphalothorax**
Tête et thorax réunis en un seul ensemble anatomique chez les crustacés et les arachnides.

**Cervelet**
Partie du cerveau située au dessus du tronc cérébral, qui coordonne l'activité musculaire et l'équilibre chez les vertébrés.

**Chant**
Son ou série de sons produits par un oiseau en vue de marquer son territoire ou de trouver un partenaire. Les chants des oiseaux peuvent être simples ou élaborés, la plupart d'entre eux étant très mélodieux.

**Charogne**
Animal mort dont se nourrissent certains oiseaux (vautours) ou d'autres animaux (hyènes), dits « charognards ».

**Chélicères**
Première paire d'appendices chez les crabes et les arachnides, souvent en forme de pinces ou de crocs.

**Chitine**
Substance rigide (polysaccharide) donnant sa résistance à l'exosquelette d'arthropodes et présente chez d'autres invertébrés, ainsi que dans les parois cellulaires de champignons.

**Chondrichtyens**
Poissons dont le squelette est cartilagineux (raies, requins et chimères), par opposition aux poissons osseux ou ostéichtyens.

**Chordés**
Ensemble des animaux ayant une corde dorsale, qui forme une colonne vertébrale chez la plupart d'entre eux, appelés vertébrés. Les animaux qui ne sont pas des chordés sont appelés invertébrés.

**Classe**
Une des grandes divisions traditionnelles de classement des animaux. Les oiseaux, par exemple, forment une classe.

**Classification**
Méthode et procédé scientifique consistant à définir et à ordonner les différentes espèces d'animaux dans des groupes hiérarchisés.

**Climat**
Température, humidité et pression atmosphérique, soit un ensemble de données météorologiques, caractéristiques d'une région, ou moyennées à l'échelle de la planète (climat mondial).

**Cloaque**
Extrémité postérieure du tube digestif dans laquelle les conduits urinaire et génital se vident, chez les amphibiens, les reptiles et les oiseaux.

**Cochlée**
Oreille interne des mammifères, en forme de coquille d'escargot.

**Cocon**
Gaine protectrice faite de soie. Beaucoup d'insectes font un cocon pour se protéger pendant le stade nymphal, lors de la métamorphose.

**Colonie**
Ensemble d'individus de la même espèce vivant groupés.

**Communauté**
Ensemble d'organismes (animaux, végétaux, micro-organismes) vivant dans le même environnement et interagissant entre eux.

**Cône**
Cellule photosensible présente dans la rétine des vertébrés, elle est essentielle pour distinguer les couleurs.

**Circonvolution**
Bosses et replis du cortex cérébral (circonvolutions cérébrales), augmentant fortement sa surface.

**Cortex**
Tissu externe de certains organes comme le cerveau (cortex cérébral) et les reins.

**Crête**
Protubérance sur la tête ou le dos de certains animaux (coq, triton crêté).

**Crustacés**
Groupe d'arthropodes possédant des antennes et des appendices articulés, qui utilisent des branchies pour respirer et dont le corps est protégé par un exosquelette calcifié.

**Cténoïde**
Type d'écaille dont le bord est doté de petites épines.

**Cuticule**
Revêtement dur et résistant de l'épiderme, à fonction protectrice, des arthropodes. Voir aussi : chitine.

**Cycloïde**
Type d'écailles dont le bord est arrondi.

**Dard**
Organe pointu d'un invertébré (dard d'abeille ou de scorpion, chez lequel on parle aussi d'aiguillon) ou d'un poisson cartilagineux (dard de raie), souvent venimeux.

**Dendrite**
Élongation des cellules nerveuses permettant de recevoir les influx en provenance d'autres cellules nerveuses.

**Dent d'éclosion**
Excroissance de calcium tranchante, en forme de dent, se formant sur le bec de nombreux oisillons pendant leur développement embryonnaire. Ils l'utilisent pour briser la coquille de l'intérieur lors de l'éclosion.

**Derme**
Couche interne de peau, localisée sous l'épiderme.

**Digitigrade**
Se dit des animaux qui s'appuient sur leurs doigts pour marcher, comme les chiens, les chats, les oiseaux, les chameaux.

**Dipneustes**
Groupe de poissons apparu durant le mésozoïque (ou ère secondaire), il y a 250 millions d'années. Comme les amphibiens, ces poissons respirent grâce à des poumons. Ils sont représentés par trois espèces actuelles.

**Duvet**
Ensemble de plumes très fines et légères, que les oiseaux ont sous leur plumage externe. C'est aussi le premier plumage des oisillons.

**Écailles**
Petites arêtes plates grandissant le long de la peau et se superposant, chez les poissons osseux et les reptiles.

**Échinodermes**
Groupe d'animaux marins invertébrés dont le corps présente une symétrie rayonnée. Leur squelette calcaire se compose d'épines et de protubérances. Ils ont un système hydraulique interne, lié aux pieds tubulaires (podia), qui rend la locomotion possible.

**Écholocalisation ou écholocation**
Capacité à s'orienter en émettant des sons et repérant leurs échos des chauves-souris et de certains mammifères marins (dauphins).

**Éclosion**
Sortie d'un oisillon de son œuf, dont il brise la coquille pour venir au monde.

**Écosystème**
Milieu naturel réunissant, dans un environnement donné, une communauté d'êtres vivants, dont les espèces sont en interaction.

**Embryon**
Stade correspondant à la première étape de développement d'un individu pluricellulaire, qu'il soit animal ou végétal. Chez l'homme, l'œuf fécondé devient un embryon jusqu'à la fin du deuxième mois, au-delà de laquelle il devient un fœtus.

**Endémique**
Se dit d'une espèce animale native d'une région géographique spécifique et qui ne vit pas naturellement en dehors de cette région.

**Endoderme**
Couche interne du tissu embryonnaire des animaux. Elle est à l'origine de l'épithélium qui recouvre l'intérieur de certains organes.

**Environnement**
Ensemble des conditions naturelles (zone géographique, climat, végétation...) qui influent sur le développement et le comportement des animaux.

**Épiderme**
Couche externe de la peau.

**Essaim**
Rassemblement d'insectes volants (abeilles, criquets...) en vue de se nourrir, de se reproduire ou de trouver un nouvel habitat.

**Espèce**
Groupe de plantes ou d'animaux semblables du point de vue physique et génétique, et se reproduisant ensemble.

**Évolution**
Processus de transformation des espèces et d'apparition de nouvelles espèces. La théorie de l'évolution a pour origine la publication par Charles Darwin de *De l'origine des espèces au moyen de la sélection naturelle*, en 1859.

**Exosquelette**
Protection externe du corps des arthropodes, chez lesquels il forme une carapace articulée.

**Extinction**
Disparition totale et définitive d'une espèce. Chaque groupe d'animaux comprend de nombreuses espèces éteintes.

**Famille**
Catégorie, en taxinomie, regroupant plusieurs genres. La famille est inférieure à l'ordre et elle est supérieure au genre.

**Faune**
Ensemble de tous les animaux d'une région donnée.

**Fécondation**
Union d'un spermatozoïde et d'un ovule formant un zygote (embryon) qui se développera en un nouvel individu.

**Feuillet ou omasum**
Troisième cavité de l'estomac d'un ruminant. C'est un petit organe avec une grande capacité d'absorption qui permet l'assimilation de différents nutriments.

**Fécondation**
Chez les animaux, union d'un spermatozoïde et d'un ovule formant un zygote (cellule-œuf) qui se développera en un nouvel individu.

**Fécondation externe**
Fécondation se déroulant en dehors du corps de la femelle (chez la plupart des poissons et les amphibiens, par exemple). Le mâle répand son sperme sur les œufs que la femelle vient de déposer.

**Fécondation interne**
Fécondation dans le corps de la femelle (chez les mammifères et les poissons cartilagineux, par exemple).

**Follicule**
Petite glande en forme de sac englobant un appendice ou des cellules (base d'un cheveu ou gamète femelle sur l'ovaire).

**Fossile**
Restes minéralisés d'un être vivant ou empreinte, ou trace de son activité. Les plus anciens fossiles ont plus de trois milliards d'années.

**Fretin**
Poisson tout juste éclos ressemblant aux adultes de son espèce.

**Gamète**
Cellule sexuelle mature qui, combinée à un gamète du sexe opposé, forme un zygote diploïde (cellule-œuf). Les gamètes mâles sont appelés spermatozoïdes et les gamètes femelles, ovules.

**Ganoïde**
Type d'écailles formées d'une succession de couches de ganoïne (matière brillante semblable à de l'émail). Le genre éteint de Palaeospondylus avait ce type d'écailles. De nos jours, les lépisosteidés, les poissons-castors et les erpetoichthys en possèdent.

**Gène**
Unité d'information d'un chromosome portée par une séquence de nucléotides de l'ADN.

**Génétique**
Étude de l'ADN, des gènes et de leur expression.

**Genre**
Catégorie de la classification, qui regroupe des espèces voisines (par exemple, le lion, le tigre et le léopard sont des espèces du genre Panthera).

**Gésier**
Estomac d'un oiseau, servant à broyer et à ramollir la nourriture par des procédés mécaniques. Les aliments y sont mêlés à des sucs gastriques. Chez les granivores, il est robuste et musclé.

**Gestation**
Étape, chez les mammifères, durant laquelle l'embryon reste dans le corps de la femelle, depuis la conception jusqu'à la naissance.

**Glacier**
Grande masse de glace d'eau douce des régions polaires et des hautes montagnes, qui s'écoule très lentement.

**Glande**
Organe ayant pour fonction de produire ou de sécréter des substances pouvant être évacuées par la peau, les muqueuses (sueur et salive, par exemple) ou envoyées dans la circulation sanguine.

**Glande de Duvernoy**
Chez certains serpents, paire de glandes salivaires modifiées secrétant du venin, une de chaque côté de la tête.

**Glande mammaire**
Glande des mamelles des mammifères, sécrétant le lait dont sont nourris les petits, durant la période de lactation (et avant le sevrage).

**Gonade**
Glande produisant des cellules sexuelles (ovaire ou testicule).

**Gouttières ambulacraires**
Chez les échinodermes, tuyaux constituant le système hydraulique, en connexion avec les pieds ambulacraires (podia).

**Habitat**
Environnement naturel d'un animal ou d'une plante. Par exemple, l'habitat du lion est la savane.

**Herbivore**
Se dit d'un animal se nourrissant de végétaux.

**Hermaphrodite**
Se dit d'un organisme possédant à la fois les systèmes reproducteurs mâle et femelle, comme les escargots. Certains hermaphrodites peuvent se féconder eux-mêmes.

**Hémolymphe**
Chez les invertébrés, liquide circulant ayant les fonctions du sang et de la lymphe des vertébrés.

**Hétérocerque**
Se dit d'une nageoire caudale dont le lobe supérieur est plus grand que le lobe inférieur.

**Hibernation**
État de sommeil profond, avec ralentissement des fonctions vitales et baisse de la température corporelle, lors de la saison froide, chez certains mammifères, tels que le hérisson, la marmotte et le loir.

**Homéostasie**
Maintien des équilibres internes de l'organisme, notamment les concentrations des substances de son milieu intérieur.

**Homéothermie**
Maintien d'une température corporelle constante, chez les oiseaux et les mammifères.

**Hormone**
Substance issue d'une glande, circulant dans le sang (ou dans l'hémolymphe des invertébrés), pour agir à distance sur d'autres glandes, organes ou systèmes, dont elle stimule ou inhibe l'action.

**Hôte**
Organisme sur lequel ou à l'intérieur duquel vit un parasite.

**Incubation**
Période du développement se déroulant dans un œuf ou dans le ventre de la mère (ou dans la poche pour les marsupiaux). L'incubation des œufs peut être contrôlée et surveillée par les parents (couvaison des oiseaux, par exemple).

**Incubation buccale**
Fait de garder les œufs à l'intérieur de leur bouche chez certaines espèces de poissons. Après éclosion, les parents peuvent continuer à abriter les alevins dans leur bouche.

**Instinct**
Comportement inné d'un animal, s'exprimant sans apprentissage préalable. Ainsi, les cannetons savent nager instinctivement.

**Invertébré**
Animal n'ayant pas de colonne vertébrale, par opposition à « vertébré ». Les invertébrés, dont on a recensé plus d'un million d'espèces comprennent les éponges, les vers, les mollusques, les échinodermes et les arthropodes.

**Iris**
Disque membraneux antérieur de l'œil des vertébrés (et de la plupart des céphalopodes), situé entre le cristallin et la cornée, dont la coloration varie selon les individus. Au centre de l'iris se trouve l'ouverture de la pupille, qui se dilate et se contracte.

**Jabot**
Chez les oiseaux, poche du tube digestif où la nourriture peut être stockée, puis régurgitée (pour nourrir les jeunes par exemple).

**Jaune**
Partie de l'œuf d'oiseau servant de nourriture à l'embryon lorsque l'œuf est fécondé.

**Kératine**
Protéine de la peau des mammifères, riche en soufre, qui imprègne et solidifie les couches supérieures de l'épiderme, les poils, les cornes, les ongles et les sabots.

**Lactation**
Chez les femelles de mammifères, fait de produire du lait pour nourrir leurs petits.

**Larve**
Animal étant encore au stade de développement, après avoir quitté l'œuf. Il peut se nourrir seul mais il n'a pas la forme et l'ossature des adultes de son espèce.

**Ligne latérale**
Organe sensoriel linéaire situé le long du corps d'un poisson. Il est constitué d'une multitude de pores qui lui permettent de ressentir les vibrations de l'eau.

**Lipides**
Composants organiques formés essentiellement d'hydrogène et de carbone. Le cholestérol et les graisses animales sont des lipides.

**Mammifère**
Vertébré caractérisé par les poils de son épiderme et les mamelles avec lesquelles les femelles allaitent leurs petits.

**Mandibule**
Chez les vertébrés (hormis les agnathes), os arqué de la mâchoire inférieure ; chez

les arthropodes, pièce buccale utilisée pour attraper et mordre.

**Manteau**
Enveloppe qui protège les organes des mollusques. Elle sécrète habituellement la coquille.

**Marais**
Milieu naturel humide, où l'eau tend à stagner. On parle de marécage lorsqu'une zone est recouverte de marais. C'est l'habitat naturel d'un grand nombre d'oiseaux limicoles (échasses, huitriers...).

**Marsupial**
Mammifère dont la femelle donne naissance à des embryons qui finissent leur développement dans la poche ventrale de leur mère (kangourous, koala, par exemple).

**Marsupium**
Poche caractéristique des femelles marsupiales, qui fait office de cavité d'incubation. Elle est formée par un repli cutané ventral et contient les mamelles. Les marsupiaux y achèvent leur développement.

**Chiridium**
Membre des tétrapodes (vertébrés à quatre membres).

**Mésoderme**
Feuillet intermédiaire du tissu embryonnaire, situé entre l'endoderme et l'ectoderme.

**Mésopélagique**
Zone située entre les zones épipélagique (surface de l'eau) et bathypélagique (entre 1 000 et 4 000 mètres). Fait référence aux organismes vivants dans les profondeurs des océans, où la lumière est faible.

**Métabolisme**
Ensemble des processus continus et complexes de transformation (synthèse ou destruction) de matière et d'énergie par la cellule ou l'organisme. Le métabolisme pendant le repos et en dehors de la digestion est appelé « métabolisme de base ».

**Métacarpe**
Squelette osseux de la paume de la main, situé entre les phalanges et le carpe (groupe osseux du poignet).

**Métamorphose**
Passage du stade de larve à celui d'adulte s'accompagnant d'une transformation profonde, notamment chez les insectes et les amphibiens.

**Métatarse**
Os du pied entre le tarse (partie arrière du pied) et les phalanges (orteils).

**Micro-organisme**
Organisme qui peut être vu grâce à un microscope.

**Migration**
Déplacement saisonnier d'animaux allant d'une région à une autre pour se reproduire ou chercher de la nourriture, un meilleur climat ou de meilleures conditions de vie.

**Mimétisme**
Capacité de certains animaux ou plantes à imiter des éléments de leur environnement. Cette technique de camouflage vise à se protéger d'éventuels prédateurs ou, pour les prédateurs, à augmenter l'efficacité de la chasse.

**Mitose**
Division d'une cellule en deux autres cellules identiques.

**Moelle épinière**
Partie inférieurs du système nerveux central des vertébrés. Souvent protégée par les vertèbres, la moelle épinière est le siège de réflexes et la principale voie de transmission des messages nerveux entre le cerveau et le corps.

**Molaire**
Dent spécialisée des mammifères pouvant broyer la nourriture.

**Molécule**
Groupement d'atomes, réunis par des liaisons chimiques.

**Mollusques**
Invertébrés ayant un corps mou composé d'une tête, d'un pied et d'une masse viscérale. Un manteau enveloppe une partie ou la totalité de leur corps et sécrète souvent une coquille. Les escargots, les moules et les pieuvres sont des mollusques.

**Mue**
Période durant laquelle s'effectue un changement de l'enveloppe d'un organisme (les insectes et les serpents muent).

**Muqueuse**
Tissu tapissant les organes en contact avec l'extérieur et contenant des glandes sécrétrices de mucus.

**Muscles**
Organes composés de fibres capables de se contracter.

**Muscles striés**
Muscles dont les fibres apparaissent striées au microscope et qui mobilisent les os du squelette, par opposition aux muscles lisses des organes.

**Monogame**
Oiseau ou mammifère ne s'accouplant qu'avec un seul individu du sexe opposé. Les manchots sont monogames.

**Morphologie**
Étude de la forme, de l'aspect extérieur d'un animal, par opposition à l'anatomie, qui en étudie la structure interne. Par exemple, la morphologie des pattes des oiseaux est un objet d'étude.

**Nageoire anale**
Nageoire unique située sur la partie ventrale du poisson, près de son anus.

**Nageoire caudale**
Nageoire unique située à l'arrière du corps, formant souvent une queue (la nageoire caudale des poissons est généralement verticale, celle des cétacés est horzontale).

**Nageoire dorsale**
Nageoire unique située sur le dos qui permet au poisson de rester stable.

**Nageoires pectorales**
Paire de nageoires situées sur le thorax, près de l'ouverture des branchies.

**Nageoires pelviennes**
Paire de nageoires localisées sur l'abdomen.

**Narine**
Orifice externe permettant de respirer et de capter les différentes odeurs.

**Nectar**
Sécrétion sucrée de certaines fleurs, qui attire de nombreux animaux (notamment des insectes et des oiseaux comme les colibris), lequel contribuent au transport du pollen pour la reproduction.

**Nécrophage**
Animal se nourrissant de cadavres d'animaux et contribuant ainsi à maintenir l'équilibre des écosystèmes (on parle notamment d'insectes nécrophages et on réserve le terme de charognard aux mammifères ou oiseaux nécrophages).

**Neurone**
Cellule du système nerveux, capable de transmettre et de traiter des informations.

**Nidicole**
Se dit des oiseaux dont les poussins demeurent au nid sous la protection de leurs parents qui les nourrissent jusqu'à ce qu'ils soient autonomes. Les mésanges sont nidicoles.

**Nidifuge**
Se dit des oiseaux dont les poussins sont rapidement capables de se mouvoir et de trouver leur nourriture. Les canards sont nidifuges.

**Nocturne**
Se dit d'un animal qui est actif la nuit, comme la plupart des chouettes et des chauves-souris.

**Nutriment**
Substance généralement issue de la digestion des aliments, et directement assimilable par l'organisme.

**Ocelle**
Œil simple, sensible aux variations de lumière, commun chez les invertébrés.

**Œil composé**
Chez les arthropodes, yeux formés de nombreuses unités distinctes, les ommatidies, chacune d'entre elles possédant des cellules photosensibles et un cristallin.

**Œuf**
Ovule fécondé, ou zygote, qui se développera en un nouvel individu ; ensemble des réserves qui entourent l'ovule sous la protection d'une enveloppe ou coquille.

**Oisillon**
Jeune oiseau, qui n'a pas encore quitté le nid ou oiseau nidifuge dont le plumage est encore réduit à un duvet (poussin, caneton, par expemple).

**Ommatidie**
Unité fonctionnelle de l'œil composé des arthropodes, contenant des cellules réceptives sensibles à la lumière ainsi qu'un cristallin, qui permet de former une image.

**Omoplate**
Os triangulaire, aussi appelé scapula et formant, avec la clavicule la ceinture scapulaire.

**Omnivore**
Animal qui consomme de la nourriture animale et végétale. L'ours brun est omnivore.

**Ongulé**
Mammifère marchant sur le bout des doigts, les extrémités de ses membres étant souvent des sabots, tel que les bovins, les porcs, les chevaux.

**Opercule**
Plaque osseuse protégeant les branchies des poissons osseux.

**Opisthoglyphe**
Serpent possédant des crochets à venin dans les parties postérieures de sa mâchoire supérieure, tel que certaines couleuvres.

**Ordre**
Catégorie de la classification inférieure à la classe et supérieure à la famille.

**Organe**
Partie du corps qui accomplit une fonction.

**Organe de Jacobson ou organe voméro-nasal**
Organe de la partie supérieure du palais qui détecte les phéromones chez de nombreux vertébrés.

**Organes lumineux**
Beaucoup de poissons vivants dans des océans profonds ont des organes lumineux brillant dans l'obscurité et étant utilisés pour attirer des proies ou pour communiquer.

**Organisme**
Désigne l'ensemble des organes d'un être vivant.

**Os**
Élément rigide du squelette humain, riche en calcium.

**Ostéichtyens**
Poissons possédant un squelette osseux, par opposition aux poissons cartilagineux ou chondrichtyens (on compte près de 27 000 espèces d'ostéichtyens).

**Ovaire**
Organe produisant des œufs (cellules du sexe féminin).

**Oviducte**
Est un conduit qui transporte les ovocytes vers l'utérus, en vue de leur fertilisation.

**Oviparité**
Se rapporte aux animaux qui laissent les œufs fécondés se développer en dehors de l'organisme de la mère.

**Ovoviviparité**
Fait référence à un groupe d'animaux où les œufs peuvent éclore à l'intérieur de l'organisme de la mère.

**Panse ou rumen**
Première cavité de l'estomac d'un ruminant. C'est l'endroit où les nutriments se dégradent grâce à la fermentation, ils peuvent y rester entre 20 et 48 heures.

**Papille**
Petite protubérance conique de la peau ou des muqueuses. Les plus remarquables sont celles de la langue, responsables du sens du goût.

**Papille dermique**
Structure au niveau de laquelle se développent les plumes. Elle est composée de cellules épidermiques et dermiques.

**Parasite**
Organisme vivant aux dépens d'un autre, appelé « hôte ».

**Parthénogenèse**
Forme de reproduction particulière chez certaines espèces, comme chez les Geckos, où les femelles donnent naissance à des petits (la plupart du temps d'autres femelles) sans l'intervention d'un mâle.

**Patagium**
Très fine membrane joignant les doigts et certains autres membres antérieurs avec le reste du corps. Les chauves-souris possèdent des patagiums leur permettant de voler.

**Pélagique**
Fait référence aux organismes vivants en milieu marin pouvant flotter ou nager.

**Phéromone**
Substance émise dans l'air ou dans l'eau par un animal (ou une plante) et pouvant provoquer à distance des réactions chez un animal (ou une plante) de la même espèce.

**Photophore**
Se dit d'un organe qui produit de la lumière.

**Phytoplancton**
Partie végétale du plancton, formée d'algues microscopiques, ayant une grande importance dans les chaines alimentaires.

**Pigment**
Substance colorant la peau, les plumes ou les tissus des animaux.

**Placenta**
Chez les mammifères (excepté les monotrèmes et les marsupiaux), organe permettant à l'embryon de poursuivre son développement dans le ventre maternel, grâce à des échanges vitaux de substances (nutriments, oxygène...) avec le sang de la mère.

**Placoïdes**
Se dit des petites écailles des poissons cartilagineux, disposées le long du corps de l'animal, de la tête vers la queue. Les écailles placoïdes ont la même composition que des dents : dentine recouvertes d'émail.

**Plancton**
Ensemble d'animaux (zooplancton) et de végétaux (phytoplancton), généralement de petite taille et de faible mobilité (le zooplancton marin effectue des migrations verticales), des mers et des eaux douces.

**Plantigrade**
Se dit d'un mammifère utilisant toute la surface inférieure (ou plante) de leur pied pour marcher. Les humains et les ours sont plantigrades.

**Planula**
Larve cillée nageant librement des cnidaires (méduses, anémones de mer et corail).

**Plastron**
Partie basse de la carapace d'une tortue.

**Plume**
Unité du plumage des oiseaux. Une plume, riche en kératine, est faite d'un axe (le rachis) portant deux rangées de filaments (les barbes).

**Polyandrie**
Mode de reproduction dans lequel une femelle possède plusieurs partenaires mâles.

**Polygamie**
Mode de reproduction dans lequel les mâles ou les femelles ont plusieurs partenaires.

**Polygynie**
Mode de reproduction dans lequel un mâle possède plusieurs partenaires femelles.

**Polype**
Stade immobile (fixé) dans le cycle de vie d'un cnidaire.

**Population**
Ensemble d'animaux de même espèce, vivant sur une même aire géographique.

**Poisson abyssal**
Poissons vivant à grande profondeur (plus de 2 500 mètres).

**Poisson cartilagineux**
Voir chondrichtyen.

**Poisson osseux**
Voir ostéichtyen.

**Poisson volant**
Poisson pouvant sauter hors de l'eau et planer grâce à ses grandes nageoires pectorales (famille des exocétidés).

**Ponte**
Action de dépôt des œufs par une femelle.

**Prédateur**
Animal se nourrissant de proies.

**Proie**
Animal capturé, tué et mangé par un animal d'une autre espèce (prédateur).

**Protéine**
Grosse molécule formée d'une ou plusieurs chaînes d'acides aminés (peptides), jouant un rôle fondamental dans la structure des cellules et fournissant des substances fonctionnelles comme les enzymes, les hormones et les anticorps.

**Protéroglyphe**
Se dit d'un serpent possédant des crochets à venin à l'avant de la mâchoire qui reste dans la même position que la gueule soit ouverte ou fermée, par opposition aux serpents solénoglyphes. Les serpents marins, les cobras, les mambas noirs et les serpents corail sont protéroglyphes.

**Protractile**
Décrit un type de langues de reptiles qui peuvent volontairement s'allonger dans un mouvement extrêmement rapide et précis.

**Proventricule**
Première poche de l'estomac chez l'oiseau, précédant le gésier.

**Quadrupède**
Mammifère marchant sur ses quatre pattes, par opposition à bipède.

**Récif corallien**
Amas de coraux à faible profondeur dans les mers chaudes, abritant de nombreuses espèces animales.

**Rectrice**
Plume de la queue d'un oiseau.

**Réflexe**
Réaction motrice ou physiologique automatique et inconsciente, provoquée dans le système nerveux par un stimulus.

**Répartition**
Ensemble des territoires géographiques occupés par une espèce ou un groupe d'espèces.

**Réseau trophique**
Ensemble des chaînes alimentaires d'un écosystème.

**Réticulum**
Seconde cavité de l'estomac d'un ruminant.

**Rétine**
Membrane du fond de l'œil des vertébrés (et des mollusques céphalopodes), contenant les cellules de la vision.

**Rumination**
Mode de digestion des ruminants (vache, chèvre, mouton, cerf, girafe...) où la nourriture est avalée puis régurgitée pour être mastiquée.

**Sabot**
Ongle transformé et durci recouvrant la partie terminale des pieds des ongulés (les chevaux n'en ont qu'un par pied, les bovins et les girafes en ont deux, les rhinocéros en ont trois).

**Salinité**
Taux de sel dans l'eau ou dans le sol.

**Sang-froid**
Se dit des vertébrés dont la température interne n'est ni contrôlée ni stable, tels que les poissons, les amphibiens et les reptiles.

**Sarcoptérygiens**
Groupe de vertébrés rassemblant des poissons à nageoires charnues (tels que le cœlacanthe) et les tétrapodes (vertébrés à quatre membres).

**Segmentation**
Stade précoce du développement embryonnaire, caractérisé par des divisions successives des cellules de l'embryon, appelées blastomères.

**Sevrage**
Stade du développement où le petit mammifère cesse d'être nourri de lait maternel et commence à s'alimenter comme les adultes.

**Solénoglyphe**
Serpent ayant de longs crochets mobiles reliés à la glande à venin (vipères, crotales, par exemple). Ces crochets se redressent lorsque le serpent ouvre la bouche pour attaquer, facilitant la morsure.

**Spermaceti**
Aussi appelé « blanc de baleine » ; substance blanche ressemblant à de la cire de la tête de cétacés comme le cachalot, intervenant probablement dans la flottabilité et dans l'écholocalisation.

**Sucs gastriques**
Ensemble de fluides digestifs produits par les glandes gastriques.

**Stigmate**
Chez les arthropodes, une des ouvertures externes des trachées, permettant la respiration.

**Substrat**
Surface sur laquelle peuvent se développer et vivre des organismes (le sol, un rocher, le fond marin, par exemple).

**Symétrie bilatérale**
Symétrie par rapport à un plan médian (la moitié gauche et la moitié droite sont identiques, ou pratiquement identiques).

**Symétrie radiale (ou rayonnée)**
Disposition régulière des parties du corps en étoile autour d'un axe central, telle qu'on l'observe chez les échinodermes adultes (étoiles de mer, oursins).

**Tentacules**
Organes longs et flexibles localisés autour de la bouche d'un grand nombre d'invertébrés (notamment les cnidaires et les mollusques céphalopodes), le plus souvent préhensiles et tactiles.

**Terrier**
Tunnel souterrain où certains animaux s'abritent et élèvent leurs petits.

**Tétrapode**
Vertébré terrestre à quatre pattes, tel que les amphibiens, les reptiles, les oiseaux et les mammifères (les pattes de certains ont été modifiés ou ont disparu au cours de l'évolution : chauves-souris, mammifères marins, serpents...).

**Thorax**
Chez les insectes, région anatomique localisée entre la tête et l'abdomen, à laquelle les pattes sont attachées.

**Tissu**
Groupe de cellules semblables ayant une fonction commune, tel que celles des épithéliums et des tissus conjonctif, musculaire et nerveux.

**Tissu conjonctif**
Tissu dont les cellules ne sont pas jointives, qui relie et protège les autres tissus.

**Toundra**
Milieu naturel du nord de l'hémisphère Nord, en Europe, Asie et Amérique, dont la végétation se limite à des plantes basses et des lichens.

**Trachée**
Chez les arthropodes, conduit respiratoire amenant l'air aux organes (les trachées sont multiples et réparties sur le corps) ; chez les oiseaux et les mammifères, conduit unique amenant l'air du larynx aux bronches.

**Uropatagium**
Membrane servant au vol (extension du patagium), située entre les membres inférieurs et la queue de certaines chauves-souris.

**Venin**
Agent chimique qui est injecté dans un animal pour le tuer ou le paralyser.

**Vertébré**
Animal ayant une colonne vertébrale, comme les oiseaux, les poissons, les reptiles, les amphibiens et les mammifères ; par opposition à invertébré.

**Vessie natatoire**
Extension du tube digestif chez les poissons actinoptérygiens, située dans l'abdomen et contenant du gaz, dont la densité peut être ajustée en fonction de celle de l'eau pour que les poissons conservent leur équilibre et se stabilisent à différentes profondeurs.

**Virus**
Organisme microscopique élémentaire, comportant de l'ADN ou de l'ARN ne pouvant se reproduire qu'en parasitant d'autres cellules.

**Viscère**
Organe situé dans les principales cavités du corps des vertébrés : la tête, le thorax et l'abdomen. L'estomac est un viscère.

**Vivipare**
Se dit d'un animal chez lequel l'embryon se développe dans le corps de la mère.

**Zone bathypélagique**
Partie profonde de l'océan entre 1 000 et 4 000 mètres, située sous la zone mésopélagique.

**Zone biogéographique**
Grande région géographique présentant une certaine homogénéité et pouvant être distinguée par les biologistes dans l'étude de la répartition des animaux (biogéographie). Les oiseaux migrateurs voyagent entre différentes zones biogéographiques.

**Zone épipélagique**
Partie de l'océan entre la surface de l'eau et une profondeur de 200 mètres.

**Zoonose**
Maladie transmise par un animal à un humain.

**Zooplancton**
Animaux du plancton, tels que les crustacés copépodes, le krill et de nombreuses larves (larves de poissons, de crustacés...).

**Zygote**
Cellule issue de l'union d'un spermatozoïde et d'un ovule après la fécondation, aussi appelée œuf ou cellule-œuf.

# INDEX

# D



# E



# F



# G